아이 공부에
부모가 잘못하고 있는 것들

아이 공부에 부모가 잘못하고 있는 것들

부모의 가짜 공부 아이의 진짜 공부

김은주 지음

사람in

들어가는 글

혹시 지금까지 아이에게
가짜 공부를 시킨 건 아닌가요?

'교육은 엄마의 정보력'이라는 말이 한참 유행하던 때가 있었습니다. 지금도 그다지 다른 것 같지는 않지만, 그때와 조금 달라진 점은 우리가 예전부다 훨씬 많은 교육 정보를 접하는 시대를 살고 있다는 것입니다. 정보가 없거나 부족해서 아이 교육을 제대로 시키지 못하는 시대는 아니라는 것이죠. 오히려 너무 많은 정보와 선택지 앞에서 어떤 걸 선택해야 할지 몰라서 갈팡질팡합니다. 어떤 정보가 내 아이에게 맞는지 가려내기 더욱 어려운 시대를 살고 있습니다. 쉽게 접할 수 있는 교육서나 인터넷에서 도움을 받기도 하지만, 그런 여러 정보로 인해 부모의 불안이 가중되는 경향도 있습니다.

교육 정보의 홍수 속에서 우리 아이들은 지금 어떤 공부를 하고 있는 걸까요? 갈수록 채워지는 공부를 하고 있는 걸까요, 갈수록 지치는 공부를 하고 있는 걸까요? 학원 종류도 더욱 다양해졌고 학원에 가는 시간도 예전에 비해 훨씬 늘어났습니다. 수학 교과 하나에도 그 나이에 꼭 해야 할 영역이 여러 개로 나뉘어져 있습니다. 영어 공부는 한글을 알게 되는 동시에 시작됩니다. 언어는 일찍 배울수록 잘 습득할 수 있다는 이유지요. 아이들의 노는 시간은 더욱 줄었고 그나마 노는 시간도 스마트 기기가 채우고 있습니다.

분명 아이들은 예전보다 뭔가를 많이 하고 있는데 갈수록 할 일이 줄어들기는커녕 오히려 해야 할 일이 더욱 늘어납니다. 어린 나이부터 시작해서 열심히 달리는데도 갈 길은 왜 이리 멀까요? 그래도 멈춰 설 수는 없습니다. 다른 아이들은 지금 내 아이보다 훨씬 앞서서 뛰고 있다고 생각하니까요. 인터넷에서 수많은 학습 성공담이나 댓글을 보고 있으면 계속 조바심이 생깁니다. 좋은 자료가 첨부된 글이 올라오면 이 자료도 내 아이에게 보여줘야 할 것만 같습니다. 부모님도 이렇게 많이 공부하고 아이도 열심히 하는데 왜 갈수록 둘 다 지치는 것일까요? 어릴 때는 그래도 시키는 대로 잘했는데 요즘은 사춘기가 오는지 사사건건 아이와 계속 부딪치고 갈등이 이어지니 학습뿐 아니라 아이와의 관계도 어떻게 풀어나가야 할지 막막합니다. 부모로 사는 게 왜 이리 고달픈 것인지 누가 좀 속 시원하게 갈 길을 알려주면 좋겠습니다. 도대체 무엇이 잘못된 것이고 어디서부터 잘못된 것일까요?

저도 학교에서 오랜 시간 아이들을 지켜보면서 참 많은 의문이 들었습니다. 분명히 예전보다 훨씬 많은 아이들이 학교 외의 곳에서 많은 시간을 들여 많은 것을 배우고 있는데 왜 그만큼 성장하지 못하는지 궁금했습니다. 어린 나이부터 학습을 시작하는데 더 빨리 성장한다는 느낌보다는 더 빨리 지쳐간다는 생각이 들었습니다. 학교에서 수업 태도도 미묘하게 달라졌습니다. 예전에는 몰라서 집중을 못한 반면, 이제는 알고 있다고 생각해서 집중하지 않는 모습이 많이 보입니다. 아이들의 학습 집중력이 현저히 저하된 것은 이러나저러나 마찬가지입니다. 무엇보다도 그 많은 공부를 하면서 아이들은 즐거워하지 않고 더 알고 싶어 하지 않는다는 점이 안타까웠습니다. 어린 나이부터 들인 시간과 노력에 비해, 아이들의 학습 성과는 예전과 별반 다를 것이 없거나 오히려 더 나빠지고 있는 것이죠.

저는 그 이유를 아이들의 '가짜 공부'에서 찾습니다. 너무 어린 나이부터 자신이 소화하기 힘든 공부를 남의 도움을 받아 시작하고, 다른 아이와의 속도전이 끊임없이 펼쳐집니다. 내가 얼마만큼 정확하게 이해하고 있는지 알고 나서, 모르는 것을 하나하나 알게 되면서 즐거워지는 질적 성장보다는 어디까지 얼마나 했다는 양적 성장에 더 중점을 두는 교육 속에서 아이들 자신이 주도하는 공부가 아니라 부모님에게 이끌려 하는 공부로 굳어지고 있는 것입니다. 그 탓에 요즘 아이들은 뭔가 궁금해하지도 않고 스스로 해보려는 의지도 적습니다. 어려운 문제에 부딪쳤을 때 스스로 파고들어 해결하려는 마음보다는 다른 사람에게 의지해서 문제를 푸는 것에 익숙합니다. 시대가 아무리 변해도 공부는 본인의 몫입니다. 본인이 채워야 하는 것이죠. 잠깐만 하고 그만둘 공부가 아닙니다. 특히 어릴 때 공부 경험과 그 경험에서 느끼는 감정은 아이에게 정말 중요합니다. 지금 내 아이가 가짜 공부를 하고 있지는 않은지 한번 곰곰이 생각해봐야 합니다.

차례

들어가는 글
혹시 지금까지 아이에게 가짜 공부를 시킨 건 아닌가요?__4

PART 1 부모의 가짜 공부

Chapter 1 가짜 공부의 실상

5학년 되면 중학교 수학을 해야 한다고 누가 정했죠?__16

한 학기에 수많은 문제집을 푼다고 해서 다 실력으로 갈까요?__21

수학 선행이냐 현행 심화냐, 그것이 문제라고요?__26

뷔페식 학습을 하나요, 한 그릇 학습을 하나요?__32

학원만 믿으신다고요?__37

현장 칼럼 1 공부는 과연 아이만의 몫일까요? 부모의 공부는 없을까요?__43

아이 공부, 언제까지 일일이 봐주실 건가요?__48

아이의 미래, 부모님이 그려줄 수 있을까요?__56

아이 책, 부모님이 다 골라주는 게 과연 맞을까요?__62

『해리 포터』를 원서로 읽을 줄 알아야 영어 좀 하는 건가요?__67

공부하면 다 해줄게! 보상의 함정을 아세요?__73

현장 칼럼 2 왜 부모가 아이 친구를 찾아주려고 할까요?__78

Chapter 2 가짜 공부에서 벗어나는 방법

공부 문제, 맘카페 엄마 말대로 하지 마세요__86

트렌디한 교육 정보들, 애 잡기 딱 좋습니다__91

문해력은 닥치고 독서에서 시작됩니다__96

어른도 힘든 멀티태스킹, 아이는 불가능합니다__106

학습 속도가 빠를수록 좋다고요? 빠를수록 착각합니다__113

현장 칼럼 3 아이가 학교에서 공부 때문에 외롭지 않으려면?__118

학습만화라도 쥐어주고 싶은가요?__124

아이의 글쓰기, 부담감을 없애야 합니다__129

아이는 다 너를 위한 것이라는 말의 허상을 압니다__136

아직 오지 않은 미래에 아이의 현재를 저당잡히지 마세요__142

온라인 학습은 상호작용에 한계가 있습니다__148

PART 2 아이의 진짜 공부

Chapter 1 진짜 공부 워밍업

아이의 공부 숨통을 열어주세요__158

남의 아이가 아니라 내 아이를 공부하세요__166

좋은 것을 더 주기보다 나쁜 것을 덜 주세요__172

부모의 개입이 적을수록 아이의 공부가 단단해집니다__179

초등 고학년이야말로 진짜 공부를 할 절호의 시기입니다__186

현장 칼럼 4 아이를 지도할 때 6가지 마음가짐__196

체력이 진짜 실력입니다__202

사춘기, 사랑과 믿음으로 지켜봐주세요__208

자기주도학습의 기초 체력을 길러주세요__213

아이와의 소통에서 가장 좋은 열쇠는 듣기입니다__223

아이의 성장통을 위기관리 능력으로 탈바꿈해주세요__228

현장 칼럼 5 교사로서 아이들을 대하는 3가지 태도__233

Chapter 2 진짜 공부 실천법

교과서를 자주 보는 책으로 만들어주세요__242

개념 공책으로 개념을 튼튼하게 쌓게 해주세요__258

수학 개념을 이해했다면 정확하게 설명할 수 있습니다__270

매일 문제를 스스로 풀게 만들어주세요__279

방학 때는 독서와 복습에 집중해주세요__287

현장 칼럼 6 **아이에게 줄 수 있는 최고의 선물은 무엇일까요?**__295

마음장으로 아이의 마음을 읽어주세요__299

아침장으로 매일 공부 의욕을 세워주세요__306

30일 도전으로 자기 삶을 기획하는 습관을 만들어주세요__312

성장 목표장으로 자신의 성장을 스스로 관리하게 해주세요__321

관계를 스스로 세우는 아이가 공부도 스스로 세웁니다__329

현장 칼럼 7 **꿈꾸는 부모가 아이를 꿈꾸게 합니다**__334

PART 1

부모의 가짜 공부

Chapter 1

가짜 공부의 실상

5학년 되면 중학교 수학을 해야 한다고 누가 정했죠?

"선행을 해놓지 않으면 다닐 학원이 없어요."
"초등 때 중등 수학을 다 훑어야 중등 때 고등 수학에 들어갈 수 있어요."

어느 시기에 일정 수준까지 배워놓지 않으면 다닐 학원이 없다는 말을 종종 듣습니다. 심지어 초등 시절에 중등 과정을 끝내야 한다는 말도 심심찮게 들립니다. 그런데 이 커리큘럼은 과연 누가 정한 것일까요? 아이들은 정말 이 과정과 속도를 모두 소화하고 있는 걸까요? 이 신화(?)를 과연 누가 지탱하고 있는 것일까요? 이 신화의 수혜는 누가 받고 있나요? 이런 강압적인 흐름 속에서 아이들은 무엇을 얻고 무엇을 잃어버리고 있을까요? 이런저런 궁금증이 밀려옵니다. 아이들은 어른이 정한 학습 목표와 속도를 어떤 마음으로 따라가고 있을까요? 그 마음에는 불안이 자리하고 있을까요, 아니면 기대가 자리하고 있을까요?

한 가지 방법으로 푸는 문제 vs. 여러 방법으로 푸는 문제

초등학교 수학 교과서를 보신 적 있습니까? 실제로 보면 아시겠지만, 생각보다 쉽지 않습니다. 특히 5, 6학년 수학은 마음먹고 들여다봐야 할 겁니다. 그럼 1, 2학년 수학은 쉬울까요? 어른들 입장에서는 굉장히 쉬워 보일 수 있지만 그 나이 아이들에게 결코 녹록하지 않습니다. 제대로 공부한다면요.

'제대로'라고 강조한 이유는 계산만 하는 수학 공부와 그 원리를 제대로 이해하고 계산하는 수학 공부는 서로 다르기 때문입니다. 교실의 많은 아이들이 한 가지 방법만 이용해 답을 구하는 수학 문제는 쉽게 풀지만 여러 방법으로 계산해봐야 하는 수학 문제는 쩔쩔매는 이유이기도 합니다. 1, 2학년 수학을 결코 쉽게 보면 안 됩니다. 수학은 단순한 계산을 가르치는 과목이 아닙니다. 1, 2학년 수학에 그 내용을 교과서의 분량만큼 담아낸 데는 다 이유가 있습니다.

해당 학년의 교육과정은 그 시기의 아이들이 이해할 만한 수준으로 구성되어 있고 학년별로 그 내용이 긴밀하게 연계되어 있습니다. 해당 학년의 교육 내용을 단단하게 잘 소화해야 다음 단계로의 학습이 의미 있게 연계되면서 더 깊은 공부를 할 수 있습니다. 그래서 1, 2학년 공부가 굉장히 중요합니다. 학습의 첫 단추를 잘 끼워야 다음에 제대로 된 공부를 해나갈 수 있으니까요. 그런데 학령기 전의 아이들이 1, 2학년 수학 교과의 연산을 의미도 모른 채 선행하고 있는 것이 지금의 현실입니다. 수학의 첫 단추를 신중하게 잘 꿰어야 하는데, 속도의 함정에 빠져 멋모르고 '일단 꿰고 보자'라는 생각으로 아이들이 첫 학습을 시작하고 있어서 정말 걱정이 앞섭니다.

한번 배울 때 제대로 배워야 한다

잘못 꿴 수학의 단추는 5학년에서 빛(?)을 발하는 것 같습니다. 서둘러 초등 수학을 후다닥 마무리하고 중학교 수학으로 급히 넘어가고 있으니까요. 중학교 수학을 말할 때도 '돌린다, 훑다'라는 표현을 쓰는 것을 보면 제대로 배운다는 느낌은 들지 않습니다. 이럴 때마다 공부가 무엇인지 다시 한 번 생각하게 됩니다.

수학을 몇 바퀴 돌리면 정말 공부를 잘하게 되는 걸까요? 드라마 몇 바퀴 돌려보면 놓쳤던 대사와 등장인물의 표정을 읽어내고 드라마가 전하고자 하는 메시지를 더 깊게 알게 되는 효과를 공부에서도 정말 얻게 되는 걸까요? 사실 드라마 다시 보기도 쉽지 않지요. 그나마 드라마는 재미있어서 자발적으로 돌려본다고 해도, 과연 공부도 몇 바퀴 돌리면 숨은 그 원리와 개념을 제대로 파악하게 될까요?

중·고등학교 시험 시간에 시험지를 검토한 경험이 다 있을 겁니다. 잘못 푼 문제를 얼마나 찾아내셨나요? 저는 시험을 보면 가장 늦게까지 시험지를 붙들고 있던 학생 중 한 명이었습니다. 다 풀고도 혹시 놓친 부분이나 실수한 부분이 있는지 찾기 위해 주어진 시간을 모조리 사용한 사람으로서 깨달은 바가 하나 있습니다. 그것은 바로 놓친 부분을 찾기가 절대로 쉽지 않다는 사실입니다. 아무리 주의해서 봐도 찾을 수 없었습니다. 왜 그럴까요? 저변에 '나는 제대로 풀었다, 내가 틀릴 리가 없다, 틀리고 싶지 않다'라는 마음이 깔려 있기 때문입니다. 틀리고 싶지 않고 잘하고 싶은 심리가 오히려 눈을 가리고 있는 것이죠.

아이들도 그렇습니다. 자신이 이미 배운 내용을 제대로 공부했든 그렇지 않았든 이미 알고 있다고 생각해서 모르는 부분이 잘 보이지 않습니다. 놓치고 있는 부분을 찾기 쉽지 않다는 말입니다. 그래서 공부는 한번 배울 때 제대로 배워야 합니다. 얼마나 빨리 가는 것이 중요한 것이 아니라 얼마나 제대로 알고 가느냐가 중요합니다. 처음에는 좀 느리더라도 정확하게 가는 것이 사실은 가장 빨리 가는 방법이라는 단순한 사실을 잊지 않으시면 좋겠습니다. '학습 속도가 빠를수록 내 아이는 잘될 것이다'라는 이 신화를 이제는 곰곰이 생각해볼 때입니다.

다른 집 아이는 내 아이가 아니다

몇몇 잘하는 아이들의 성공 신화를 좇아서 내 아이의 소중한 공부를 속도로만 몰아가지 마세요. 일부 특출한 아이들의 커리큘럼이 우리 모두의 커리큘럼이 되는 것이 얼마나 위험한 일인가요? '인생은 속도가 아니라 방향'이라는 말처럼 공부 역시 속도가 아니라 방향입니다.

오늘부터 아이의 공부 속도가 아닌 방향을 더 깊게 고민해보세요. 깊이 고민할수록 내 아이가 살아가는 세상이 분명 더 건강해지고 그 속에서 아이는 더 단단하고 행복한 공부를 하게 될 것입니다. 학령기 전에 수학 공부를 시작하지 않아도 불안하지 않고, 5학년 때 중학교 수학을 하지 않아도 아이는 더 깊은 공부를 하게 될 것입니다. 이것은 아이가 진짜 공부를 할 수 있는 강력한 힘이 됩니다. 남이 만든 학습 속도를 의심 없이 받아들이지 마세요. 남이 만든 학습 속도는 아이의 발달단계를 무시할 뿐만 아니라 더 깊은 공부를 할 수 없게 합니다. 정말 내 아이가 학습 속도의 수혜를 받고 있는지, 혹시 득보다 실이 많은 것은 아닌지 깊이 들여다보세요. 학습 속도를 높이려다 개념의 끈이 헐거워져 자꾸 겉돌기만 하는 공부를 하는 것은 아닌지, 그러다 결국 제대로 된 공부를 하기도 전에 나가떨어지는 공부를 지금 내 아이에게 시키고 있는 것은 아닌지 꼭 진지하게 돌아보시길 바랍니다.

한 학기에 수많은 문제집을 푼다고 해서 다 실력으로 갈까요?

"우리 아이 이만큼 풀었어요!"
"제 아이가 푼 문제집 리스트를 알려드릴게요."

교육 커뮤니티에는 해당 시기에 풀어야 하는 문제집 리스트가 심심찮게 올라옵니다. 그런 리스트들을 보면 부모님들은 조바심이 납니다. 양이 만만치 않거든요. 하지만 풀어내면 그만큼 실력이 쌓일 것만 같습니다. 그 포스팅을 올린 사람은 얼마나 뿌듯해할까요? 그리고 잔뜩 쌓인 문제집 사진을 보며 댓글 다는 사람에게는 부러움과 조바심이 몰려옵니다. 그 다음 수순은 명약관화입니다. 조바심으로 인해 문제집을 사게 되고, 아이에게 문제집을 풀라고 재촉하는 모습이 연출됩니다. 그런데 그 많은 문제집을 풀어낸다고 해서 그 시간과 노력이 내 아이의 실력으로 돌아올까요? 잔뜩 쌓인 문제집만큼 내 아이의 실력도 쌓이게 될까요?

문제집을 푸는 이유: 안도감 vs. 개념 정리

서점에 가본 분은 문제집의 종류가 어마어마하게 많다는 사실을 아실 것입니다. 수많은 문제집 앞에서 어떤 문제집을 골라야 할지 막막했던 경험이 다 있으실 거예요. 출판사도 다양하고 문제집 종류도 가지각색인 데다 문제집 수준까지 고려하면 머리가 터질 지경입니다. 그러다 보니 인터넷을 검색해서 이미 풀어본 사람의 경험담을 찾게 되죠. 이런 경험담은 한줄기 빛이 되고, 그중에서 성공담을 보게 되면 더욱 솔깃해집니다. 그러면 어떻게 될까요? 어느새 내 아이의 수준은 뒷전이고 다른 사람의 추천으로 산 문제집이 중심이 되어 있습니다. 그 아이들이 푼 문제집 양만큼 많이 풀면 뭔가 한 것 같고, 그만큼 내 아이의 실력이 올라가는 것 같거든요. 안도감이 몰려오기도 합니다.

애초에 문제집을 풀게 하는 이유가 뭔가요? 그 목적은 공부한 내용을 제대로 알고 있는지 확인하고 개념을 더 알차게 다지게 하는 데 있습니다. 그런데 이 목적은 잊어버리고 주객이 전도되어 문제집이 주가 되는 안타까운 일이 발생합니다. 숨 막힐 정도로 많은 문제를 좋아하는 아이는 세상 어디에도 없습니다. 그러니 아이와 자꾸 실랑이를 벌입니다. 풀려는 자와 풀고 싶지 않은 자 사이에 심각한 갈등이 벌어지는 것은 지극히 당연한 일입니다.

어린아이에게 아직 공부 거부권(?)이 발달하기 전이죠. 취학 전

아동이 연산 문제집을 단계별로 묵묵히 푸는 이유입니다. 어린아이일수록 문제집을 많이 풀고 있으리라 생각합니다. 흔히 저학년 수학은 연산뿐이라고 생각해서 연산 문제를 많이 풀게 하는데, 원리를 먼저 익혀야 합니다. 우선 그렇게 계산하는 이유를 먼저 알아야 하는 것입니다. 문제만 많이 풀다 보면, 개념과 원리는 쏙 빠지고 속도와 양만 남게 되는 주객전도 현상이 발생합니다. 그 과정에서 아이들은 잘못된 공부를 하게 됩니다. 일단 내가 잘한다는 착각과 많이 공부했다는 묘한 안도감도 들고요. 그런데 이런 공부는 학년이 올라갈수록 구멍이 나 있는 공부로 돌아옵니다. 앞에서 배운 개념에 구멍이 있으니 다음 개념으로 연결될 수 없는 것입니다. 많이 공부하고도 구멍이 생기는 이상한 공부입니다. 그제서야 아이와 부모는 이상함을 느끼고 당황합니다.

개념은 문제집으로 익히기 힘듭니다. 문제집은 그 개념을 확인하고 채우는 보조 도구입니다. 교과서로 개념을 잘 익혔다면 굳이 많은 문제집을 풀면서 확인할 필요가 없습니다. 알고 있는 문제를 계속 풀고 있는 것은 노력 낭비, 시간 낭비, 돈 낭비입니다.

100문제 풀어 한 문제를 틀렸다면?

제가 우리 반 아이들에게 수학 시간에 빼놓지 않고 하는 질문이 있습니다.

"수학 문제 100문제를 풀었는데, 99문제를 맞히고 한 문제를 틀렸어. 그럼 오늘 공부한 문제는 모두 몇 문제일까?"

처음에는 아이들도 어리둥절해서 "100문제요", "99문제요"라고 대답합니다. 하지만 답은 "틀린 한 문제"입니다. 이 역시도 오답 정리를 확실하게 했을 때를 전제로 한 것입니다.

저는 오답 정리의 중요성을 이렇게 이야기합니다.

"오늘 100문제를 푼 이유는 틀린 이 한 문제를 찾기 위해서였어. 99문제는 오늘 굳이 풀지 않아도 이미 풀 수 있는 문제였던 거지. 하지만 제대로 오답을 정리하지 않으면 오늘 틀린 이 한 문제는 영영 틀릴 수밖에 없어. 다음에 나오면 또 틀려. 내가 왜 틀렸는지를 제대로 들여다보고 모르는 부분을 채우는 것이 공부야. 많이 푸는 게 중요한 것이 아니라 내가 모르는 것을 찾아 제대로 채우는 것이 공부라는 뜻이야."

부족한 퍼센트를 채우는 공부를 하자

문제 푸는 양이 의미 있는 공부가 되기 위해서는 우선 아이의 현재 수준을 잘 파악해야 합니다. 그래서 아이에게 맞는 문제집 수준은 '정답률 70% 문제집'이라는 말이 나오는 거예요. 나머지 30%를 채우는 공부가 되어야 한다는 것입니다. 아이가 모두 풀어내는 쉬운 문제집을 굳이 돈과 시간을 써가면서 풀고 있을 필요는 없습니다. 문제집은 아이의 현재 개념 이해도를 점검하는 도구이며 부족한 개념을 찾아내는 도구로 사용하라는 말씀입니다. 많은 문제를 풀면서 개념을 형성해간다는 생각은 디소 위험합니다. 교과서가 괜히 공부의 중심이 되어야 하는 것이 아닙니다. 개념은 교과서를 통해 익히고, 문제집은 그 개념의 이해를 돕는 도구로 사용하세요. 개념을 익히는 교과서에 더 힘을 주고, 문제집은 그 다음이에요. 교과서로 개념을 익히는 방법은 PART 2 아이의 진짜 공부에서 자세히 설명하겠습니다.

인터넷 카페나 블로그에서 잔뜩 쌓인 문제집 사진을 보시게 되면 이제는 조바심 대신 의문을 품어보세요. "저 많은 문제집에 정말 아이의 진짜 실력이 숨어 있을까?", "정말 문제집을 많이 풀어야 실력이 느는 것일까?", "저 많은 양을 푸는 과정에서 얻은 것은 무엇이고, 잃은 것은 무엇일까?", "문제집을 푸는 진짜 이유는 무엇일까?"

충분히 생각한 후에 아이에게 문제집을 주세요. 그렇게 되면 절대 많은 양의 문제집을 안겨주지 않을 것입니다. 아이도 공부 에너지를 문제집에만 쏟지 않게 될 것이고요. 공부 에너지도 한정된 자산이니 잘 사용해야 합니다. 아이의 공부 에너지를 개념을 익히는 진짜 공부에 쏟게 해주세요.

수학 선행이냐 현행 심화냐, 그것이 문제라고요?

"기본은 다 했는데 그 다음으로 선행학습을 할까요, 현행 심화학습을 할까요?"

주변에서 많이 듣는 수학 교육 고민 중 하나입니다. '수학 선행학습이냐, 현행 심화학습이냐? 그것이 문제로다!' 속도에 힘을 주려면 선행학습이 맞는 것 같고, 내실을 다지려면 현행 심화학습이 맞는 것도 같습니다. 그래서 실제로 선행학습과 현행 심화학습을 병행하는 경우도 꽤 있습니다. 현행 심화학습의 경우 문제에 선행 내용이 포함된 경우도 종종 있어서 함께하면 도움이 될 것만 같습니다.

내 아이의 수학 개념부터 확인하자

수학 선행학습도 좋고 현행 심화학습도 다 좋은데, 아이가 현행 기본개념은 제대로 챙겼을까요? 뭐가 됐든 다 좋지만, 내 아이가 소화하기 힘들면 문제가 됩니다. 아무 의심 없이 다른 아이의 플랜으로 내 아이의 플랜을 계획하면 안 된다는 말입니다. 기본적인 수학 내용을 마무리하면 선행학습이든 심화학습이든 둘 중 하나는 선택해야 할 것 같습니다. 그런데 심화학습이든 선행학습이든 현행 기본개념이 단단하다는 전제하에 진행되어야 효과를 볼 수 있습니다. 기본개념이 심화학습을 통해 더 다져지는 것이고, 현행의 기본개념이 다음 선행학습의 기본개념으로 연계되는 것이니까요.

교실에 있는 많은 아이들이 선행학습과 심화학습을 하고 있습니다. 문제도 곧잘 풀어요. 하지만 개념을 묻는 문제나 답을 찾아가는 과정을 묻는 문제에는 웬일인지 오답이 꽤 많습니다. 내친김에 교과서에 있는 그림이나 개념을 설명해볼 사람이 있냐고 물으면, 대답하지 못하고 우물쭈물하는 아이들은 더욱 많습니다. 문제 푸는 방법은 잘 익혀서 곧잘 풀지만, 기본개념이 약하게 형성되어 왜 그렇게 푸는지 명쾌하게 설명하지 못합니다.

아이의 수학 머리를 의심하는 이유와 과정

선행이나 심화냐 고민하기 전에 먼저 아이의 현행 개념을 좀 더 꼼꼼하게 살펴주세요. 아이가 기본개념을 습득했다고 확신하고 그

다음 단계로 쉽게 넘어가지 않았으면 합니다. 기본문제집을 열심히 풀었고 정답률이 높아서 개념을 소화했다고 생각하고 심화학습으로 바로 가거나 선행학습으로 가면 탈이 날 수 있습니다. 심화학습을 선택할 경우에 자칫 모르는 문제 대잔치가 펼쳐질 수 있거든요. 머릿속에 약하게 형성된 개념이 심화학습에 적용될 리 없기 때문입니다. 아이가 심화학습에 적응하지 못하면 부모는 아이의 수학머리를 의심하게 됩니다. 엉뚱하게 아이 탓만 할 수도 있지요. 여기에 아이가 고민하는 시간이 답답하다고 부모님이 자꾸 가르쳐주는 것은 아이의 수학 공부에 아주 찬물을 끼얹는 격입니다. 풀리지 않는 수학이 재미있는 아이는 없습니다. 아이는 아직 심화학습을 할 준비가 되지 않은 상태입니다. 그 결과 부모의 수학 심화학습 욕심이 아이의 수학 자존감을 끌어내립니다. 이럴 때는 개념을 다시 한 번 확인하고 현 상황에 맞게 아이가 풀 만한 문제로 다시 난이도를 조절해야 합니다.

자기만의 언어로 개념을 설명할 수 있어야 한다

아이의 수학 개념은 어떻게 확인하면 좋을까요? 개념은 문제집보다는 교과서로 확인하는 것이 더 좋습니다. 문제 푸는 기술이 아니라 문제에 담겨 있는 개념을 확인해야 하니까요. 가장 간단하게 확인할 수 있는 방법은 왜 그렇게 계산하는지 이유를 설명해달라고 하는 것입니다. 교과서의 그림을 설명해달라고 해도 되고, 그림으로 그려서 설명해달라고 해도 좋습니다. 개념이 단단한 아이는 자기만의 언어로 잘 설명합니다. 그 설명이 좀 투박하더라도 정확하게 알고 있으면 안심해도 됩니다. 단, 개념을 확인하기 위해 아이에게 문제집을 주구장창 풀게 하는 일을 하지 않으면 좋겠습니다. 많은 양의 문제 푸는 것을 좋아하는 아이는 거의 없으니까요.

아이의 개념이 단단하다는 것을 확인했다면 심화학습으로 가도 됩니다. 하지만 주의할 점이 있습니다. 심화문제는 기본문제처럼 쉽게 풀리지 않습니다. 아이에게 스스로 풀 수 있는 고민의 시간을 보장해달라는 이야기입니다. 많은 문제를 푸는 것보다 한 문제라도 자기 힘으로 푸는 것이 중요합니다. 이렇게 쌓이는 실력이 아이의 진짜 실력입니다. 심화학습에서도 문제 양에 대한 욕심은 버리세요. 중요한 것은 아이가 스스로 풀어내는 힘을 기르는 것입니다.

저학년 때는 수학 심화학습보다 독서에 힘쓴다

저학년 때는 수학 심화학습보다는 현행 기본개념에 충실하고 남는 시간에는 독서를 했으면 합니다. 수학에서도 문제를 읽어내는 힘이 중요합니다. 그 힘은 독서에서 비롯됩니다. 그래서 저학년 아이들에게까지 심화학습 욕심은 부리지 않으셨으면 합니다. 그러면 선행학습이 더 의미가 있느냐? 이 역시도 독서하는 시간으로 채워주세요. 아이의 발달단계를 넘어선 선행학습은 시간 낭비일 뿐만 아니라 제대로 된 수학 공부를 막을 가능성이 크기 때문입니다. 그 시기가 되면 금방 도달할 수 있는데, 조금 더 빨리 가려고 많은 시간과 노력을 들여 미리 가는 것은 득보다 실이 많습니다. 또 연산 위주로 선행학습을 하다가는 계산법만 익힐 가능성이 커서 개념은 모르고 문제만 푸는 공부가 될 수 있습니다.

선행학습은 아이가 현행 이상의 내용을 스스로 이해할 수 있을 때 의미가 있습니다. 그런데 교육과정 내용은 대체로 그 나이에 맞는 수준으로 이루어져 있기에 몇몇 뛰어난 아이를 제외하고는 선행 수학의 개념을 제대로 이해하기 쉽지 않습니다. 그래서 저학년 때 수학 선행학습을 한다면 시간이 더 오래 걸리고, 그 과정에서 아이가 학습의 즐거움을 느끼기는 쉽지 않습니다.

개념이 자리 잡혔다면 고학년 때는 현행 심화학습을 한다
고학년의 경우, 아이가 현행 기본개념을 단단하게 익혔다면 현행 심화학습을 권합니다. 사실 선행 기본개념보다 현행 심화학습을 소화하기 어렵거든요. 아이의 수학 실력을 향상시키기 위해서는 쉬운 내용의 선행문제보다는 현행 심화문제를 푸는 것이 더 효과적입니다. 문제집을 훑거나 돌리는 선행학습을 하면 특히 아이가 잘못된 수학 공부를 하게 될 위험도 있습니다. 자신이 이미 알고 있다고 생각해서 부족한 부분을 채우는 공부를 놓치게 될 위험이 있는 것입니다.

정리하자면, 아이가 현행 기본개념을 잘 익혔는지 꼼꼼하게 살피는 것이 중요합니다. 저학년이라면 독서에 더 중점을 두시고, 고학년이라면 아이 수준에 맞는 현행 심화학습으로 수학 실력을 향상시킬 수 있게 도와주세요. 아이 스스로 고민하는 시간은 꼭 보장해주시고요. 현행 심화학습을 충분히 소화하고 선행학습을 스스로 소화할 수 있는 아이는 선행학습을 해도 됩니다. 단, 수업 시간에 해당 내용을 다시 배울 때 집중할 수 있는 아이라는 조건이 붙습니다. 만약 아이의 현행 기본개념이 약할 경우 복습을 통해 꼭 단단하게 만들어주세요. 아이의 부족한 개념이 어디서부터인지 찾습니다. 그리고 거기서부터 다시 시작합니다. 공부의 기본은 언제나 복습입니다. 꼼꼼한 복습이 단단한 개념을 낳습니다. 중요한 것은 언제나 내 아이의 현재 수준입니다. 선행학습과 심화학습이 현재 아이의 기본개념 학습을 앞설 수는 없습니다.

뷔페식 학습을 하나요, 한 그릇 학습을 하나요?

"아이의 다양한 학습 경험이 나중에 분명 도움이 되지 않을까요?"

이것저것 다양하게 학습하며 경험하는 즐거움은 아직 시간적 여유가 많은 학령기 전 아이들과 저학년 아이들에게는 특권이기도 합니다. 아이의 체력이 뒷받침되고 아이가 흥미를 느끼며 경제적으로 여유가 있다면 더 많은 것을 경험할 조건을 갖춘 셈이죠. 아이가 어릴수록 대체로 예체능 분야에서 다양한 학습을 하고 있습니다. 여기에는 놀이가 붙은 학습도 많고, 하나의 교과도 여러 다양한 이름의 학습으로 세분화되어 있습니다. 그런데 이렇게 다양한 학습 경험이 정말 좋은 경험만을 안겨줄까요? 아이들의 시간과 노력, 부모님의 돈이 들어가는 이 다양한 학습이 아이들에게 도움이 되려면 어떻게 하면 좋을까요?

학습 특성상 어린아이가 스스로 재미를 느끼기란 쉬운 일이 아닙니다. 그렇기에 학습에 첫발을 내딛는 어린아이들에게 학습 재미는 큰 고려 요소가 될 수밖에 없습니다. 학습 속도보다는 학습 재미가 훨씬 중요한 시기라는 것이죠. 그러다 보니 이 시기의 아이들은 굉장히 재미있게 배웁니다. 부모님들이 어느 순간 가지를 치고 싶어도 아이가 원치 않아 쉽게 끊지 못하는 일도 종종 발생할 정도니까요. 학습에 재미를 느끼는 것은 중요한 일이 맞습니다만, 항상 재미있을 수만은 없다는 것이 함정이지요. 진정한 학습은 학습 외의 요소가 주는 재미에서 벗어나 아이 스스로 의미를 찾게 될 때 시작됩니다.

스스로 학습을 주도할 힘을 길러주자

다양한 학습 경험은 분명 의미가 있습니다. 교사인 저도 주어진 시간 동안 아이들이 다양한 학습 경험을 할 수 있도록 많이 노력합니다. 그러나 그 이상으로 힘을 쏟는 것이 하나 있습니다. 아이들에게 무슨 일이 있어도 끝까지 해내는 학습 경험을 갖게 하는 것입니다. 많은 교사들이 아이들과 짧다면 짧고 길다면 긴 1년의 시간 동안 다양한 학습 활동을 시도합니다. 그런데 1년간 교육 농사의 성공 유무는 교사의 일관성 있는 교육 활동에서 결정된다는 사실을 아십니까?

사실 1년이 짧은 호흡은 아닙니다. 아이들을 1년간 꾸준히 끌고 나가야 하는 교육 활동은 절대 쉬운 과정이 아닙니다. 수많은 인내심을 요구하지요. 속된 말로 지지고 볶는 과정이 1년간 펼쳐진다고 생각하면 됩니다. 포기하려고 하는 아이들과 대충 하는 아이들을 보며 수없이 포기하려는 마음이 생깁니다. 그러나 포기하지 못하는 이유는 단 하나입니다. 여기서 포기하면 아이들이 '힘들면 포기하면 그만'이라는 마음을 갖는다는 것을, 아이들이 제대로 학습하지 않는다는 것을 누구보다 잘 알기 때문입니다. 본인이 끌고 나가야 학습을 오래 할 수 있습니다. 다만 모든 아이에게 처음부터 자신의 학습을 진행할 힘이 있지는 않습니다. 그 힘을 길러주기 위해 하나의 학습이라도 제대로 끌고 가는 경험을 주려는 것이죠. 이 힘은 다양한 학습을 경험하는 것에서 오는 것이 아니라 하나의 학습을 제대로 경험하는 과정에서 길러집니다. 뷔페식 학습 경험보다 제대로 된 한 그릇 학습 경험이 중요한 이유입니다.

연습과 인내 없이는 다음 단계로 도약하지 못한다

아이들은 피아노를 많이 배우는데, 처음에는 재미있게 시작합니다. 피아노 교육은 음악적 요소 외에 학습적 요소도 굉장히 많은 예체능 분야입니다. 게다가 피아노를 배울 때는 많은 연습과 그 연습을 참을 수 있는 인내심이 많이 필요합니다. 피아노를 그냥 단순히 예체능 분야로 생각하며 가볍게 시작하는 경우가 많은데, 얼마 되지 않아 아이와의 갈등을 피하기 힘들어집니다. 처음에 배울 때의 즐겁고 단순한 피아노 연주에서 곧 많은 연습을 해야 하고 복잡한 악보를 익히는 단계로 이어지는데, 이 과정을 거쳐야 아이의 실력이 향상됩니다.

모든 배움이 그렇습니다. 자신을 이겨내는 연습 시간과 인내의 과정이 없으면 재미에 머무르다 끝납니다. 어린아이의 경우 이 과정을 뛰어넘기가 더 어렵지요. 그러다 보니 뭔가 하나를 끝까지 하지 못하고 이 학습 저 학습으로 전전하는 경우가 생깁니다. 뷔페식 학습이 펼쳐지는 것이죠. 다양한 학습 경험이 나쁜 것이 아니라 깊게 들어가지 못하고 얕게만 맛보고 끝나는 학습이 앞으로 본격적으로 시작될 아이 공부에 좋지 못한 영향을 끼친다는 것입니다.

자신을 뛰어넘는 과정이 학습 자산이 된다

학습을 할 때 처음에는 재미로 아이들의 시선을 끌 수 있지만 어느 순간에는 분명 한계가 옵니다. 재미만으로는 끌고 갈 수 없는 지점에 다다르게 되면, 여기서부터는 아이들 스스로 뛰어넘어야 합니다. 분명 그 지점을 뛰어넘으면 아이는 성장해 있습니다. 그런데 아이가 힘들어한다고 부모는 함께 흔들리고 거기에서 학습을 멈춥니다. 다시 다른 재미있는 새로운 학습을 탐색해 시작하고는 또 한계에 다다르고 또다시 포기합니다. 진정한 학습으로 가보기도 전에 마무리가 되는 것이지요. 다양한 뷔페식 학습 경험이 아이에게 자신을 좀 더 깊게 알아가는 좋은 기회가 되어야 하는데, 한계에 부딪쳐 자신을 넘어서는 경험을 하기도 전에 끝나버립니다. 아이들은 이 과정에서 과연 뭘 배우게 될까요?

처음엔 재미로 시작하지만 아이가 자신을 뛰어넘어야 하는 지점에서는 부모가 믿음을 가지고 함께 버텨주셔야 합니다. 학습에는 인내의 과정이 반드시 포함되어 있습니다. 그 인내의 과정이 아이의 성장을 가져오는 것입니다. 그 고비를 넘기면 분명 큰 학습 자산으로 돌아옵니다. 다양한 학습을 많이 경험하는 것보다 더 중요한 것은 제대로 된 하나의 학습 경험을 갖게 하는 것입니다. 우리가 다양하게 맛보는 뷔페 음식보다 제대로 먹은 한 그릇 음식에 더 큰 포만감과 만족감을 가진다는 것을 학습에서도 잊지 마세요.

학원만 믿으신다고요?

"내 아이를 가장 잘 알고 가장 잘 도울 수 있는 사람은
누구일까요?"

아이를 가르치다가 사리가 나올 것 같아서 학원에 보냈
다는 우스갯소리가 있습니다. 누군가에게 아이의 학습을 믿고 맡
기는 것이 부모의 짐을 덜어주고 마음을 편하게 해주는 것은 사실
입니다. 학원이 아이의 공부를 돕는 든든한 학습 조력자 중 하나
임에는 분명하지만, 학원 수강에도 얻는 것과 잃는 것이 있습니다.
그리고 학원을 다니면서 잃는 것보다는 얻는 것이 더 많아야 하는
데, 그렇지 못한 경우도 꽤 있어서 학원에 대한 불신과 폐해도 상
당합니다.

학원은 짧은 시간에 많은 학습량을 투입해 결과를 뽑아내려
고 하기 때문에 아이에게 기다려줄 시간을 주지 않습니다. 단기적

으로는 학습 효과가 있을지 몰라도 장기적으로는 치명타가 될 수 있습니다. 교육의 목표는 아이의 잠재력을 끌어내고 스스로 서도록 돕는 것인데, 학원이 이 목표를 실행하기에는 분명 한계가 있습니다. 학원에 많은 시간과 돈을 투자하고도 원하는 만큼의 성과가 나오지 않고 오히려 부작용이 생긴다면, 학원 수강을 진지하게 고민해야 합니다. 하지만 학원을 끊는 것도 쉽지 않은 것이 현실입니다. 학원 외에 아이를 도울 방법이 많지 않기 때문입니다. 그렇다면 학원이 아이의 든든한 학습 조력자로 단단히 자리매김하기 위해서는 어떻게 해야 할까요?

학습 습관이 길러진 후에 학원을 시작한다

여력이 된다면, 아이가 학습하는 힘을 기른 후에 학원 문을 두드리는 것이 가장 좋은 출발이라고 봅니다. 굳이 몇 학년이라고 못박을 필요는 없습니다. 아이가 준비 없이 떠밀려 학원에 가는 것보다는 학습하는 힘이 어느 정도 길러졌을 때 보내면 그 효과가 클 것입니다. 자신이 할 일을 알고 있고 해야 할 일을 미루지 않고 꾸준히 노력하는 태도가 어느 정도 형성되어 있는 것입니다. 쉽지 않지만 주어진 양이 많지 않고 어릴 때부터 꾸준히 키워준다면 충분히 키울 수 있는 힘입니다(213페이지 참고). 부모님 등쌀에 못 이겨 학원에 다니기 시작한다면 효과는 크지 않습니다. 학원 다니는 목적이 자신이 아니라 부모에게 있기 때문입니다. 학원에서 요구하는 공부도 소화하기 힘들어서 부모님의 과제가 더 많아질 수 있고, 이는 아이와 부모 간의 갈등으로 이어지게 됩니다. 그래서 기본적인 학습 습관과 태도를 기른 후에 학원으로 가는 것이 아이와 부모에게 좋습니다.

학원 원장보다 내 아이를 잘 아는 사람은 바로 부모다

내 아이를 그 누구보다 잘 알고 걱정하는 사람은 부모님입니다. 아이의 성향과 학습 수준에 맞는 학원을 찾으면 좋겠지만, 쉽지 않다면 아이의 수준만이라도 꼭 맞춰서 보내세요. 아이의 부족한 부분을 채울 수 있고 학습 능력이 잘 향상될 수 있는 곳으로 선택하세요. 내 아이가 기준이 되어야 합니다. 잘 나가는 유명 학원이나 옆집 아이가 다녀서 좋았던 학원이 기준이 아닙니다. 동네 소규모 학원을 다니더라도 내 아이에게 맞다면 그 학원이 최고로 좋은 학원입니다. 학원 시스템에 내 아이를 맞추는 것보다 내 아이에게 맞는 커리큘럼을 제시하는 학원이 더 나을 수 있다는 것입니다. 아무리 좋은 학원의 커리큘럼도 내 아이가 따라가지 못하면 아무 소용없습니다.

교육 정보는 학원 원장이 더 많이 알고 있을지 몰라도 내 아이에게 맞는 정보는 부모님이 가장 잘 압니다. 학원 원장이 제안하는 말에 무조건 솔깃해하지 마시고 비판적으로 들으세요. 학원은 아이들의 성장도 중요하지만 이윤을 내는 것이 더 중요한 곳입니다. 부모님과 학원 원장님의 목적은 다를 수밖에 없습니다.

아이의 학원 생활을 끊임없이 살핀다

아이가 학원에 다니고 있다고 해도 부모는 아이의 학원 생활을 꾸준히 살펴서 필요한 순간에 언제든지 도울 준비가 되어 있어야 합니다. 도움이 필요한 순간을 잘 포착하려면 항상 관심을 가지고 있어야 합니다. 평상시 아이와의 대화를 통해 학원 생활을 파악하고 있어야 하고, 아이 학습에 구멍이 난 부분이 있다면 살펴서 채워주셔야 합니다. 학원 측과 계속 이야기를 나누고 아이의 학습 속도보다 학원의 진도가 빠르면 더 내실 있는 학습이 되도록 상의해야 합니다. 평소에 이렇게 하기 힘들다면, 방학이나 주말을 이용해서 아이의 학습에 결손이 없도록 하면 좋습니다. 부모님 편하자고 학원만 믿고 있다가 학원 전기세와 수도세를 열심히 내주는 아이가 바로 내 아이가 될 수도 있습니다. 학원은 아이의 배움을 돕는 곳이고, 가정은 이 배움을 아이가 다시 익혀서 자신의 것으로 만들 수 있도록 살펴주는 곳입니다.

학원 끊는 시점도 반드시 고려한다

아이가 학원에 잘 다니고 의도한 학습이 잘 이루어졌다면 학원을 떠나 스스로 학습을 할 수 있는 때도 파악할 줄 알아야 합니다. 학원은 학습의 조력자일 뿐입니다. 아이 스스로 학습하는 단단한 힘이 생겼다면, 학원을 끝낼 시기도 함께 고민해야 합니다. 학습은 배우는 것에서 끝나는 것이 아니라 스스로 익힘으로써 완성되는 것이고, 스스로 익히는 것은 학원에서 할 수 있는 과정은 아닙니다. 아이가 스스로 해보겠다고 할 때 박수를 쳐주세요. 그 시기가 분명 아이에게 필요합니다. 스스로 서기 위해서 공부하는 것이고 도움을 받기 위해 잠시 학원의 힘을 빌린 것이니까요. 스스로서서 학습하지 못하는 아이는 자신의 인생을 스스로 세우는 것도 힘든 법입니다. 학원을 끊는 시점까지 꼭 나아가보셨으면 좋겠습니다. 학원에만 의지하지 않고 아이 스스로 공부 계획을 세워 혼자 해나갈 수 있는 그 지점까지요. 때가 되면 아이가 스스로 학습할 수 있도록 격려해주세요.

요즘 아이들은 부모 세대보다 훨씬 일찍 학원 생활을 시작하고, 다니는 학원 수도 많습니다. 이렇게 일찍 학원 생활을 시작했는데 안타깝게도 학원을 끝내는 시기는 오히려 더 길어졌습니다. 예전에는 필요할 때 치고 빠지는 학원 생활이었다면, 요즘은 갈아타기식 학원 생활을 하고 있죠. 공부 쇼핑을 하고 있는 시대입니다. 무엇보다 이 학원이라는 공간은 자연스러운 공간이 아닙니다. 그만큼의 돈을 지불해야 몸 담을 수 있는 공간이죠. 적어도 몇 년 이상 다니는 곳이어서 그 가격도 만만치 않습니다. 아이들의 중요한 시간과 노력이 들어간 공간이면서 부모님들의 많은 경제적 지원이 필요한 학원 생활이 지금 아이에게 꼭 필요하다면 현명하게 잘 선택하시길 바랍니다.

공부는 과연 아이만의 몫일까요? 부모의 공부는 없을까요?

"공부는 아이만 하는 걸까요?"

공부는 과연 아이만 하는 것일까요? 아이의 학습을 돕기 위해 충분히 공부하고 있는 부모님들도 많으실 것 같습니다. 하지만 이런 경우에는 현실적으로 아이보다 부모님의 주도권이 더 강할 확률이 크다는 함정이 있습니다. 학습은 분명 아이의 몫이고 시간이 갈수록 부모님은 편해지고 아이의 자기주도학습 능력은 강해져야 하는데, 그 반대가 되는 경우가 굉장히 많습니다. 왜 이런 일이 벌어질까요?

그것은 아이의 공부와 부모의 공부를 잘 구별하지 못하기 때문입니다. 아이는 아이의 공부를 하고 부모는 부모의 공부를 해야 하는데, 아이의 공부를 부모님이 더 열심히 하고 있는 것이지요. 아이의 필요가 아닌 부모의 필요에 의해서요. 이미 학습의 주도권이 부모님에게서 시작되는 것입니다. 이렇게 시작할 경우 아이는 부모님에게 갈수록 의지하게 됩니다. 차려진 밥상에 숟가락만 올리는 편한 공부를 하다 보면, 아이의 자기주도학습 능력과 학습 의지는 당연히 약해질 수밖에 없습니다.

부모의 공부란?

아이에게도 좋고 부모도 성장하는 부모의 공부란 무엇일까요?

박노해 시인의 시 '부모로서 해줄 단 세 가지'를 보면, 아이를 자유롭게 자기 개성을 찾게 하는 것, '안 된다는 건 안 된다'는 것을 새겨주는 것, 평생 가는 좋은 습관을 물려주는 것, 이 세 가지를 부모로서 해줄 것을 이야기하면서 부모로서 자신이 해야 할 일은 우선 자신이 똑바로 사는 것이라고 합니다.

> 그러니 내 아이를 위해서 내가 해야 할 유일한 것은
> 내가 먼저 잘 사는 것, 내 삶을 똑바로 사는 것이었다
> 유일한 자신의 삶조차 자기답게 살아가지 못한 자가
> 미래에서 온 아이의 삶을 함부로 손대려 하는 건
> 결코 해서는 안 될 월권행위이기에
>
> – 박노해 시집 『그러니 그대 사라지지 말아라』 중에서

저는 이 시를 처음 읽었을 때 부끄러웠지만 한편으로는 전율이 흘렀습니다. 제가 가고자 하는 부모로서의 방향을 확신하게 되었고 그 방향으로 걸어가기로 마음을 먹었습니다. 물론 마음먹기와 실천은 또 별개의 문제지만요. 그래서 수천 번 흔들릴 때마다 이 시를 읽어봤습니다. 수많은 교육 정보와 옆에서 들려오는 다른 아이의 학습 이야기에 마음이 흔들리지 않았다면 거짓말입니다. 그럴 때마다 제가 가고자 하는 방향을 떠올렸습니다. 그때 이 시가 제게 도움을 줬죠. 교실에서 한 해를 마무리할 때 부모님들과 이 시를 함께 나누기도 합니다. 이 시처럼 살기는 정말 어렵습니다만, 그 방향이 맞다면 그 길로 한걸음씩 차근차근 가려고 합니다.

세상 모든 아이가 다르듯 세상 모든 부모가 다릅니다. "부모로서 이렇게 해보세요. 이것은 반드시 하셔야 합니다"라는 말은 또 다른 부담임을 알기에 제안드리는 것이 사실 불편합니다. 그래서 울림을 주는 이 시를 부모님과 함께 나누고 싶었습니다(시 전체를 읽어보시길 바랍니다). 부모로서의 공부는 평생 해야 할 것입니다. 죽는 날까지 부모로서 부족하게 살다 갈 것임을 알기 때문입니다. 그렇지만 부모로서 또 다른 생명체를 품고 기르며 살아가는 일은 참 경이로운 일입니다. 부모로서 갖는 특권이기도 합니다.

부모로서 바른 길을 걸어가는 것

어떤 부모가 될 것인지는 스스로 결정해야 한다고 생각합니다. 부모로서 뒤떨어지지 않으면서 아이와 함께 삶의 길을 어떻게 걸어가느냐의 결정권은 부모 자신에게 있습니다. 누구도 결정해주기 힘들고 누구도 대신할 수 없는 일입니다. 아이의 공부는 아이의 몫이듯 부모로서의 공부는 부모의 몫입니다. 아이의 학습을 돕는 것보다 부모로서 바른 삶의 길을 걸어가는 길은 더욱 어려운 일입니다. 하지만 훨씬 더 가치 있는 길이죠. 내 아이의 학습을 위해 필요한 정보를 수집하고 옆에서 아이의 학습을 돕는 것보다 '나는 어떻게 살 것인가?'를 더 깊게 고민하고 공부하는 삶을 살아보시길 바랍니다. 마지막으로 제가 예전에 적은 짧은 글 한 편을 소개합니다.

부모로서 주고 싶은 세 가지

첫째, 건강한 삶

내가 먹는 것이 바로 나! 건강한 식습관을 비롯하여 자신의 몸을 움직여 건강한 하루하루를 꾸리는 삶은 중요합니다. 기계에 의지하지 않고, 자신의 몸을 움직이며 살아갑니다. 강한 몸에 강한 정신이 깃든 삶을 바랍니다.

둘째, 책을 가까이 하는 삶

내가 읽은 것이 바로 나! 인생은 선택의 연속입니다. 그 선택은 나의 자유 의지로 이루어지기를 바랍니다. 현명한 선택은 부단한 공부에서 비롯되지요. 그 공부의 가장 좋은 벗은 책이라고 봅니다. 몸뿐만 아니라 자신의 생각도 기계에 의지하지 않도록, 나의 생각으로 살아갈 수 있도록, 최후의 순간에도 자신의 결정권을 스스로 놓지 않도록, 나에게 주어진 자유 의지를 타인이 가로채도록 허용하지 않는 삶을 살기를 바랍니다.

셋째, 적은 것으로도 풍성한 삶

자본주의에서 버는 것 이상으로 쓰는 것의 중요성과 무엇보다 소유에 대한 진지한 성찰이 필요하다고 생각합니다. 많이 가져야 행복할지, 얼마만큼 가져야 행복할지, 어떤 소비가 나도 살리고 우리를 살리는지, 버는 것과 나를 위한 소비에만 급급하지 않는 지혜롭고 풍성한 삶을 살기를 바랍니다.

아이 공부, 언제까지
일일이 봐주실 건가요?

"가정에서 아이 공부를 도와주는 궁극적인 이유는
무엇인가요?"

요즘은 어린 나이부터 학습을 시작하고, 아이가 학원을 가더라도 부모의 손길이 필요한 과제가 많아서 가정에서 아이의 공부를 돕는 경우가 많습니다. 아이가 알아서 공부했던 시절은 이제 사라진 것 같습니다. 가정에서 아이 학습을 봐주다 보면 아이가 공부하는 것인지 엄마 아빠가 공부하는 것인지 종종 혼란스러울 때도 있을 거예요. 무엇보다 아이의 공부를 도대체 언제까지 봐줘야 할지 그 끝이 있기나 하는지 막막해지는 순간에는 한숨이 절로 나오기도 했을 것입니다. 그런데 이렇게 아이의 공부를 열심히 도와주는 궁극적인 이유는 무엇인가요?

학교에 다니는 사람도 공부를 하는 사람도 아이다

학교에서 아이들이 많이 하는 소리 중 하나가 "엄마가 안 챙겨줬어요"입니다. 꼭 필요한 준비물이나 학교에 제출해야 하는 서류 등이 있는데 준비하지 못했을 경우 아이들 입에서 많이 나오는 말입니다. 저학년이 아니라 중·고학년 아이들 입에서 너무나 당당하게 이 말이 나올 때면, 저는 이렇게 말합니다.

"엄마가 학교 다니셔? 난 ○○가 학교 다니는 줄 알았는데."

그럼 아이들은 바로 조용해집니다.

"학교 생활을 하면서 필요한 것은 부모님의 도움을 받아 챙길 수 있지만 부모님께서 네 일을 대신하시는 것은 아니잖아. 앞으로 ○○가 챙겨야 할 일은 스스로 챙기고 부모님 도움이 필요한 경우는 미리미리 확인해서 도움을 받으면 좋겠어."

이렇게 말하면 신기하게도 아이들은 점점 나아집니다. 제가 만난 아이들은 정말로 갈수록 나아졌어요. 저는 아이들 부모님께 자주 연락드리는 편이 아닌데, 이유는 단 하나입니다. 학교를 다니는 사람은 부모님이 아니고 아이이기 때문입니다. 그래서 저의 목적은 아이가 스스로 설 수 있도록 돕는 것입니다.

많은 부모님들이 가정에서 아이 공부를 위해 노력하고 계십니다. 그런데 아무리 노력해도 아이가 주도적으로 학습하는 습관이 형성되지 않아서 애를 많이 태웁니다. 게다가 부작용이 생기기도 하죠. 부모님이 움직이지 않으면 아이도 움직이지 않는 것입니다. 공부의 주체는 아이인데, 부모가 애가 타서 일정을 짜고 아이가 하루에 정해진 분량을 다 소화하지 못하면 화가 납니다. 정작 아이는 태평해하거나 자신의 공부가 아닌 듯 팔짱 끼고 관찰자처럼 구는 경우도 많고요. 그러다 보니 부모와 아이 사이에 공부를 이유로 싸우는 횟수가 빈번해지고 갈등은 깊어집니다. 아이와 부모 간의 관계가 틀어지는 경우지요. 왜 이렇게 되었을까요? 부모는 아이가 잘되길 바랐을 뿐인데요. 도대체 어떻게 해야 부모가 일일이 확인하지 않아도 아이 스스로 공부할 수 있을까요?

목표는 아이 스스로 서도록 돕는 것

아이 공부를 일일이 확인하며 하루하루 부모가 끌고 가다 보면, 아이는 공부를 자신의 일로 인식하지 않습니다. 자신을 위한 공부가 아니라 부모님을 만족시켜야 하는 공부로 생각하게 됩니다. 이런 공부는 오래 지속될 수 없지요. 무엇보다 스스로 하는 힘을 기를 수 없습니다. 처음에는 부모의 필요와 의지에 의해 학습을 시작했다고 해도 아이에게 학습의 주도권을 반드시 주셔야 합니다.

아이의 공부를 처음 돕기 시작할 때부터 '언제까지 봐줄 것이다'라는 계획을 세우고, 무슨 일이 있어도 그때까지는 반드시 아이가 스스로 자신의 학습을 끌고 갈 수 있도록 도와야 합니다. 아이의 학습 정확도와 속도를 높이는 것도 중요하지만, 아이에게 자신의 학습을 스스로 끌고 갈 수 있는 힘을 길러주는 것에 주안점을 둬야 합니다. 대체적으로 그 시기는 아이의 감정선이 많이 널뛰지 않는 4학년까지로 봅니다. 늦어도 4학년까지는 그 힘을 길러주는 것이 좋습니다.

5, 6학년 때는 자신의 세계가 활짝 열리므로 아이를 끌고 가기도 힘들뿐더러 공부 외에도 관심 분야가 굉장히 많아집니다. 친구를 비롯해 이성에도 관심이 상당히 많아지는 시기거든요. 그렇다고 5, 6학년 때는 늦었다고 포기해야 할까요? 아이의 인생에 빠르고 느림은 없습니다. 이때는 오히려 아이들의 학습 의지에 불을 지필 수 있는 적기가 될 수도 있으므로 이 시기 아이들의 특성에 맞게 진행하시면 됩니다(186페이지 참고). 단, 아이의 자기주도학습이 잡힐 때까지 공부를 봐준다는 목표를 확실히 세우고, 늦어도 언제까지 도울 것인지 부모님이 명확한 그림을 그리고 있어야 한다는 것이 중요합니다.

아이 스스로 공부하기까지 부모의 역할

아이가 학습 주도권을 갖도록 돕는 방법은 생각보다 단순합니다. 다만 아이의 학습 습관이 단단해질 때까지 부모의 일관성은 굉장히 중요한 요소입니다. 처음에 아이가 학습 습관을 기르기 시작할 때, 부모가 반드시 아이의 학습 시간과 공간에 함께 자리하고 있어야 합니다. 학습에는 즐거움보다는 어려움이 많습니다. 모르는 것을 스스로 해결하는 일은 많은 노력을 요구하지요. 그러므로 그 시간을 부모님이 함께해주시면 아이에게 큰 힘이 됩니다. 아이가 해보고 싶다는 마음이 들도록 학습량과 수준을 맞춰서 천천히 시작해야 합니다.

이때 가장 중요한 점은 아이의 공부를 부모가 절대로 대신해주지 않는 것입니다. 아이가 어렵다고 해서 바로 알려주는 일은 절대 하지 마세요. 아이가 스스로 고민해서 풀 때까지 기다려 달라는 이야기입니다. 시간이 걸리더라도 아이가 스스로 풀도록 기다려주세요. 이때가 아이의 학습 습관이 길러지는 가장 중요한 시간입니다. 이 시간을 참지 못하고 아이가 도움을 요청할 때마다 자꾸 도와주다 보면 학습의 주체는 부모님이 되고 맙니다. 못 푸는 문제가 많으면 아이의 수준보다 높은 것입니다. 그때는 아이의 학습 수준에 맞게 풀어야 할 문제 수준을 낮춰주시면 됩니다.

부모가 옆에서 지켜보는 시간이 단단히 쌓이다 보면 어느새 아이는 그 자리에 자연스럽게 앉게 되고 그 시간을 자신을 위해 쓰기 시작합니다. 이제 자신의 학습을 스스로 끌고 가는 힘이 생긴 것입니다. 이때 '성장 목표장'을 기록하고 자신의 학습을 관리하면 좋습니다. 성장 목표장은 자신이 학습한 양을 그날그날 스스로 기록하며 자신의 학습을 돌아보는 공책입니다(321페이지 참고). 아이가 자신이 학습의 주인이라는 생각을 품게 되면, 부모님이 일일이 확인하지 않아도 본인이 알아서 합니다. 약간 느슨해졌다고 느낄 때만 부모님께서 옆에서 잠깐 함께하시면 됩니다. 대화도 나눠보시고 아이가 잘하면 칭찬도 많이 해주세요. "넌 네 삶의 주인이구나! 스스로 공부하기 쉽지 않은데 아주 어려운 일을 잘하고 있구나!"라고 구체적으로 칭찬해주세요. 아이가 굉장히 뿌듯해합니다.

이 시간이 쌓이고 아이가 커가면서 아이는 이제 자신만의 단단한 학습을 펼쳐나갑니다. 누가 시키지 않아도 자신이 지금 해야 할 일을 하며, 누구에게 보여주기 위한 공부가 아닌 자신의 삶을 위한 진짜 공부를 합니다. 점차 실력이 쌓이고 부족한 점을 채워나가며 성취감도 느끼고 자신의 내적 동기를 충족시키며 자신의 학습을 꾸려갑니다. 이렇게 단단하게 잡힌 학습 습관은 절대로 쉽게 무너지지 않습니다. 때로 쉬어갈 수는 있겠지만 절대로 멈추지는 않습니다. 누구보다 자신이 학습의 즐거움과 필요성을 알고 있기 때문입니다. 아이가 스스로 하는 공부는 그래서 오래 갑니다.

학습 태도가 개선되지 않는다면?

"우리 아이는 뭘 해도 안 돼요. 공부 진짜 싫어해요." 막연하게 안된다고만 생각하지 말고, 안 되는 이유를 정확하게 찾아 없애거나 조정해주시면 됩니다. 제가 아이들과 학교에서 아침 수학(아침부터 점심시간까지 자투리 시간을 이용해서 자신이 정한 분량만큼 수학 문제를 푸는 활동)을 하면서 하기 싫다고 포기한 아이를 아직까지 단 한 명도 보지 못했습니다. 아이들은 어떻게든 해냅니다. 아이가 어떤 일을 하지 않을 때는 분명 하지 않아도 된다는 것을 알고 있기 때문입니다.

저는 아이들에게 화내지 않습니다. 반드시 해야 한다는 것을 알릴 뿐입니다. 그래서 일관적이고 단호합니다. 아이와 이미 학습을 하기로 약속했다면 밥 먹듯이 숨 쉬듯이 하는 겁니다. 그것이 아이와의 약속이기 때문입니다. 따라서 아이의 학습에 단호하고 일관성 있는 부모님의 행동이 굉장히 중요합니다. 또한 많은 분량을 주지 말아야 하는 이유가 그 점에 있습니다. 아이가 해볼 만한 수준과 양이 중요합니다. 꾸준히 하기 위해서는 아이가 소화할 수 있는 만큼의 학습량을 제시해야 합니다. 그 이상의 것을 하라고 하면 아이는 하지 못합니다. 불만만 생깁니다.

아이가 학습에 거부감이 있다면 그 이유를 정확하게 파악해야 합니다. 그저 막연하게 아이의 게으름이나 잘못으로 돌리지 말고, 아이가 공부할 때 어려워하는 부분을 찾아서 해결해주세요. 아이에게 공부에서 힘든 부분을 물어볼 때는 맛있는 음식을 함께 먹으며 물어보시면 좋습니다. 아이는 긴장이 풀리면서 술술 이야기합니다. 그럼 아이의 상황에 맞게 조정해주세요. 휴대폰이 방해가 되면 아이와 이야기를 나누며 사용 시간을 조정하고 문제집이 어려우면 수준을 낮춰주는 식으로요. 양이 많으면 양도 좀 줄여주세요. 부모님이 너무 많은 주도권을 가지고 끌고 가려고 하지 마세요. 내 아이와 끊임없이 이야기하며 맞춰가세요. 공부 욕심은 아이가 내야 합니다. 부모님의 욕심으로 아이의 학습을 끌고 가면, 아이 학습을 확인하는 일에서 결코 졸업할 수 없습니다.

아이와 함께 호흡하는 하루하루가 참 소중하지 않습니까? 학습을 아이와 해치워야 하는 과제로만 생각하지 말고, 현재 발달 과업인 학습을 통해 아이를 더 많이 알아가고 더 깊게 소통한다고 생각해보세요. 많은 양을 하지 않더라도 속도가 빠르지 않더라도 아이가 스스로 자신의 학습을 조금씩 꾸려가고 있다면 그것이 맞는 길입니다. 아이의 앞에서 학습을 끌어주지 마시고 뒤에서 아이의 학습을 지켜봐 주세요. 그래야 아이의 학습이 바로 섭니다.

아이의 미래, 부모님이 그려줄 수 있을까요?

"아이가 살아갈 미래를 명확하게 예측할 수 있으세요?"

자신 있게 대답할 수 있는 부모는 장담컨대 거의 없을 것입니다. 설령 알고 있다 한들 아이의 미래를 부모님이 그려주는 것이 얼마나 큰 도움이 될까요? 잘되면 좋겠지만 그렇지 않을 경우에 그 책임을 부모가 모두 질 수 있는지 그것도 의심스럽고 두렵습니다. 잘된다는 기준도 누구의 기준인지 모호하기도 합니다.

흔히 인생을 흰 도화지에 비유합니다. 딱 한 장 주어진 흰 도화지에 무엇을 그릴지 설레기도 하고 한편으로는 두렵기도 합니다. 내 인생이 아닌 다른 사람의 인생을 대신 그려준다는 것은 더 두려운 일이죠. 책임도 져야 하는 것이고요. 그것이 아이의 미래는 아이가 그려야 하는 이유입니다. 자신의 인생은 자신의 것입니다.

서툴더라도 하나씩 스스로 그려나가야 합니다.

부모님이 할 수 있는 일은 아이가 그 길을 잘 걸을 수 있도록 옆에서 지켜보는 것입니다. 관심을 가지고 잘 지켜보다가 아이에게 도움이 필요한 순간 도움을 주는 일입니다. 무엇보다도 부모님은 아이 스스로 설 수 있는 힘을 길러주는 역할을 해야 합니다. 아이의 미래를 대신 그려주는 일이 아니라 부모의 미래를 그려가는 모습을 아이에게 보여주는 것이 훨씬 좋은 방법입니다. 그렇다면 부모로서 어떤 마음과 태도로 자신의 미래를 그려가면 좋을까요?

아이들은 미래가 두렵지 않다

어린아이일수록 자신의 미래를 낙관합니다. 이것도 될 수 있고 저것도 될 수 있다고 생각하지요. 하고 싶은 것도 많고 뭐든 될 것만 같은 자신감이 큰 나이입니다. 그렇게 생각하고 행동하는 게 정상입니다. 그런데 어린아이임에도 불구하고 많이 불안해한다면 그 이유는 학습 효과 탓일 것입니다. 부모가 생각하는 미래가 불안하기 때문에 "지금 네가 이럴 때가 아니다", "이래서는 아무것도 될 수 없다"라는 말을 많이 들은 아이일수록 불안감이 크겠지요. 부모의 불안이 아이에게 전염된 셈입니다.

어차피 누구도 알 수 없는 미래입니다. 지금 준비한 것이 모두 미래에 필요할지 확신할 수도 없습니다. 성실함이 무기가 된다고 하지만 그 역시도 사실 알기 힘듭니다. 노력하지 말자는 이야기가 아닙니다. 아이들에게 불안을 학습시키지 말자는 이야기입니다. 물론 근거 없이 낙관만 한다면 허황된 꿈을 꾸게 할 수 있지만, 아이들은 커갈수록 자신의 한계를 스스로 알아갑니다. 자신의 미래를 위해 해야 할 일도 스스로 찾게 됩니다. 애초에 누가 해줄 수 있는 일이 아닙니다. 어차피 모두에게 다가오는 미래입니다. 아이들에게 미리부터 미래에 대한 불안을 심어주지 마세요. 아이의 미래는 누구도 알 수 없습니다.

부모도 미래를 공부해야 한다

미래에 대한 막연한 불안감으로 남들도 불안해서 가는 그 길을 그대로 따라가지 말고 부모님도 공부를 하셨으면 합니다. 아이들만 공부하는 시대가 아닙니다. 부모님 역시 공부해야 하는 시대입니다. 같은 시대를 살아가는 부모와 자녀입니다. 부모님에게도 똑같은 미래가 다가오고 있으니까요. 막연한 불안감을 떨치기에 가장 좋은 방법은 그것을 공부하는 것입니다. 불안감의 실체를 알게 되면 그 두려움은 줄어들 수밖에 없습니다. 정확한 답을 찾으려 하지 말고 단기간에 끝내려고도 하지 마세요. 다가올 미래에 대해 아이와 함께 부단히 공부하는 과정에서 즐거움을 찾아내는 것이 핵심입니다.

역사학자 유발 하라리는 미래에 관한 책 『21세기를 위한 21가지 제언』 교육 부분에서 "변화만이 유일한 상수다"라고 하며, "무엇보다 중요한 것은 변화에 대처하고, 새로운 것을 학습하며, 낯선 상황에서 정신적 균형을 유지하는 능력일 것이다. 2050년의 세계에 발맞춰 살아가려면 새로운 생각과 상품을 발명하는 데 그쳐서는 안 된다. 무엇보다 자기 자신을 반복해서 재발명해야만 할 것이다"라고 했습니다.

공부는 선택이 아닌 필수입니다. 이 점은 우리 아이들에게만 해당되는 사항이 아닙니다. 그 시대를 함께 살아가고 있을 부모님에게도 해당되는 사항입니다. 아이를 위해서가 아니라 본인을 위해서도 미래를 위한 공부는 필요합니다. 아이 공부를 돕기 위한 책도 중요하지만, 미래의 자신을 위한 책도 함께 꺼내야 합니다. 내가 좋아하는 일, 내가 잘하는 일, 나를 찾아가는 일을 도울 수 있는 공부를 하세요. 가장 먼저 자기 자신을 잘 알아야 하니까요. 나를 알아야 나를 위한 미래도 설계할 수 있습니다.

미래 사회의 핵심 역량 4C

미래 교육에 관심 있는 분들이라면 미래 사회의 핵심 역량 4C를 한 번쯤은 들어보셨을 것입니다. 4C는 Creativity(창의력), Communication(의사소통), Critical Thinking(비판적 사고),

Collaboration(협업)입니다. 우리는 한 번의 검색으로 어떤 정보도 다 접근할 수 있는 시대를 살아가고 있습니다. 더 많은 지식을 가졌다고 해서 이제는 미래가 밝지 않다는 이야기입니다. 그 지식을 가지고 무엇을 할 수 있을지 찾는 것이 중요한 시대입니다. 내가 가지고 있지 않은 역량을 아이에게 가르쳐줄 수는 없습니다. 물론 내가 이 역량을 가지고 있다고 해도 이런 역량을 기르게 하는 것은 쉽지 않지요.

그렇다면 이 역량이 시사하는 바는 무엇일까요? 그동안의 공부 방식이 더 이상 아이들에게 도움이 되지 않는다는 것을 의미합니다. 다른 식의 접근이 필요하다는 말이죠. 그것이 무엇일지는 사실 명확하지 않습니다. 역량으로 나타낸 이유가 있습니다. 하지만 이 역량을 스스로만 기를 수 있다는 사실만큼은 확실합니다. 더 주체적인 인간이 되어야 한다는 뜻입니다. 남이 시키는 공부를 하거나 남이 찾아주기를 바라는 것이 아니라 자신에게 필요한 것을 스스로 찾고 자신이 적극적으로 해나가는 것이 더욱 중요해진 상황입니다. 그동안 우리가 해왔던 공부 방식을 이제는 돌아봐야 하는 이유입니다. 무언가 잘못되고 있다고 생각했다면 거기서 멈춰서 되돌아봐야 할 때입니다. 잠시 멈추고 다른 길을 찾아봐야 합니다. 그래야 새로운 미래가 열립니다. 아이의 미래는 부모님이 그려줄 수 없지만 부모님의 미래는 지금부터 본인이 설계할 수 있습니다. 아이는 그 모습을 보고 자신의 미래를 하나씩 그려나갈 것입니다. 아이 인생에서 가장 중요한 교과서는 바로 부모님의 인생이기 때문입니다.

아이 책, 부모님이 다 골라주는 게 과연 맞을까요?

"어떻게 하면 아이가 책 세계로 들어갈 수 있을까요?"

책이 중요한 이유는 많은 사람이 알고 있죠. 그러나 아이를 책 세계로 초대하는 방법을 잘 모르는 분들이 꽤 있는 것 같습니다. 교육 커뮤니티에 자주 올라오는 글 중 하나가 아이들의 도서 목록이죠. "우리 아이가 잘 읽었던 책 목록을 소개합니다"를 비롯하여 'OO학년 추천 도서 목록'을 심심찮게 볼 수 있습니다. 다 좋은 책 맞습니다. 좋지 않은 책을 찾기가 더 드물죠. 하지만 중요한 것은 그 책이 내 아이에게 맞는지가 아닐까요? 내 아이가 아무리 그 학년이라고 해도 해당 학년의 책을 소화할 수 있는지도 의문입니다.

더 걱정스러운 것은 인터넷에 올라오는 댓글 많은 도서 추천

글입니다. 그 아이의 삶의 맥락이 고스란히 드러나지 않은 상태에서 우리는 그 아이가 읽은 도서 목록만 취하기 쉽습니다. 그 아이가 어릴 때부터 읽었던 독서 이력이 분명 있을 것이고, 독서 분위기를 조성하는 가정 문화가 있을 것입니다. 그 아이의 언어감각도 무시할 수 없는 요소일 것입니다. 하지만 이런저런 독서를 할 수 있는 환경과 조건은 무시한 채 도서 목록만 가져오는 경우가 많습니다.

도서 목록보다는 그 아이가 어떻게 책을 좋아하게 되었는지에 더 주목해야 한다고 생각합니다. 책은 아이가 충분히 고를 수 있으니까요. 책을 좋아하기만 한다면요. 다른 아이의 도서 목록을 기웃거릴 필요가 없는 이유입니다.

책을 좋아하던 아이들은 다 어디로 갔을까?

저는 교실에서 아이들을 지켜보며 의문을 품게 되었습니다. 하나는 '책을 좋아하던 그 많은 아이들은 어디로 갔을까?'라는 의문이었고, 다른 하나는 '그나마 책을 읽는 아이들은 왜 학습만화만 그렇게 들여다보는가'라는 의문이었습니다. 혹시 잘못 생각하는 것이 아닌가 해서 도서관 사서 선생님에게 묻기까지 했습니다. 사서 선생님 역시 저와 똑같은 생각을 하고 있었습니다. 분명 영유아기때 부모님이 아이들에게 책도 많이 읽어주셨고 아이들이 도서관에도 자주 다녔던 것으로 알고 있는데, 그 아이들의 책 사랑은 다 어디로 간 것일까요? 중학년 교실에서는 학습만화를 중독 수준으로 읽고 있는 것을 보며 깜짝 놀란 적도 있습니다. 한 아이는 스스로 조절할 수 없어서 수업 시간에도 학습만화책을 마구 꺼내 읽으며 집중하지 못했습니다. 고학년에서는 그마저도 책 읽는 애들을 거의 찾기 힘들어집니다. 정말 책 마니아들만 책을 끼고 있지요. 아이의 책 사랑은 부모님의 짝사랑이었던 것일까요?

아이와 함께 도서관에 가는 것부터 시작한다

책은 분명 아이의 인생에 굉장히 중요합니다. 아이를 책 세계로 초대하기 위한 부모님의 노력에 박수를 힘껏 쳐드리고 싶습니다. 다만 좀 더 신중한 방법이 필요할 것 같습니다. 책 세계로 초대하는 일은 생각보다 어려울 수 있어요. 책을 좋아하는 아이는 초대하지 않아도 스스로 그 세계로 걸어 들어갑니다. 하지만 그렇지 않은 아이의 경우에는 부모님이 노력해야 합니다. 좋은 책을 건네는 것보다는 아이의 손을 잡고 함께 도서관에 가는 것이 훨씬 좋습니다. 책이 있는 곳을 함께 느껴보는 것이지요. 도서관에는 책 읽는 사람들이 있습니다. 대체적으로 책을 좋아하거나 사랑하는 사람들입니다. 무엇보다 수많은 책들이 있습니다. 처음에 아이들은 어떤 책을 골라야 할지 몰라서 헤맬 것입니다. 정상입니다. 어른들도 도서관에 가면 이 책 저 책 두리번거리며 구경하잖아요. 책 구경은 아이에게 굉장히 중요한 경험입니다. 어떤 책들이 있는지 살피는 것도 책 세계에 초대되는 과정입니다. 아이는 세상에 이렇게나 많은 책이 있다는 사실에도 놀라고, 같은 제목의 책이어도 여러 출판사에서 다양하게 나와 있다는 사실에도 놀랍니다.

아이의 책 선택권이 중요한 이유

처음에는 책을 고르는 눈이 없고 자신이 어떤 수준인지 잘 모르기에 책을 고르는 것이 서투릅니다. 당연합니다. 기다려주세요. 책은 아이가 골라야 합니다. 그래야 책을 보는 눈이 점차 생기고 무엇보다 자신의 취향이 생깁니다. 관심 분야가 생기는 것입니다. 아직 어린 경우에는 부모님이 몇 권 추천해서 함께 가지고 오는 것도 괜찮지만, 아이가 고르는 책은 반드시 함께 빌려오세요. 아이의 책 선택권을 언제나 존중해야 합니다. 자신의 선택권이 반영되지 않을 때 흥미를 잃습니다. 대체적으로 아이들은 부모가 골라준 책보다 자신이 고른 책에서 흥미를 느낄 가능성이 큽니다. 부모님께 골라달라고 이야기하는 아이들도 서서히 본인이 선택할 수 있도록 유도하셔야 합니다. 막막해하면 여러 권 중에서 마음에 드는 책을 선택하라는 식으로 선택권을 주시면 됩니다. 하지만 이런 경우에도 나중에는 서서히 본인이 고를 수 있도록 합니다.

다시 한번 강조하지만, 책을 읽을 때 가장 중요한 것은 아이의 주도권입니다. 책은 스스로 읽는 행위이므로 책 선택도 분명 본인이 해야 합니다. 그것이 오래오래 독서할 수 있는 길입니다. 여러 시행착오를 거쳐 자신만의 책 세계가 열리면 아이는 그 문을 절대 쉽게 닫지 않습니다. 스스로 닦아온 길이기 때문입니다. 도서관에서도 눈을 반짝이며 자신의 관심사가 담긴 책을 고르게 되고 자꾸 확장시킵니다. 그 과정이 비록 느릴 수 있지만 존중해주세요. 기다려주세요. 권장 도서를 읽지 않는다고, 그림책만 주구장창 읽는다고 해서 잘못되지 않습니다. 문해력을 갖추기 전에 책에 대한 호감부터 생겨야 합니다. 책에 대한 호감은 자신이 선택한 책에서 생깁니다. 그 시간이 쌓여서 아이만의 단단한 책 세계가 형성됩니다.

『해리 포터』를 원서로 읽을 줄 알아야 영어 좀 하는 건가요?

"아이 영어 공부에 걱정도 많고 노력도 많이 하시죠?"

대부분의 가정에서 아이가 어릴 때부터 영어에 관심을 두고 많은 노력과 비용을 들이고 있을 것입니다. 언어는 어린 나이부터 배워야 효과가 커서 한글만큼이나 일찍 영어를 시작하는 아이들이 많지요. 어린 나이에 시작하고 그 배움의 과정이 길어서 영어 사교육비는 가정의 큰 부담이 되기도 합니다. "영어는 돈 들인 만큼 나오는 정직한 과목이다"라는 말이 있을 정도여서 비용은 부담스럽지만 영어를 유창하게 구사하는 아이를 보면 흐뭇하기도 합니다. 요즘은 학원 못지않게 엄마표 영어를 하고 있는 가정도 많습니다. 영어가 언어이다 보니 집에서 어느 정도 꾸준히 노출시켜주면 아이들이 자연스럽게 습득하기 때문입니다. 그러나 여기에 들어가는 노력과 정성 역시 만만치 않습니다. 사교육의 힘을 빌리든 가정에서 엄마표로 진행하든 초등 영어 교육에서 중요한 2가지 핵심은 놓치지 않길 바랍니다.

핵심 1. 자연스러운 영어 노출이 더 중요하다

자연스러운 영어 노출은 듣기와 읽기를 말하는 것입니다. 학교에서 영어 교과를 전담으로 가르친 적이 있습니다. 대부분의 아이들이 어려서부터 영어 학원을 다니고 있었고 영어 학원에 있는 시간이 가장 많았습니다. 아이들은 대체로 단어 외우는 것을 힘들어했고 단어 시험에 대한 스트레스도 많이 받았습니다. 학습으로 진행되는 영어는 재미가 덜할 수밖에 없겠지만 이 역시 분명 필요한 부분이지요. 하지만 이렇게 영어를 학습으로 접근하더라도 가정에서의 자연스러운 노출은 초등 시절에 꼭 필요합니다. 무엇보다도 차고 넘치도록 듣는 것이 영어 교육에서 중요합니다. 아이들이 태어나서 한두 단어라도 말할 수 있을 때까지 얼마나 많은 말을 들었을지 생각해보면 수긍이 가실 겁니다.

요즘은 아이들이 볼 만한 좋은 영어 영상도 많으니 머리도 식힐 겸 매일 1시간 정도는 듣는 것으로 영어에 노출될 수 있게 해주세요. 단, 자막 없이 봐야 효과가 큽니다. 예전에 학교에서 아이들에게 한글 자막 없이 영어 애니메이션을 보자고 한 적이 있었습니다. 아이들의 반발이 심해서 결국 보지는 못했는데, 학원도 많이 다니고 어려서부터 영어에 노출된 아이들이 한글 자막 없이 영어 애니메이션을 보자는 말에 엄청나게 반발하는 모습을 보고 충격을 받은 기억은 아직도 생생합니다.

또 다른 방법은 아이들이 영어책을 가깝게 접하도록 하는 것입니다. 요즘은 학교 도서관에도 재미있는 영어책이 많이 비치되어 있습니다. 그런데 교실에서 영어책을 읽는 아이는 정말 찾기 힘들어요. 이 현상도 참 신기했습니다. 저는 자투리 시간에 책을 많이 읽게 하는 편인데, 영어책을 읽는 아이는 거의 찾아보기 힘듭니다(물론 아이들이 한글책도 많이 읽지는 않습니다). 어려서부터 영어를 배워온 아이들치고는 학교에서의 행동이 참 아쉽습니다. 아이들의 이런 모습을 보면, 영어가 아이들의 삶으로 스며들지 않았다는 느낌이 듭니다. 학습에서만 멈추고 호기심과 흥미로 연결되지 않은 느낌입니다. 이 부분은 앞으로 아이의 영어 학습에서 굉장히 중요한 부분인데 말이죠. 그러니 아이들이 흥미를 놓치지 않도록 가정에서 꼭 영상과 책으로 꾸준히 영어 노출을 해주시기 바랍니다. 입시로만 끝낼 영어를 위해 어릴 때부터 돈, 시간, 노력을 쏟는 것이 아니라면요.

핵심 2. 영어 실력을 너무 수치화하지 말자

국어 교육에서 빼놓을 수 없는 중요한 것이 독서입니다. 영어도 마찬가지입니다. 언어 교육에서 독서는 굉장히 중요합니다. 책을 통해 다양한 어휘도 접하고 뜻도 유추하며 여러 지식도 얻게 되니까요. 한글책을 통해 독서 수준이 올라가고 문해력이 생기듯 영어도 마찬가지입니다. 다만 안타까운 부분은 책을 읽는 방식입니다. 학습에 너무 치중되다 보니 AR 지수(Accelerated Reader 지수는 미국 르네상스 러닝에서 개발한 것으로, 책에 포함된 어휘의 양과 난이도, 문장 길이와 구성 등을 종합적으로 판단하여 수치화해서 학생들의 읽기 실력을 학년 수준으로 분류한 지수다.), 렉사일 지수(Lexile 지수는 미국 메타메트릭스가 개발한 독서 능력 평가 지수로, 영어 독서 능력을 측정한 후 그 결과를 바탕으로 자신의 수준에 맞는 도서를 효율적으로 골라 읽을 수 있도록 고안되었다.), 레벨 테스트에 더 많은 관심을 쏟는 경우가 대부분이라 걱정스럽습니다. 아이들의 영어 실력을 수치화해서 확인한다는 사실이 조금 불편하기도 합니다. 한 권을 읽더라도 제대로 읽는 것이 중요하고 아이가 흥미 있어 하는 책을 여러 번 반복해서 읽는 것도 중요한데, 다독에 너무 치중하고 추천 리스트에 있는 책 위주로 읽히고 있습니다. 또 테스트를 통해 아이의 실력을 확인하는 것이 진정한 아이의 실력인지 의문이 듭니다.

아이가 처음에는 그림책을 보면서 신기해하고 흥미를 가지면서 책에 다가가는 것처럼, 영어 역시 책에 대한 호감부터 가져야 합니다. 책을 좋아하고 가까이하게 되기까지 아이의 흥미와 취향을 존중해야 합니다. 아이가 읽은 책을 읽고 또 읽는 깃은 자연스러운 과정입니다. 모르는 언어로 된 책을 읽는 게 사실 쉬운 일은 아니잖아요. 하루아침에 영어 독해 실력이 향상되기도 어렵습니다. 경쟁하듯 책을 읽히고 단어를 확인하고 수준을 테스트한다면 당장의 실력을 올릴 수는 있겠지만, 장기적으로는 영어를 학습으로만 인지하고 점수화해 올라가야 할 대상으로만 바라볼 확률이 클 깃입니다. 이렇게 영어를 집하다 보면 아이에게 영어는 학습 그 이상도 그 이하도 아닐 것입니다.

우리가 언어를 배우는 것은 언어 자체만 익히기 위해서가 아닙니다. 언어는 사고력의 도구입니다. 요즘 교육 커뮤니티를 보면 AR 지수, 렉사일 지수, 레벨 테스트 관련 글이 굉장히 많습니다. 그런 내용을 보는 부모님은 조바심이 납니다. 내 아이의 실력은 어느 정도인지 궁금하고 다른 아이와 자꾸 비교하게 되죠. 다른 아이가 어떤 영어책을 읽는다는 글을 보면 부럽고 내 아이는 언제 글밥이 많은 책을 읽을까 싶어 한숨이 나옵니다.

언제부터 『해리 포터』를 원서로 읽는 아이가 부모님의 영어 학습 워너비가 되었을까요? 아이들의 독서 취향은 모두 다른데 말이죠. 다른 아이가 어떤 책을 읽었든 내 아이에게는 결코 중요한 일이 아닙니다. 다른 아이가 『해리 포터』를 읽었다고 부러워하고 내 아이의 영어 목표를 『해리 포터』를 완독하는 것으로 잡으면 안 된 다는 이야기입니다. 게다가 그 아이가 책을 어떻게 읽었는지는 사 실 정확하게 파악할 수 없습니다.

누가 어떤 책을 읽었다, 몇 권을 읽었다는 것은 양적인 비교일 뿐입니다. 모든 학습은 아이의 수준에 맞게 질적인 성장으로 이루 어져야 합니다. 지금 영어 학습에서는 양적인 성장이 대세를 이루 고 있는 것 같아 안타깝습니다. 언어를 수치화해서 아이의 능력 을 쉽게 판단하지 않으셨으면 합니다. 조금 느리더라도 아이의 취 향에 맞는 영어 독서 이력이 중요합니다. 다른 아이와 비교해서 수 준이 조금 낮더라도 내 아이의 수준에 맞는 책 읽기가 중요합니다. 아이의 속도와 취향도 꼭 존중해주시고요.

다른 나라의 언어를 습득하는 것은 결코 쉬운 일이 아닙니다. 모든 학습에는 호기심이 중요하고 흥미가 중요합니다. 너무 학습 으로 향해 있고 양적 성장에 치중해 있으면 아이의 흥미는 사라 집니다. 해야 할 것이 너무 많을 뿐만 아니라 남이 시키는 공부가 되기 때문입니다. 아이가 자발적으로 책을 읽어야 오래 할 수 있습 니다.

공부하면 다 해줄게!
보상의 함정을 아세요?

"공부하면 이거 해줄게! 이 말 많이 하시는 편인가요?"

아이들 공부시키기 참 힘들죠? 시키지 않아도 자발적으로 잘하면 얼마나 좋을까요? 다른 아이들은 잘만 하는 것 같은데 내 아이는 왜 꿈쩍도 하지 않는 것인지 알 수 없어 답답합니다. 부모는 애가 타고 아이에게 결국 솔깃한 제안을 하게 되죠. "공부하면 이거 해줄게!" 보상이 꼭 나쁘지는 않지만, 보상이 최종적으로 학습으로 연결되지 않는다면 문제가 생길 수밖에 없습니다.

사실 교실에서도 흔히 겪는 일입니다. 다양한 아이들을 지도하다 보면 학습 분위기를 위해 보상이 필요한 순간이 생길 수밖에 없는데요. 보상으로 얻는 것도 있지만 잃는 것도 많은 것이 현실입니다. 보상의 상황을 정확히 수치화하는 것도 힘들고 관리하는 것도 보통 일이 아닌 데다 아이들이 시큰둥해질 때 더 큰 보상으로 바꾸는 등 여러 가지 고려해야 할 점이 많으니까요. 그러나 보상이 주는 이점은 이런 번거로움에 비해 크지는 않은 것 같습니다. 어느 순간 '과연 보상이 아이들의 장기적인 학습으로 연결되는가?'라는 의문을 품게 되었습니다. 보상이 대다수 아이들에게 효과가 있는 것이 아니라 이미 잘하고 있는 아이들에게만 효과가 있다는 생각도 계속 들었습니다. 그런데 이 아이들은 사실 보상을 안 해줘도 잘하는 아이들이었다는 것을 시간이 흘러 알게 되었습니다.

보상의 가장 큰 함정?

보상의 가장 큰 함정은 시간이 흐를수록 아이가 '학습'이 아니라 '보상'에 중점을 둔다는 사실입니다. 학습을 위해 보상이라는 카드를 꺼냈는데, 보상을 위해 학습을 이용하는 주객이 전도되는 현상이 발생한 것입니다. 또 보상에 길들여진다는 것은 학습의 주도권이 아이가 아니라 보상권을 가지고 있는 사람에게 있다는 뜻입니다. 보상을 하는 사람이 어떤 보상을 하는지에 따라, 얼마나 자주 보상을 해주느냐에 따라 아이의 학습이 달라진다는 말입니다. 이것은 자기주도학습의 힘을 약하게 하는 일이지요. 언제나 아이가 학습 주도권을 가지고 있어야 합니다. 학습할 때 가장 중요한 요소는 내적 동기입니다. 스스로 하고 싶은 욕구가 마음속에서 일어나야 하는데, 이 욕구가 외부 보상으로 일어난다면 심각한 문제가 됩니다. 오래 지속될 수 없으며 시간이 흐를수록 더 자극적인 보상을 찾기 때문입니다.

학습에 따른 보상을 할 때는 신중해야 합니다. 잠깐의 학습을 위해 장기적 학습 동기를 해칠 수 있기 때문입니다. 실제로 저는 가정에서나 학교에서나 보상을 따로 하지 않습니다. 보상은 언제나 자신의 성장입니다. 열심히 노력하면 성장은 자연스럽게 뒤따라오니까요. 학교 현장에서 지켜본 바로는 처음에는 시작이 더딜지라도 한 번 자신의 성장을 보상으로 받은 아이들은 결코 공부를 멈추지 않습니다. 참고로 저는 보상이 아닌 아침장을 이용해서 아이들의 학습 내적 동기를 자극합니다(아침장은 306페이지 참고).

보상이 학습으로 연결되는 방법

물론 보상이 도움이 되는 경우도 있습니다. 대체로 아이들이 어려서 학습의 필요를 느끼지 못하거나 학습이 어려워서 학습에 재미를 느끼지 못할 때 학습의 문을 열어주는 마중물로 사용하는 경우입니다. 이때도 단기적으로 보상을 잠깐 이용할 때 효과적이며, 길어질수록 아이는 보상에 의지하게 됩니다.

하나 더 말씀드리면, 보상을 이용하기 전에 아이와 이야기를 나눠보세요. 보상을 왜 이용하는지, 언제까지 이용할 것인지, 어떤 보상을 이용할 것인지 아이와 이야기를 나누고 시작해보세요. 예를 들어 "네 학습에 도움이 되도록 잠깐 보상을 해주려고 해. 네가 이 부분을 시작하는 것을 어려워해서 자꾸 학습 진도가 늘어지는 것 같으니, 이 부분을 마무리하는 날 파티를 하는 게 어떨까? 그동안 먹고 싶었던 음식을 마음껏 먹는 날로 음식 파티를 해보자. 공부하면서 먹고 싶은 음식도 하나씩 생각해 보렴." 이런 식으로 이야기해보는 것입니다.

아이가 좀 큰 경우라면 언제까지 끝낼 수 있는지, 어떤 보상이 좋은지 아이와 상의를 해볼 수도 있습니다. 아이 뜻대로 모두 맡기지 말고 부모님이 해줄 수 있는 만큼의 범위에서 타협하시길 바랍니다. 중요한 것은 학습은 아이의 몫이기에 학습을 돕기 위해 보상을 잠깐 주는 것이라는 사실을 아이가 알고 있는 것이고, 그 과정을 아이와 함께 나누는 것입니다. 이 방법은 아이가 학습 주도권을 계속 쥐고 있으면서 자신의 학습에서 소외되지 않도록 하기 위한 것입니다.

보상 내용에서 주의할 점

보상은 잘 이용하면 분명 마중물이 될 수 있지만, 보상의 횟수가 많고 보상 내용이 중독성 있는 자극적인 성격이라면 차라리 보상을 하지 않는 것이 좋습니다. 잦은 보상은 아이가 학습이 아닌 보상에 초점을 두게 하므로 지양해야 합니다. 보상은 아이가 흥미 있어 하고 얻고 싶은 내용일수록 효과가 크지요. 그러니 보상 내용에서는 아이의 취향이 존중되어야 합니다. 물론 아이의 뜻대로 모두 들어주다가는 학습에 오히려 독이 될 수 있습니다. 아이의 노력에 비해 과한 물질적 보상, 자유 시간을 통해 휴대폰 사용이나 게임을 마음껏 하게 해 주는 것 등이 바로 그 예입니다. 자유 시간을 주는 것은 좋은 보상 중 하나지만 그 시간을 이렇게 휴대폰 사용이나 무한성 게임하기 등으로 쓴다면 득보다 실이 많을 수밖에 없습니다. 돈과 자유 시간은 잘 써야만 그 가치가 있는데, 이런 식으로 누리게 된다면 주지 않느니만 못합니다.

아이의 학습에서 보상을 하는 것은 생각보다 쉬운 일이 아닙니다. 하루아침에 아이가 저절로 학습하는 일은 일어나지 않기에 부모님이 불쑥불쑥 조바심치는 것은 어쩌면 당연합니다. 그렇지만 아이에게 뭔가를 주거나 적용할 때는 언제나 신중하셨으면 합니다. 시작은 쉽지만 되돌리기는 힘든 법이니까요. 차라리 아무것도 하지 않는 것이 더 나을 때도 많습니다. 내가 아이에게 왜 보상을 하려고 하는지 더 진지하게 생각하셨으면 좋겠습니다.

왜 부모가 아이 친구를
찾아주려고 할까요?

"놀이터에서 친구도 없이 혼자 노는 아이를 보면
어떤 생각이 드세요?"

인간관계만큼 풀기 힘든 과제가 있을까 싶습니다. 학교에서도
교우관계만큼은 결코 쉬운 과제가 아닙니다. 학교는 나 혼자 생활
하는 곳이 아니어서 참아야 하는 것도 많고 하지 말아야 하는 행
동도 많습니다. 친구들과 잘 지내기 위해서 하고 싶지 않은 양보
를 하기도 하고, 좋아하는 아이의 마음을 얻으려고 많은 노력을
했지만 잘되지 않아 좌절할 때도 있지요. 그러면서 많은 생각을
하게 됩니다. 자꾸 궁리하게 되지요. '어떻게 하면 저 친구랑 잘 지
낼 수 있을까?', '친구들의 마음을 사로잡고 싶은데 어떻게 하면 좋
을까?', '나를 불편하게 하는 저 친구를 어떻게 하면 내 마음속에
서 잘 밀어낼 수 있을까?' 해결책을 찾기 위해 정말 많은 고민을

하게 되고 행동하게 되지요. 이것이 바로 관계라는 문제에 숨겨진 보물이 아닐까, 라고도 생각합니다.

마음이 불편한 사람이 나인가, 아이인가?

부모님도 내 아이와의 관계가 쉽지만은 않으실 것입니다. 가장 가까이에 있고 매일 만나며 신경 써야 할 것이 많은 대상이라 하루에도 아이에 대해 오만 가지 생각을 하게 되죠. 놀이터에서 혼자 놀고 있는 내 아이를 볼 때 마음이 애잔하지 않는 부모는 없을 것입니다. 하지만 한번 냉정하게 생각해보세요. 혼자 노는 것을 아이가 불편해하고 있나요, 아니면 부모님이 불편해하고 있나요? 사실 아이는 아무 생각 없이 잘 놀고 있을 수 있습니다. 같이 놀면 더 재미있을 수 있지만 혼자 노는 것도 나쁘지 않거든요. 노는 것은 언제나 재미있으니까요. 때론 혼자 노는 것이 편하기도 합니다. 친구에게 신경 쓰지 않고 내 마음대로 하고 싶은 것을 할 수 있으니까요. 그런데 부모님의 불편한 마음이 전해지면 아이의 마음은 달라집니다. 뭔가 불안해지지요. '혼자 놀면 안 되는구나, 이건 잘못된 거구나, 내가 문제가 있을 수 있는 거구나.' 혼자 놀 때 아이도 덩달아 불편해지는 경우가 있습니다.

　교실에서 혼자 놀고 있는 아이를 보며 제가 불편했던 시절이 있었습니다. '아이들은 모름지기 어울려 놀아야 하고 혼자 노는 것은 쓸쓸한 것이다, 아이에게 친구를 찾아줘야 한다'라는 사명감을 띤 시절 말입니다. 지금 생각하면 얼마나 부끄러운지 모릅니다. 제가 부끄러운 이유는 아이를 제 기준에만 맞춰 생각했기 때문입니다. 제가 만나온 아이들 중에는 혼자 노는 것이 정말 편안한 아이들도 있었고, 잠시 자신만의 시간이 필요한 아이도 있었으며, 혼자 있는 것에 전혀 개의치 않은 아이들도 있었지요. 저는 아이들 모두 친구를 사귀고 싶어 하는 마음이 큰데 그 방법을 몰라 외롭게 그 시간을 보내고 있다고 혼자서 착각했던 것입니다. 물론 아이가 정말 친구를 사귀지 못해 외로워하는 경우도 있었습니다. 하지만 이런 경우조차도 내가 스스로 판단하고 돕는 것이 아니라 아이의 마음을 먼저 살피고 묻는 것이 더 중요합니다.

친구를 사귀고 싶은 아이를 위한 2가지 방법

친구를 사귀고 싶은데 뜻대로 되지 않는다는 아이들은 학교에서 대체로 2가지 유형으로 나타납니다. 하나는 아이들이 싫어하는 행동을 통해 관심을 끌어보려는 유형이고, 다른 하나는 아이들 앞에서 거의 말을 하지 않고 조용히 아이들을 살피고 있는 경우입니다.

첫 번째 유형은 아이들이 싫어하는 행동을 교정해주면 됩니다. 다른 아이들과 사이가 나빠지는 행동이 무엇인지 꾸준히 설명하면서, "계속 그렇게 굴면 외로워질 수 있는데, 선생님이랑 같이 노력해볼래? 친구들과 잘 어울리고 싶지?" 하고 마음을 읽어주면 아이도 믿고 잘 따라옵니다. 아이가 갑자기 변하기는 힘드니 작은 변화와 노력에도 힘껏 칭찬해줘야 합니다. 그러면 아이는 조금씩 변해요. 잘못된 행동을 긴 시간 해왔다면 변하는 데 시간이 더 많이 필요할 것입니다. 그래도 아이들은 믿어주고 함께 노력해주는 사람이 있으면 변하는 길을 선택합니다. 무엇보다 이 아이들은 정말 외로웠거든요. 누군가 함께 손잡아주길 바랐거든요. 다른 아이들도 노력하는 이 친구를 보면 마음이 조금씩 움직입니다. 사람이 변하면 인간관계는 분명 바뀌거든요. 아이들끼리는 특히 그래요. 아이들은 어른들보다 유연하거든요.

두 번째 유형은 아이의 속마음을 깊이 들여다봐야 합니다. 아이와의 대화가 훨씬 많이 필요하지요. 사실 이런 유형은 혼자 있는 것이 편할 때가 많습니다. 성격 자체가 내향적인 편이라 여러 명의 친구를 원하는 것도 아니고 자기 마음에 맞는 친구 한 명과 사귀는 경험이면 충분합니다. 그러니 재촉하면 안 됩니다. 관계를 맺는 데도 아이만의 속도를 존중해줘야 합니다. 아이가 친구를 쉽게 잘 사귀지 못한다고 해서 아이에게 문제가 있다고 생각하면 안 됩니다. 이 아이는 관계에 신중한 것뿐입니다. 사실 큰 장점이기도 합니다. 다른 사람 눈에는 답답해 보이고 소극적으로 보일지 몰라도 아이는 내면의 힘을 기르는 중입니다.

내향적 아이들은 에너지가 자신을 향해 있어서 관찰력이 뛰어납니다. 자신에게 맞는 친구를 만나면 분명 좋은 관계를 맺을 수 있는 힘이 있습니다. 그러니 이런 아이들에게는 마음을 편안하게 해주면 됩니다. "친구를 많이 사귀는 것이 꼭 좋은 것은 아니다, 친구 관계에서도 양보다는 질이 중요하다, 혼자 있는 시간이 꼭 나쁜 것은 아니다" 하는 식의 이야기를 들려주면 됩니다(329페이지 참고). 다만 좋은 친구를 만났을 때 용기 내기가 힘들다고 도움을 요청할 경우 그에 맞게 도와주세요. 이때도 아이와 대화를 통해서 구체적으로 아이가 원하는 도움을 주면 됩니다. 아이가 자신의 관계를 스스로 열어가도록 도와주시면 됩니다.

부모라면 내 아이가 공부도 잘하고 친구들과도 잘 지내고 이왕이면 인기도 많았으면 하는 마음이 누구나 있을 거예요. 아이들의 학창 시절은 수업 시간에 배우는 공부만으로 이루어지는 것이 아니라 가정이라는 울타리를 벗어나 다양한 또래들과 지내며 사회성을 배우는 시기이기도 하니까요. 부모님들도 학창 시절을 떠올리면 수업 때 배운 지식보다는 친구들과의 추억이 많이 떠오를 것입니다. 좋은 추억도 떠오르지만 힘든 기억도 있을 거고요. 하지만 그 경험이 모여 지금의 단단한 내가 되었지요. 아이들도 마찬가지입니다. 항상 관계에서 좋은 경험만 하지는 않을 것입니다. 놀이터에서 놀 친구가 없어서 기웃거리기도 하고 함께 놀고 싶지만 끼지 못해 속상하기도 하겠지요. 아이들이 성장해가는 과정입니다. 이 과정을 아이가 스스로 해결해야 다음 길이 잘 펼쳐집니다. 인생은 배움의 연속입니다. 아이의 인간관계 역시 이 배움의 과정을 비켜 갈 수 없습니다. 부모님도 그렇게 배우며 관계의 길을 다져왔고 지금도 다지고 있습니다. 관계는 아이가 많은 것을 배울 수 있는 배움의 보물 창고입니다. 그러니 많은 경험을 통해 스스로 이 보물을 갤 수 있도록 해주세요. 관계 문제도 아이만이 풀 수 있습니다.

Chapter 2

가짜 공부에서
벗어나는 방법

공부 문제, 맘카페 엄마 말대로 하지 마세요

"세상에 내 아이와 똑같은 아이가 있을까요?"

부모 역할은 처음이라 모든 것이 어색하고 낯설고 서툽니다. 이렇게 하는 것이 맞는지도 잘 모르겠고 한 문제를 해결하면 또 다른 문제가 기다리고 있습니다. 차라리 내 문제라면 실패해도 괜찮겠는데 자식 문제에서는 의연해지기 힘들지요. 물어볼 사람도 많지 않지만, 있다 해도 지인에게 내 아이 문제를 털어놓기 쉽지만은 않습니다. 결국 가장 손쉽게 접근할 수 있고 많은 정보가 담겨 있으며 익명으로 다가설 수 있는 맘카페의 문을 두드립니다.

맘카페 글을 비판적으로 바라봐야 하는 이유

20년 가까이 학교 현장에 있으면서 가장 놀라웠던 사실은 똑같은 아이를 단 한 명도 만난 적이 없다는 것입니다. 수많은 아이들을 만났지만 똑같은 성향을 가진 아이는 없었습니다. 같은 뱃속에서 나온 쌍둥이도 얼굴은 같을지언정 성격과 태도는 정말 달랐습니다. 수많은 아이들을 만난다는 것은 수많은 문제를 만난다는 것입니다. 아이들은 여러 가지 문제를 가지고 저를 만나러 오거든요. 모든 것이 서툰 아이들이기에 당연한 일이기도 하고 성장의 가능성이 있다는 증거이기도 합니다. 하지만 저는 매번 새로운 문제를 만나고 고민해야 했습니다. 똑같은 아이들이 아니어서 매해 새롭게 그 아이에게 맞는 문제 해결 방법을 고민해야 했으니까요. 그 과정에서 많은 책을 찾아 읽었는데, 어느 순간 깨달은 것이 하나 있습니다. 책 속의 아이는 제가 교실에서 만나는 그 아이가 아니라는 사실을 뒤늦게 알게 된 것입니다. 그래서 저는 제 앞의 그 아이를 연구하기 시작했습니다.

맘카페에는 하루에도 참 많은 글이 올라옵니다. 다양한 아이 엄마들이 가입해 있는 만큼 문제도 다양합니다. 그에 걸맞은 문제 해결 사례도 올라오지요. 그중 단연 눈에 띄는 글은 댓글이 많은 글입니다. 많은 글을 다 읽을 수 없어서 댓글이 많은 글 위주로 읽게 됩니다. 사람들이 많이 공감하고 호응하는 글을 읽다 보면 고개를 끄덕이게 됩니다. 처음에는 그렇지 않은 글이라고 생각해도 '그런가?' 하고 다시 생각하게 되고요. 그러면서 힌트도 얻게 되지요. 내 아이의 공부 문제를 그 방법으로 해결해보면 긍정적인 결과가 나올 것만 같습니다. 내가 지금 하고 있는 고민을 드라마틱하게 풀어낸 글에서 한줄기 희망을 보게 되는 것이죠.

혹시 '에코 체임버'라는 말을 들어보셨나요? 소셜미디어 이용자들이 자신이 속한 일부 집단의 의견을 세상의 다수 의견인 것처럼 받아들이게 되는 인식 오류를 설명하는 개념입니다. 소셜미디어 공간에서 '좋아요'와 긍정적 댓글이 쏟아진 글이 다수의 의견으로 여겨지기 쉬운 이유입니다. 그런 점에서 소셜미디어의 글을 비판적으로 봐야 합니다. 그 글이 틀렸다는 말이 아닙니다. 글에는 모든 것을 담기 어렵습니다. 많은 내용이 수록되는 책에도 생략된 부분이 꽤 많은데, 하물며 인터넷에 올라오는 짧은 호흡의 글에는 더 많은 내용이 생략되어 있겠지요. 특히 아이의 학습 변화에 관한 이야기라면 더욱 그럴 것입니다. 아이는 쉽게 변하지 않습니다. 쉽게 변한 만큼 다시 쉽게 돌아갈 확률도 크고요. 아니면 쉽게 변했다는 것은 그만큼 문제가 심각하지 않았을 가능성도 배제할 수 없습니다. 무엇보다 그 아이가 가지고 있는 자원과 잠재력을 우리는 쉽게 파악하기 힘듭니다.

아이의 피드백이 가장 정확한 해결책

앞서 수많은 아이들을 교직에서 만났다고 말씀드렸지요. 그 수많은 아이들 중 누구 하나 같은 아이는 없다고 했습니다. 그것은 그 아이를 둘러싼 환경이 모두 제각각이라는 뜻입니다. 아이는 각자에게 주어진 환경에서 자신이 가지고 태어난 자원을 가지고 상호작용하며 독특한 하나의 개체로 자랍니다. 간단하게 이야기했지만 꽤나 복잡한 이야기입니다. 이런 맥락이 많이 생략된 채로 아이가 걸어온 길을 간단하게 이야기하고 그 아이가 낸 좋은 결과에 관한 글을 보고 내 아이에게 쉽게 적용하는 것은 굉장히 위험합니다. 아이의 인생은 그리 단순하지 않습니다.

보이는 대로만 믿지 마세요. 분명 그 안에는 숨겨진 맥락이 있습니다. 좋은 결과를 얻기 위해 좌절하고 실패했던 수많은 날도 그 속에 있습니다. 얻는 것이 있으면 잃는 것도 있는 법입니다. 그러니 참고만 하세요. 내 아이에게 길이 보이지 않을 때는 다른 사람의 해결책보다 내 아이를 들여다보세요. 제가 아이들을 그렇게 연구해온 것처럼요. 수많은 책도 교실 속 아이의 문제를 명쾌하게 해결해주지는 못했습니다. 아이가 제게 해결책을 가르쳐줬습니다. 매일 함께하는 대화, 아이와 주고받는 눈빛, 제가 아이에게 뭔가를 해줬을 때 돌아오는 피드백이 가장 정확한 해결책이었습니다. 그 과정에서 분명 많은 시행착오를 했습니다. 그리고 그만큼 성장했지요.

아이 문제의 해결 열쇠는 아이만이 가지고 있습니다. 그 열쇠를 꺼낼 수 있도록 옆에서 가장 가까이 돕는 사람이 부모입니다. 조언을 들을 수 있고 참고는 할 수 있습니다. 취할 건 취하고 버릴 건 버리는 지혜가 필요한 시대입니다. 카페에는 정보가 넘쳐나니까요. 내 아이에게 맞게 변형하고 꾸준히 실천하는 것은 부모와 아이의 몫입니다. 내 아이만의 속도로, 내 아이만의 색깔로 가야 오래 갈 수 있습니다. 시행착오는 겪어도 결코 실패하지 않습니다. 옆에 있는 내 아이를 잘 들여다보세요. 깊이 있게 들여다보셔야 합니다. 그 누구와도 같지 않고 세상에 하나뿐인 당신의 아이이기 때문입니다.

트렌디한 교육 정보들,
애 잡기 딱 좋습니다

"자녀 교육 책이나 인터넷 글을 보고 좌절하신 적 없으
세요?"

인터넷 서점에서 교육 분야 책을 살펴본 적 있으신가요?
정기적으로 살펴보면 교육에도 트렌드가 있다는 것을 알게 될 것입
니다. 저는 교육계에 몸담고 있어서 정기적으로 조사하는 편입니다.
책이나 인터넷을 보면서 '아, 지금은 이 단어가 유행이구나!' 하고
알게 됩니다. 한창 '엄마표'가 유행할 때가 있었지요. 요즘은 '혼공',
'자기주도', '습관', '문해력'이 대세인 것 같습니다. 사실 학습에서
중요한 요소를 어떤 단어로 담아내느냐의 차이일 뿐인데, 그 단어
에만 집중하다 보면 공부가 방향이 아닌 방법으로 흐르게 되죠.
  쏟아지는 정보의 시대에 살면서 가장 중요한 것은 옳고 그른
정보를 찾는 것이 아닙니다. 내 아이에게 맞고 도움이 되는 정보

를 찾는 것이 가장 중요합니다. 어떤 정보가 내 아이에게 필요한지는 부모가 가장 잘 알고 있습니다. 또한 이 정보는 아이에 따라 다릅니다. 베스트셀러나 친한 엄마의 추천 책, 커뮤니티의 인기 글에 나온 자녀 교육 방법을 그대로 내 아이에게 적용하는 것은 득보다 실이 많습니다. 수많은 정보에 나온 아이가 내 아이는 아니기 때문입니다. 내 아이의 상황과 특성을 고려하지 않는 방법은 큰 효과가 없을뿐더러 오히려 잃는 것이 더 많을지도 모릅니다. 교육 정보의 홍수 속에서 내 아이의 학습 방향을 잡기 위해서는 다음의 3가지 태도를 꼭 기억하시면 좋겠습니다.

첫째, 부모가 중심을 잡아야 한다

아이에게 도움을 주고 싶은 부분이 무엇인지 자세히 살펴서 정확하게 알고 있어야 합니다. 자세하게 살피는 과정 없이 눈에 보이는 정보가 다 필요하다고 여겨서 내 아이에게 적용하다 보면, 아이는 어느 순간 학습에서 나가떨어지게 되어 있습니다. 아니면 '우리 엄마, 저러다 마시겠지'라는 마음으로 버티게 되지요.

제가 교실에서 수년간 확인한 사실입니다. 이것저것 좋아 보여서 교실에 하나둘씩 적용하고 활용하다 보면 어느 순간 대충하고 있는 아이들을 보게 됩니다. 뭔가 하나를 세대로 하려면 시간이 필요하고 어느 정도의 노력이 반드시 필요합니다. 그런데 이것저것 하다 보면 시간도 노력도 분산될 수밖에 없습니다. 그러다 보니 이도 저도 되지 않는 경우가 생깁니다. 또 다른 방법을 찾게 되고, 그 사이 아이는 지치고 공부에 대한 흥미와 자존감이 떨어지는 악순환이 벌어집니다.

하나의 일에 몰입하고 성취감을 느끼는 경험은 학습에서 굉장히 중요한데, 이 부분을 놓치게 되면서 아이는 제대로 된 공부를 하기도 전에 공부를 멀리하게 되는 것입니다. 따라서 넘치는 교육 정보에 대해 부모가 반드시 중심을 잡고 있어야 합니다.

둘째, 불안과 조급함을 버린다

학습은 하루아침에 이루어지지 않습니다. 학습에서 가장 먼저 버려야 할 것이 바로 불안과 조급함입니다. 부모의 불안과 조급함을 아이가 못 느낄 것 같지요? 다 느낍니다. 아이가 제대로 학습하기 위해서는 반드시 시간과 믿음이 필요합니다. 아이가 어릴수록 그 시간은 더 많이 필요합니다. 배우고 익히는 시간이 충분해야 제대로 학습할 수 있습니다. 조급하게 생각하여 이 방법 저 방법 쓰다 보면 아이의 학습이 더 어려워질 수밖에 없습니다.

책에 소개되는 아이와 트렌디한 정보에 나오는 아이 역시 성공하기까지 많은 시간이 걸렸을 것입니다. 글로 압축되어 그 시간이 다 보이지 않을 뿐이지요. 그 맥락을 보지 못하고 아이를 재촉하다 보면, 아이는 학습을 흉내 낼 수밖에 없습니다. 그 결과 시간이 갈수록 학습 수준이 깊어지는 것이 아니라 제자리에 머물게 되는 것입니다. 결국 일찍 가려다 더디게 학습하게 되는 셈입니다. 텍스트에 박제된 아이가 아니라 바로 내 옆에 있는 아이를 지켜보세요. 내 아이의 가능성을 믿으세요. 넘치는 정보를 찾아다니기보다 내 옆에 있는 아이와의 대화가 훨씬 도움이 됩니다. 공부하는 내 아이를 지켜보세요. 내 아이의 행동에서 훨씬 더 많은 정보와 정확한 정보를 얻을 수 있습니다.

셋째, 아이 스스로 하는 힘을 길러야 한다

자녀 교육 서적이나 인터넷 유행 글에서 하는 말은 사실 다 같습니다. 방법적인 차이가 있을 뿐 아이가 스스로 배우고 익히는 것을 돕는 과정과 그 결과를 담고 있습니다. 방법에만 집중해서는 같은 결과를 절대 얻을 수 없는 이유입니다. 정보를 읽어내는 힘을 기르고 아이가 스스로 학습할 수 있는 방법을 방향으로 잡고 집중해야 합니다. 다른 아이의 성공담에서 방법만 뽑아낸다면 잠깐은 성공할지 몰라도 그 뒤에 또 다른 과제들이 기다리고 있을 것입니다.

처음 아이가 공부를 시작할 때 서툴기 때문에 부모가 돕는 것입니다. 이 사실을 잊고 자꾸 방법에만 치중한다면, 아이 역시 스스로 서지 못하고 부모에게 계속 기댈 것입니다. 아이가 스스로 하는 단단한 공부를 해야 하는데, 자꾸 부모에게 기대는 이유가 바로 이 때문입니다. 부모가 방법을 찾아줘야 아이가 앞으로 나갈 수 있는 공부를 어디까지 지원하시겠습니까? 부모가 아이의 공부를 돕는 것은 아이가 스스로 서는 공부를 할 수 있도록 하는 것임을 한순간도 잊지 마세요.

 정보 걸러 읽는 Tip

1. 아이 교육서도 다독이 아닌 정독이다

공부법은 다 비슷합니다. 많은 책을 읽기보다 할 수 있을 것 같은 책 한 권을 여러 번 읽고 소화해서 내 아이의 학습에 맞게 시도합니다. 여러 정보가 중요한 것이 아니라 내 아이에게 맞는 단 하나의 정보가 훨씬 중요합니다. 정보 역시 양보다 질입니다. 질 좋은 정보는 정독에서 얻을 수 있습니다.

2. 학습 시기는 강조의 의미이지 정답이 아니다

교육서를 보다 보면 정보에 중점을 주기 위해 강력하게 말하는 경우가 많습니다. 강조의 의미일 뿐이지 그때가 아니면 안 된다는 뜻으로 받아들이면 안 됩니다. 아이의 학습에 결정적 시기는 없습니다. 아이의 삶 전체를 볼 때 어느 때든 배울 수 있습니다. 그 시기를 놓쳤다고 해서 포기하거나 그때가 아니면 안 된다는 조급한 생각은 아이의 학습에 전혀 도움이 되지 않습니다.

3. 정보의 질은 다수결로 정해지는 것이 아니다

댓글과 '좋아요'가 많은 글이 정답이 아닙니다. 많은 사람들이 선택한 정보라고 내 아이에게 맞는 정답은 아닙니다. 베스트셀러보다는 스테디셀러에 더 관심을 두세요. 교육은 트렌드가 아닙니다. 유행하는 교육 방법에 따르지 말고 시간이 흘러도 변하지 않는 교육의 본질과 방향을 찾는 글에 더 관심을 둬야 교육관이 흔들리지 않고 멀리 보며 갈 수 있습니다.

문해력은 닥치고 독서에서 시작됩니다

"아이들에게 어떤 이유로 책을 읽히시나요?"

독서의 유용성에 관해서는 모두 알고 있지만, 가정마다 독서의 목적은 약간씩 다를 것 같습니다. 그 목적에 따라 책을 읽게 하는 방법에도 차이가 날 것이고요. 각자의 이유가 조금씩 다를지라도 독서를 통해서 문해력을 기르고 그 문해력으로 학습 능력을 신장시키려는 목적은 대부분 가지고 있을 것입니다. 책을 읽는다고 공부를 잘하는 것은 아니라는 말도 종종 들리지만, 제대로 된 문해력을 갖추고 있다면 공부를 잘할 수 있는 좋은 조건을 갖추고 있는 것입니다.

문해력은 간단하게 말해서 글을 읽고 이해하는 능력입니다. 글을 읽는 것에 그치는 것이 아니라 글을 정확하게 이해하는 것까지를 말합니다. 예상 외로 글을 읽고 어떤 뜻인지 해석을 못하는 아이들이 많습니다. 비단 아이들뿐만이 아니라 어른들도 굉장히 많다고 합니다. 고등학교 때까지 열심히 공부하다가 그 후로는 책을 멀리하다 보니 간단한 사용설명서조차도 해석하지 못하는 성인이 많다고 해요.

왜 이렇게 책을 멀리할까요? 이유는 간단하죠. 책을 좋아하지 않기 때문입니다. 책에 빠져본 경험이 적거나 없기 때문이죠. 책에 빠져서 차고 넘치도록 읽다 보면 글을 이해하게 되고 그 이해력을 바탕으로 더 어려운 책도 집어 들게 되거든요. 책을 읽으면 짧은 호흡의 글이 수록된 독해력 문제집에서 얻는 문해력과는 그 깊이가 다르고 넓이가 다릅니다. 문해력을 키우기 위해서는 아이 스스로 빠져드는 독서가 핵심입니다. 자연스럽게 많은 책을 읽게 되고 그 과정에서 깊이 있는 독서를 하게 되면 문해력은 제대로 길러집니다. 그렇다면 어떻게 아이를 책에 빠져들게 할 수 있을까요?

첫째, 책에 대한 호감으로 시작한다

처음에는 아이가 책 자체에 호감을 갖도록 하는 것부터 시작해야 합니다.

잠들기 전에 엄마 아빠가 책을 읽어주는 습관, 엄마 아빠와 함께 가는 도서관, 자신의 이름이 적힌 도서 대출증으로 책을 빌리고 반납하는 경험, 주말의 서점 나들이, 가족들과 함께 소파에 앉아 각자의 책을 보는 여유로운 시간 등 자연스럽게 책 경험이 쌓이면 아이가 책 세계로 들어서게 됩니다. 이런 시간이 차곡차곡 쌓여 책에 대한 호감으로 돌아오는 것입니다. '아, 책을 읽는 것은 재미있구나', '책에 재미있는 것이 참 많구나', '책 읽는 시간이 그냥 좋구나'라는 생각이 들면 책을 과제가 아니라 호기심과 호감을 느낄 수 있는 대상으로 생각하게 됩니다. 그래서 책에 호감이 먼저 생기도록 아이를 책 세계로 잘 초대하는 것은 정말 중요합니다. 부모님이 책 읽어주는 것을 좋아하는 아이라면 부모님께서 즐겁게 읽어주시고, 아이가 밖에 나가는 것을 좋아하는 활동적인 아이라면 도서관 나들이도 빼놓지 않고 해주세요. 아이가 책을 좋아할 수 있도록 최대한 자연스럽게 다가가세요.

둘째, 아이 스스로 읽을 책을 결정한다

앞서 말씀드렸듯이 아이 스스로 자신의 책을 탐색하고 고르는 경험을 많이 해야 합니다. 자신에게 책 선택권이 있는 아이는 스스로 책 세계를 계속 탐색합니다. 실패해도 된다는 것을 알고 있으니까요. 느리더라도 자신만의 책 세계를 탐험합니다. 시행착오도 있겠지요. 하지만 시행착오를 통해 스스로 잘 구축한 세계는 견고합니다. 어느새 자신의 취향을 찾은 아이는 그 세계에 푹 빠져듭니다. 반대로 억지로 읽어야 하거나 자신이 선택하지 않고 부모님이 권하는 책을 자꾸 읽다 보면 글자만 읽는 경우가 생깁니다. 책은 들고 있지만 빠져들지 않지요. 다른 사람이 골라주는 책에는 한계가 있습니다. 자신이 읽을 책은 결국 자신이 골라야 합니다. 아이 인생에서 어느 한순간만 읽고 끝낼 독서가 아니기 때문이지요. 아이가 어리다고 자꾸 책을 골라주지 마세요. 어린아이도 자신의 취향이 있습니다. 고학년은 말할 것도 없습니다.

셋째, 지식 책은 일부러 권하지 않는다

어른들도 지식 책은 읽기 쉽지 않습니다. 어려운 지식 책을 아직 소화하기 어린 나이에는 섣불리 권하지 않는 게 좋습니다. 책은 우선 재미있어야 하니까요. 아이의 책 수준이 자연스럽게 올라가면 서서히 권할 수는 있겠지만, 지식 책 세계의 문도 결국 아이 스스로 열어야 합니다. 부모님이 애가 타서 권해서는 안 됩니다. 지식 책 세계는 흥미 있어서 열리기도 하지만, 필요해서 열리기도 합니다. 이때도 아이가 필요해서 열어야지 부모가 필요해서 열게 해서는 안 됩니다. 그 문을 여는 것은 오로지 아이의 호기심과 필요뿐입니다.

아이가 필요해서 문을 연다는 것은 교육과정에서 이해하기 힘든 부분을 책을 통해 충족하는 것을 이야기합니다. 이야기책을 잘 읽어온 아이라면 자신이 모르는 것을 책을 통해서 잘 찾아갑니다. 책에 나온 지식이 검색으로 찾은 지식보다 더 깊고 정확하다는 것을 잘 알고 있으니까요. 억지로 읽게 되는 지식 책은 책에 대한 호감을 떨어뜨릴 뿐입니다. 지식 책도 아이 스스로 그 문을 열 수 있도록 기다려주세요. 아이만의 속도가 있습니다. 이해하지 못하는 책을 읽는 것을 좋아하는 아이는 없습니다.

넷째, 독후 활동과 보상은 가급적 하지 않는다

아이가 책에 대한 즐거움을 오롯이 책에서 느끼도록 하는 것이 장기적으로 좋습니다. 보상을 하거나 책 이해도를 평가하는 것은 득보다 실이 많습니다. 일단 아이들은 책을 읽고 글을 쓰는 것이 쉽지 않습니다. 어른도 그렇지 않습니까? 책을 읽는 것과 글을 쓰는 것은 또 다릅니다. 책 읽는 것이 아직 익숙하지 않은 아이에게 글까지 쓰라고 하면 어떨까요? 아마 백발백중 독서도 싫어질 것입니다. 책을 읽고 독서 감상문을 쓰는 것을 좋아하는 아이는 많지 않습니다.

우선 책 읽는 것에 집중합니다. 가끔씩 잘 읽고 있는지 질문 정도는 할 수 있겠지만, 아이가 책에 빠져드는 과정에서 부모의 확인 작업이나 독서 감상문 등의 쓰기 활동은 부담스러울 뿐만 아니라 책에 대한 흥미를 떨어뜨릴 수 있습니다. 과제처럼 내주는 독서 감상문의 경우, 기계적으로 쓸 확률도 크고요. 아이 스스로 정리하고 싶은 마음이 들 때 독서 감상문을 쓰게 해주세요. 이 부분은 아이 자율에 맡겨야 합니다. 글로 자신의 생각을 표현하는 것을 좋아하는 아이도 있지만 그렇지 않은 아이들이 대부분입니다. 책을 읽는 것보다 글을 쓰는 것이 훨씬 힘들기 때문입니다.

독서를 통해서 글쓰기까지 한번에 해결하려고 하지 마세요. 일단 차고 넘치게 읽고 나면 쓰고 싶은 욕구가 생깁니다. 글쓰기도 때를 기다려주세요. 보상을 한 경우 초반에 조금 이용할 수는 있습니다. 하지만 장기적으로 보상체계로 독서를 시키려고 하다 보면 부작용이 발생합니다. 보상이 끊기면서 책 읽는 것도 함께 끊깁니다. 외부 보상이 내재적 동기를 사라지게 하는 부작용이 생깁니다. 외부 보상을 할 경우에 점점 강하고 자극적인 보상을 원하게 되는 부작용도 있습니다. 초반에 잠깐 보상을 이용할 수 있지만, 점차 줄이면서 보상 없이 아이 스스로 책을 꺼내 읽도록 해야 합니다. 그래야 오래도록 책을 읽을 수 있습니다.

다섯째, 아이의 반복 독서를 존중한다

책을 한 번 읽었다고 그 내용이 다 이해되지 않는다는 건 누구나 다 아실 것입니다. 아이가 읽은 책을 읽고 또 읽는 것은 굉장히 좋은 일입니다. 책을 깊이 있게 이해하고 있는 것입니다. 이 과정에서 문해력이 싹트는 것은 두말할 필요도 없습니다. 반복 독서를 하는 아이들보다 정독하지 않고 새로운 책만 보는 다독이 더 문제가 될 수 있어요. 책을 아직 이해하지 못했는데, 이 책 저 책 기웃거리는 것이죠. 더 큰 문제는 여러 권의 책을 읽었다고 스스로 뿌듯해하고 많은 책을 읽었다고 착각한다는 사실입니다.

많이 읽는 것보다 제대로 읽는 것이 중요합니다. 아이의 반복 독서를 환영하세요. 여러 분야의 책을 다양하게 읽는 게 좋다는 고정관념은 잠시 접어두고, 읽은 책을 계속 읽고 좋아하는 분야의 책을 주로 읽는 아이의 취향을 존중해주세요. 부모가 반복 독서를 존중해준다면, 아이는 결국 좋아하는 작가를 발견하게 되고 어느 순간 그 작가의 작품을 섭렵하게 됩니다. 자신의 취향이 고스란히 반영된 독서를 하게 되는 것입니다. 아이만의 책 세계가 제대로 활짝 열린 것입니다.

여섯째, 미디어와 학습만화는 제한한다

책보다 더 재미있는 것이 있다면 독서에 아주 큰 방해가 됩니다. 책보다 재미있는 것이 아주 많은 세상이기 때문에, 아이가 다른 것보다 책에 관심을 쏟을 수 있게 의도적으로 노력해주셔야 합니다. 책을 많이 읽어주시면 좋겠지만 그보나는 아이 스스로 조절하기 힘든 물건에 덜 노출시키는 것이 훨씬 중요합니다.

대체로 미디어가 아이의 생활에서 큰 부분을 차지할수록 책을 멀리할 확률이 큽니다. 미디어는 어른들도 통제하기 힘든 매체입니다. 하물며 어린아이들은 얼마나 힘들까요? 특히 보상으로 미디어를 이용하지 않는 것이 좋습니다. 휴대폰을 사용하기 위해 공부를 하고, 게임을 하기 위해 책을 본다면, 그 공부와 책은 목적이 아니라 수단이 됩니다. 휴대폰과 게임이 목적이 되는 것입니다. 둘을 연결 지어 아이의 바람직한 행동을 이끌어내겠다는 생각은 위험합니다.

미디어만큼이나 중독성이 강한 것은 바로 학습만화입니다. 도서관에 가면 대부분의 아이들이 학습만화를 읽고 있는 풍경을 한 번쯤은 보셨을 거예요. 학습만화가 좋다 나쁘다 판단하는 것보다는 아이에게 중독성이 있느냐 없느냐로 판단하세요.

일단 학습만화를 통해 문해력을 기르려는 생각은 하지 않는 것이 좋습니다. 아이들의 상상력을 자극하기에는 한계가 있고 글보다는 이미지 위주의 책이라 글을 읽어내는 힘을 기르기에는 적합하지 않습니다. 아이가 휴식을 취하는 취미생활 중 하나로 생각하면 좋겠습니다. 학습만화도 책이니까 '나는 지금 책을 읽고 있다, 나는 학습이 들어간 만화를 읽고 있으니 공부를 하고 있다'라고 생각하는 아이들이 많은 것을 보고 놀랐습니다. 그런데 학습내용을 물으면 제대로 대답하는 아이들이 거의 없어서 또 한 번 놀랐습니다.

학습만화가 나쁘다기보다 학습만화를 보며 공부하고 있다고 착각하는 것이 문제가 될 수 있습니다. 중독성이 강하기에 수업 시간에 자꾸 꺼내보는 것도 문제가 될 수 있고, 도서관에서도 다른 책에는 눈길을 주지 않고 학습만화에만 시선이 고정되는 것도 문제가 될 수 있습니다. 그리고 학습만화로 얻을 수 있는 지식은 얕을 수밖에 없습니다. 지식의 깊이가 얕을 뿐만 아니라 기초도 부실합니다. 더 심도 있는 독서 활동으로 이어져야 진정한 학습을 할 수 있는데, 결국 학습만화로는 다음 단계로 넘어가는 발판을 만들기 어렵습니다.

아이들이나 부모님에게 책 읽을 시간이 없다는 말을 종종 듣습니다. 공부는 학교 공부로만 하는 것이 아니라고 생각합니다. 아이의 세상 공부에 도움을 주는 책이 뒤로 밀리지 않도록 노력해주시면 좋겠습니다. 시간이 없으면 책부터 읽는 거지요. 책을 읽고 싶은 아이에게 책 외의 다른 것을 주면서 공부하라고 하면 아이의 세계는 한정됩니다. 세상을 읽기 위해서도 자기 주도적으로 공부하기 위해서도 문해력은 정말 중요합니다. 글을 읽고 이해하는 능력이 없는 아이는 남이 알려주는 지식만 얻게 되고 남이 시키는 공부만 해야 할 테니까요. 책이 재미있으면 자투리 시간을 이용해서라도 읽습니다. 학교에서 지켜보면 책 좋아하는 아이는 쉬는 시간에도 책을 손에 들고 있습니다. 친구들과 노는 것만큼 책이 좋은 것이죠. 뒷이야기가 궁금하면 읽지 않고는 견딜 수 없거든요. 그렇게 되기까지 책이 아이에게 꼭 우선순위가 되었으면 좋겠습니다.

어른도 힘든 멀티태스킹,
아이는 불가능합니다

"이것저것 동시에 하면서 모두 잘하는 사람은 과연 몇이나 될까요?"

요즘 아이들 참 바쁘죠. 건강을 위해 운동도 해야 하고 사회성을 키우고 스트레스도 해소하기 위해 놀기도 해야 합니다. 물론 공부는 당연히 해야 하죠. 공부도 그 종류가 참 많아요. 과목별로 세분화되어서 한 과목에도 여러 항목을 배워야 합니다. 21세기의 추세는 융합이라고 하는데, 왜 이렇게 세분화하는 것인지 참 신기합니다.

혹시 이것저것 하다가 이도 저도 안 된 경험 다들 없으신가요? 저는 많습니다. 이것저것 하다 보면 어느 순간 흉내만 내고 있는 자신을 발견하게 됩니다. 교실에 있는 아이들도 마찬가지지요. 아이들은 해야 할 일이 많아지는 순간 제대로 하기보다 해치우는 데 급급해합니다. 이미 아이의 한계치를 넘어섰고 주어진 시간의 촉박함도 무시할 수 없기 때문입니다. 이것저것 다 하는 우리 아이들의 바쁜 일상, 이대로 정말 괜찮을까요? 멀티태스킹, 무엇이 문제이고 어떻게 해야 아이들에게 도움이 될 수 있을까요?

학습 가지치기를 해야 학습 의욕이 저하되지 않는다

열심히 일하고 이제 좀 쉬고 싶은데 다시 새로운 일과가 시작된다면 어떨 것 같으세요? 다시 시작되는 일과가 아무리 원해서 하는 일이고 필요한 일이라고 해도 쉬고 싶은 마음은 숨길 수 없습니다. 아이들은 더하지요. 학교 활동이 끝나면 다른 새로운 일들이 기다리고 있습니다. 대체로 노는 일보다는 학습인 경우가 훨씬 많고요.

아이들이 학교에서 얼마나 긴장하는지 혹시 아세요? 타인이 정해놓은 시간과 공간에서 일정한 일과를 소화하는 일은 결코 쉽지 않습니다. 더군다나 나 혼자만 생활하는 것도 아니고 여러 사람과 함께해야 해서 신경 써야 할 일도 많습니다. 무엇보다 그날그날 배워야 할 학습이 기다리고 있습니다. 이렇게 아이들이 학교에서 하루의 반나절을 보냈는데 또 뭔가를 배우는 새로운 일과가 시작됩니다. 아무리 학생(學生)이라고 하지만, 이렇게 배우고 또 배우는 일이 계속되면 아이가 그 학습량을 감당하기 힘들어집니다. 과부하가 걸리게 되는 것이죠. 설령 하루하루를 잘 넘긴다 해도 소화할 수 있는 능력이 안 되는 경우에는 흉내만 낼 수밖에 없습니다.

아이가 감당하기 힘든 학습량이 계속 쌓이다 보면, 학습 의욕이 저해되고 결국 학습 무력감에 빠지게 됩니다. 아이가 동시에 많이 배운다고 해서 그것을 다 흡수할 수 있는 것은 아니라는 점입니다. 부모님 눈에는 분량도 적어 보이고 쉽게 할 수 있는 것처럼 보일지 모르지만 아이들에게는 분명 한계가 있습니다. 뭔가 하나를 제대로 습득하기 위해서는 수많은 노력과 시간이 필요하다는 것을 알게 되는 순간 대체로 아이가 흥미를 잃는 경우가 많습니다. 그 상황이 정상입니다. 그 어려움을 견디고 일어나야 아이들은 제대로 배우고 성장합니다. 아이들은 잘하고 싶은 마음이 들어야 열심히 노력합니다. 그런데 여러 가지 해야 할 과제가 많다면 그런 마음이 생길 수 없습니다. 아이들이 가진 에너지는 한계가 있으니까요.

그런 점에서 학습 가지치기가 꼭 필요합니다. 가지치기를 해주지 않으면, 계속 배움을 흉내 내서 제대로 학습을 하지 못하거나 학습 무력감에 빠져 있을 가능성이 큽니다.

아이가 제대로 배울 수 있도록 과감하게 아이의 학습에 가지를 쳐주세요. 학습 숨통을 꼭 열어주세요. 이것은 부모님만이 할 수 있는 일입니다(158페이지 참고).

'습(習)'할 시간을 반드시 제공한다

가지치기만큼 중요한 것이 바로 익히는 시간을 주는 것입니다. 가지치기를 하는 이유 중 하나이기도 합니다. 학습(學習)이라는 단어는 배울 '학(學)'과 익힐 '습(習)'으로 되어 있습니다. 아이들은 대부분 배우는 데 시간을 많이 쓰지요. 학교에서 배우고 학원에서 배우고 온통 배우는 일만 하고 있습니다. 그런데 학습은 배우는 것에서 끝나지 않습니다. 배운 다음에는 자기 것으로 익히고 소화시키는 과정이 반드시 필요합니다. 자기 것으로 익히는 데 가장 적극적이고 효과적인 방법은 내가 알고 있는 내용을 남에게 가르치는 것입니다. 다른 사람에게 내가 알고 있는 것을 설명하기 위해서는 제대로 알아야 하기 때문입니다. 그래서 학교에서 가장 많이 배우는 사람이 교사라는 우스갯소리도 있습니다.

배운 내용을 익히는 과정은 복습의 형태일 수도 있고, 자신만의 노트 정리가 될 수도 있으며 (앞으로 설명할) 개념 공책 정리의 형태가 될 수도 있습니다. 자신이 아는 개념을 그림으로 그린다거나 부모님이나 다른 사람에게 설명할 수 있는 것이 좋은 예입니다 (270페이지 참고). 자신이 배운 내용을 익히고 소화하기 위해서는 가지치기를 해서 그 시간을 제대로 확보하는 것이 중요합니다. 아이에게 이 시간을 꼭 확보해주세요.

몰입, 제대로 된 하나에 집중하는 경험

'몰입'이라는 단어 많이 들어보셨죠? '집중력'이라는 단어와도 함께 쓰이고 요즘은 '과제집착력'이라는 단어와도 많이 쓰이는 것 같습니다. 몰입은 학습에서 빼놓을 수 없는 중요한 요소이기도 합니다. 몰입한다는 것은 하나에 제대로 미쳐 있는 것을 의미합니다. '(그 일에) 미쳐야 (목표에) 미친다'는 말처럼요. 그와는 반대로, 여러 가지에 한꺼번에 집중한다고 하면 어떨까요? 듣자마자 집중력이 분산되고 몰입하기 쉽지 않겠다는 느낌이 듭니다.

　몰입이나 집중력처럼 학습에서 굉장히 중요한 능력은 여러 가지 일을 동시에 하면서 길러지지 않습니다. 하나에 제대로 몰입한 경험이 있어야 그 경험을 바탕으로 다른 곳으로 뻗어나갈 수 있습니다. 아이에게 몰입의 경험은 학습을 지속시키는 원동력이기 때문에 중요합니다. 그런데 이것저것 하면서 아이의 집중력을 분산시키다 보면, 아이는 몰입을 경험할 기회를 많이 놓치게 됩니다. 이것이 멀티태스킹의 큰 문제점입니다.

　멀티태스킹을 하다 보면, 하나를 제대로 하기보다 여러 개를 대충 하는 태도를 의도치 않게 익히게 됩니다. 아이 능력의 한계치를 벗어날 정도로 많은 양의 과제와 촉박한 시간에서 오는 압박감 때문에 아이는 어쩔 수 없이 타협책을 선택하는 것입니다. 과제를 하긴 해야겠고 제대로 하기는 힘드니 대충하며 흉내를 내게 되는 것이지요. 대충하는 행동이 계속되다 되면 학습 무력감도 함께 쌓이게 됩니다. 학습할 때는 뭔가 하나를 해내면서 성취감이 쌓여야 즐거움을 느끼며 오래 지속할 수 있는데, 여러 개 일을 동시다발로 진행하다 보니 이도 저도 안 되는 상황이 자꾸 발생하게 됩니다. 아이는 흥미를 잃게 되고 해도 안 된다는 사실을 학습하면서 무력감이 발생하는 것이죠.

아이의 학습을 보조하기 위해 여러 가지 배움을 선택하게 했는데, 안 하느니만 못한 결과가 나오는 것입니다. 속도에 너무 집중하다 보면 이런 일이 벌어집니다. 이것도 해야 하고 저것도 해야 하는 주변의 말을 가지치기하지 못하고, 내 아이의 학습 무력감을 키우고 있지는 않은지 돌아보셨으면 합니다. 하나라도 제대로 하는 경험을 차곡차곡 쌓아야 제대로 된 학습을 할 수 있습니다. 이 경험은 나중에 많은 공부량을 소화할 수 있는 밑거름이 됩니다.

좋아하는 일을 해야 몰입한다

어릴 때는 놀이를 통해 몰입의 순간을 많이 경험합니다. 이 순간을 지켜주시면 됩니다. 몰입 역시 아이가 좋아하는 일에 집중할 때 일어나는 자연스러운 현상입니다. 다른 아이가 몰입했다고 해서 내 아이도 똑같은 경험을 하며 몰입할 수 있는 것은 아닙니다. 몰입의 전제조건은 아이가 좋아하는 일을 해야 한다는 것입니다.

그것을 아이가 찾아야 하는 것은 두말할 나위가 없고요.

교실에서 아이들이 몰입했을 때는 자신들이 좋아하는 일을 하고 있을 때였습니다. 궁금해서 책 뒷이야기를 읽지 않고는 못 견디는 상태, 이 수학문제를 못 풀면 밥조차 넘어가지 않을 것 같은 상태, 쉬는 시간만 되면 기다렸다는 듯이 종이접기에 몰두하는 상태, 그림을 그리고 있으면 누가 불러도 모르는 상태, 축구를 하면 마치 다른 아이가 되어 있는 듯한 상태 등 자신이 좋아하는 일에 빠져 있는 아이들의 모습은 참 아름다웠습니다. 그 순간을 지켜주시면 됩니다. 이 경험이 분명 학습으로 연결됩니다. 이것이 아이의 삶의 태도이기 때문입니다. 좋아하면 빠져들고 빠져들면 더 잘하게 되는 경험이 바로 삶의 태도를 형성합니다.

학습 속도가 빠를수록 좋다고요?
빠를수록 착각합니다

"선생님, 저 이거 알아요. 이미 배웠어요."

교실에서 아주 많이 듣는 말입니다. 아이들이 입으로 굳이 말하지 않더라도 집중하지 못하는 학습 태도로 적나라하게 보여줍니다. '몰라서' 집중하지 못하던 시절에서 이제는 '알아서' 집중하지 못하는 시대가 된 것이죠. 교사에게는 모르는 것을 가르치는 것보다 더 힘든 일이 하나 생겼습니다. 바로 알고 있다고 착각하는 것을 바로 잡는 일이지요. 왜 이렇게 된 걸까요?

선행학습으로는 Why를 알지 못한다

예전에는 교실에 선행학습을 하는 아이들이 많지 않아서 이 문제가 크지 않았습니다. 지금은 하나의 문화로까지 자리 잡았다는 생각이 듭니다. 제 학년 학습도 소화하기 힘든 아이들까지 선행학습의 함정에 빠져 있는 것을 보면 말이죠. 저는 이런 모습을 가장 가까이에서 지켜보면서 덜컥 겁이 나곤 합니다. 아이가 덜 익은 음식을 아무것도 모른 채 먹고 있는 모습을 보는 것 같아 겁이 나는 것이죠. 다 익은 음식으로 착각해서 먹는 아이들을 보면서 언제 어떻게 탈이 날지 모르는데 지켜볼 수밖에 없어서 불안한 심정이 드는 것입니다. 미슐랭 스타의 음식이든 가성비 좋은 음식이든 익지 않은 음식을 지속적으로 먹으면 결국 탈이 날 수밖에 없으니까요.

공부도 마찬가지입니다. 자신의 학습 속도를 넘어선 공부는 재미있지 않을뿐더러 제대로 소화하기도 힘듭니다. 무엇보다 걱정되는 점은 앞으로의 아이 학습에 큰 탈이 날 가능성이 있다는 것입니다. 지금 당장 드러나지는 않을 것입니다. 미리 배웠다고 내가 알고 있다고 착각하는 것은 아이 학습에서 결코 작은 문제가 아닙니다. 아이들이 교실에서 보이는 태만한 학습 태도가 그 증거입니다. 아이들은 이미 알고 있다고 생각해서 수업에 집중하지 않습니다. 어쩌면 집중하지 못하는 것일 수 있겠지요.

아이들이 이미 배웠다고 생각하는 학습은 단편적인 지식에만 머물러 있을 확률이 큽니다. 아이의 현재 발달단계를 넘어선 선행학습 내용은 제대로 소화하기 힘들기 때문입니다. 지식의 원리는 알지 못하고 결과만 알게 되는 것이죠. 제가 아이들에게 가장 많이 하는 질문이 "왜 그럴까?"인 이유입니다. 결과는 번지르르하게 알지만 왜 그런 결과가 나왔는지 그 이유를 깊이 생각하지 못하는 공부, 그것이 선행학습의 가장 큰 문제입니다. 배움의 호기심을 없애는 공부이기 때문입니다.

교실에서 주어진 문제의 정답을 맞히는 아이는 정말 많습니다. 그런데 왜 그렇게 생각하는지 물으면 아이들은 어떻게 반응할까요? 그저 침묵으로 답할 뿐입니다. 더 안타까운 것은 알려고 하지 않는 태도입니다. 이미 알고 있다고 착각하기 때문에 배울 필요도 배우려는 의욕도 사라져버린 것입니다. 제대로 알기 전에 호기심이 진작 사라진 것입니다. 호기심이야말로 지속적으로 공부할 수 있는 중요한 원동력인데, 그 동력이 사라진 것입니다.

자신의 답을 찾아가는 시대

답만을 찾는 것, 즉 지식의 결과에만 급급해하는 것은 큰 의미가 없는 공부가 된 지 오래입니다. 서투르더라도 자신의 답을 찾아가는 것, 그 지식이 나의 삶과 어느 지점에서 만나는지 스스로 찾아가는 것이 중요한 시대입니다. "왜"라는 질문을 스스로 던져야 하는 이유입니다. 의문 없는 지식이 쓸모없는 이유이기도 합니다. 아이가 자신의 답을 찾아가기 위해서는 아이만의 속도를 분명 존중해줘야 합니다. 우리 어른이 그 속도를 앞당기기에는 한계가 있다는 것을 냉정하게 인정해야 할 때입니다. 아이의 학습 실력이 무르익기 위해서는 무수히 실패하고 스스로 일어서야 합니다. 그 과정에서 깊이 있는 학습을 하게 되고 속도에도 힘이 붙게 됩니다. 그런데 왜 남의 지식을 누가 더 빨리 습득하느냐를 놓고 경쟁하고 있는지 알다가도 모를 일입니다. 교사로서 너무나 안타깝습니다. 지금 아이들에게 쓸모없는 지식을 쌓게 하느라 소중한 에너지를 뺏고 있는 것은 아닐지 진지하게 돌아봐야 할 것 같습니다.

학습 속도 vs. 학습 소화력

느린 아이는 포기를 부르고, 빠른 아이는 착각을 부른다고 합니다. 부모님들은 속도가 느린 내 아이를 보면 세상에 뒤처질까 봐 자꾸 애가 탑니다. 느린 아이를 재촉하다가 서로 지쳐갑니다. 차라리 포기하고 싶어집니다. 빠른 아이는 어떨까요? 뭔가 더 해줘야 할 것 같습니다. 부모가 뭘 놓치고 있는 것은 아닌지 자꾸 조바심이 납니다. 아이의 학습 소화력은 결국 뒤로 밀리고 해야 할 일만 잔뜩 쌓이면서 학습은 하나 끝나면 또 하나, 빨리 해치워야 할 과제로만 남고 맙니다.

학습 속도, 분명 중요합니다. 우리 아이만 사는 세상은 아니니까요. 하지만 너무 속도를 중시하다 보면 방향을 잃게 됩니다. 빠르면서 정확하면 좋겠지만, 빠르면 분명 서뭄이 끼게 됩니다. 아이만의 속도는 분명 있습니다. 속도를 너무 추구하다 보면 착각합니다. 내가 알고 있다고, 내가 이미 배웠다고 착각하는 것이죠. 그렇게 된다면 더 중요한 것을 잃게 됩니다. 배움의 호기심이 사라지는 가짜 공부를 하는 것이니까요.

조금 느리더라도 아이의 속도로 갈 수 있도록 방향을 잘 잡는 것, 그것이 부모의 역할이 아닐까요? 간단하지만 참 어려운 일이죠. 하지만 그만큼 소중하고 가치 있는 일입니다. 다른 아이의 학습 속도에 내 아이를 맞추지 말고, 내 아이의 어제와 오늘을 견주며 나아가보세요. 그럼 분명 답이 보일 것입니다. 학습 속도의 함정에 빠져 착각하는 공부를 더 이상 하지 않았으면 합니다. 아이도 부모도요. 학습 속도보다는 학습 소화력입니다. 소화가 잘된 학습이 튼튼한 공부를 만듭니다.

🌱 **내 아이의 학습 속도를 확인하는 작은 Tip**

1. 단원 평가(기본 수준) 점수가 95~100점 사이인가?
2. 아이가 현재 푸는 심화문제집(기본, 응용 제외)의 정답률이 90점 이상인가?
3. 교과서에 나와 있는 그림을 정확한 개념으로 설명할 수 있는가?
4. 한 가지 방법이 아닌 여러 방법으로 문제를 정확하게 풀 수 있는가?

아이가 학교에서 공부 때문에
외롭지 않으려면?

"아이가 공부를 못하면 무엇이 가장 걱정되나요?"

여러 생각이 떠오르시나요? 나중에 커서 번듯한 직장에 들어가는 것은 둘째치고 당장 다른 아이들보다 뒤처질까 봐 걱정도 되고 친구들에게 무시를 당하거나 놀림을 당할까 봐 걱정도 되죠. 학생이 공부를 못하고 안 하면 긴 시간 동안 아이가 뭘 할지도 걱정스럽고요. 그런데 가장 큰 걱정거리는 수업 시간에 외로워질 우리 아이입니다. 다른 사람의 시선은 무시할 수 있지만, 앞으로 보내게 될 그 수많은 수업 시간에 아이는 얼마나 외로울까요. 수업 시간에 배우는 내용을 아예 모르면 그 시간이 참 재미없을 뿐만 아니라 알아듣지 못하면 철저하게 소외된다는 것을 다들 알고 있을 것입니다. 더 큰 문제는 무기력해신나는 것입니다. 작은 일에도 도전하지 않고, 못한다고 생각하고 미리 포기하는 마음이 아이 마음속에 자꾸 자란다는 것이 참 마음 아픕니다.

공부 못하고 싶은 아이는 한 명도 없다

학기 초에 아이들에게 항상 하는 질문이 있습니다. "공부 잘하고 싶은 사람 손 들어볼래요?" 이 질문에 많은 아이들이 손을 들기는 하지만 모두 다 들지는 않습니다. 본인이 좀 부족하다고 생각하거나 공부에 부정적인 감정이 있는 아이들은 대체로 망설입니다. 그래서 다음에 바로 이렇게 질문합니다. "그럼 공부 못하고 싶은 사람 손 들어볼래요?" 그러면 정말 아무도 손드는 아이가 없습니다. 매해 똑같이 보고 있는 광경입니다. 이 모습이 의미하는 것은 무엇일까요? 교실에 성장하고 싶지 않은 아이가 단 한 명도 없다는 사실입니다. 누구보다 공부를 잘하고 싶어 하는 마음은 아이 자신이 가장 크다는 이야기입니다. 이미 성장하고 싶은 마음을 갖추고 있는 아이들이 왜 공부를 포기하고 수업에 집중하지 못하게 되었을까요? 이렇게 마음의 준비가 된 아이들에게 우리는 어떤 도움을 주면 좋을까요?

아이 교육에서 문제는 언제나 지나친 교육이지 교육 자체가 문제는 아닙니다. 사교육을 받든 가정에서 돕든 공교육을 신뢰하든 가장 중요하게 봐야 할 것은 바로 '내 아이'입니다. 내 아이가 현재 학습을 잘 소화하고 있는지를 꼭 살펴봐야 합니다. 그 후에 아이의 학습을 돕기 위해 각 가정에 맞는 방법을 선택하면 됩니다. 그리고 부모님의 가슴 깊이 자리한 학습 불안을 잠재워야 합니다.

수업 내용을 제대로 이해하고 있는지 확인한다

불안을 잠재우는 가장 좋은 방법은 내가 직접 그 일을 실행하는 것입니다. 공부의 기본은 언제나 복습이므로, 아이가 배운 내용을 잘 습득하고 있는지 파악하는 것이 가장 중요합니다. 배운 내용을 잘 습득하고 있어야 학습 결손이 없고 다음 단계의 학습이 원활하게 진행됩니다. 부모님이 간단하게 확인할 수 있는 방법은 교과서를 펼치고 아이에게 현재 배우고 있는 부분을 설명해달라고 하는 것입니다. 잘 이해하고 있는 아이는 어렵지 않게 자신만의 언어로 설명할 수 있습니다.

설명하는 것을 부담스러워하거나 좋아하지 않는 아이들은 평소에 풀고 있는 문제집을 꼭 확인해보세요. 풀이 과정도 보고 정답률도 확인해보세요. 기본적인 문제도 틀린다면 아이의 현재 학습에 문제가 있는 것입니다. 정답률은 기본문제집의 경우 90%, 심화문제집의 경우 70% 아래로 떨어지면 안 됩니다. 정답률이 낮다는 것, 즉 오답률이 높은 것은 기본학습이 아직 안 되어 있으니 심화학습으로 건너가지 말라는 뜻입니다. 심화문제에서 정답률이

70% 아래라면 아이가 아직 소화를 못 시키고 있다는 뜻입니다. 그럴 때는 난이도 조절이 반드시 필요하며 현재 개념을 다시 정확하게 익히게 해야 합니다. 수학 교과뿐 아니라 다른 교과도 마찬가지입니다.

다만 다른 교과에서는 문제집을 많이 풀게 할 필요는 없습니다. 아주 간단한 문제집만 사서 한 단원이 끝날 때마다 확인하는 것이 가장 좋습니다. 혹시 아이가 문제를 잘 해석하지 못하고 어려워한다면 문해력의 문제일 가능성이 큽니다. 이 경우에는 쉬운 책부터 읽히는 독서를 하게 해주세요(96페이지 참고). 책 읽는 힘이 없으면 부족한 공부를 채우기 힘듭니다. 독서는 시간이 많이 걸릴 수 있어서 방학을 이용하면 좋습니다(287페이지 참고).

학원에 다니더라도 공부 상태를 확인해야 한다

사교육을 받고 있더라도 아이가 스스로 잘 이해하고 있는지 확인하는 것은 똑같이 중요합니다. 그냥 학원만 믿고 맡겼다가는 사교육의 폐해를 고스란히 떠안게 됩니다. 매달 꾸준히 나가는 학원비를 비롯해, 아이의 시간과 노력이 헛되지 않았으면 합니다.

중요한 점은 사교육의 힘을 빌리느냐 빌리지 않느냐가 아닙니다. 다른 아이들에 비해 지금 얼마나 진도를 앞서가고 있느냐는 것은 더더욱 아닙니다. 내 아이가 현재 학교에서 주어진 학습을 잘 따라가고 있는지를 정확하게 확인하는 것입니다. 사교육에 아이 공부를 맡기고 있든 아이 스스로 공부를 하든 배움의 정도를 확인하지 않으면, 아이의 학습에 문제가 생길 수밖에 없습니다. 현재 아이의 공부 상태를 살피고 부족한 부분을 채우는 작업을 꼭 해달라는 말씀을 드립니다. 지금 호미로 막아야 나중에 가래로 막을 일이 생기지 않습니다.

공부의 선순환 vs. 공부의 악순환

모르는 것을 재미있어 하는 아이는 단 한 명도 없습니다. 알 만해야 재미있고 해볼 만해야 집중할 수 있습니다. 공부는 '선순환'이 되어야 합니다. 알면 재미있고, 재미있으니 열심히 하고, 열심히 하니 더 잘 알게 되는 것이 공부의 선순환입니다. 그와 반대로, 공부의 악순환은 모르면 재미없고, 재미없으니 하기 싫고, 하지 않으니 더 모르게 되는 것입니다. 그런 점에서 아이가 학교에서 자신의 공부를 해볼 만하다고 느낄 수 있게 부모님의 확인 작업은 꼭 필요합니다.

아이 공부는 복습이면 충분합니다. 아이의 부족한 부분이 혹시 아래 학년이라면 그 아래로 가서 채우면 됩니다. 학습은 속도전이 아니라, 정확성입니다. 아이의 힘으로 느리더라도 차근차근 밟아 올라가다 보면 아이가 적이도 공부를 포기하거나 멀리하는

일은 생기지 않습니다. 그러니 아이의 현재 공부를 지금 꼭 살펴
주세요. 아이가 학교에서 공부 때문에 외롭지 않도록 부모님이 반
드시 해야 할 중요한 과제입니다.

학습만화라도 쥐어주고 싶은가요?

"학습만화 읽혀도 될까요?"

"학습만화라도 읽혀볼까요?"

맘카페나 교육 커뮤니티에서 자주 보이는 질문 중 하나입니다. 대체적으로 이 질문에는 "이렇게라도 하면 아이가 책을 읽게 될까요?"라는 간절한 마음이 담겨 있습니다. 부모는 책의 중요성을 알지만, 아이는 야속하게도 부모가 책을 권하는 마음을 몰라줍니다.

학습만화라도 읽히고 싶은 마음은 어떻게든 아이에게 책과의 접점을 만들어주고 싶은 부모의 마지막 타협점 정도로 느껴집니다. 아이가 만화를 보면서 조금이나마 공부를 할 수 있으면 하는 부모의 간절함도 느껴지고요. 학습만화에 관해서는 의견이 분분합니다. 부정적으로 보는 시각도 많지만 학습만화를 통해 책의 재미를 알게 되고 학습도 알차게 챙길 수 있었다는 경험담도 분명 있거든요. 무엇이 맞는 걸까요?

학습만화를 책의 재미와 학습으로 연결시키는 아이들은 분명 있습니다. 물론 많지는 않지만요. 일단 이 아이들은 만화에 내포 된 학습 내용을 이해할 수 있는 기본적인 머리가 있습니다. 우스 갯소리로 그 아이가 내 아이가 아닐 뿐이지요. 그래서 저는 학습 만화의 장단점에 초점을 맞추기보다는 학습만화라도 쥐어주고 싶 은 부모의 심리에 초점을 더 맞추고 싶습니다. 그 부모님의 마음 깊이 어떤 심리가 숨어 있는지 자세히 들여다보시면 좋겠습니다. 아마 다음 3가지 마음이 있을 것 같습니다.

첫 번째 심리, 학습만화로 책의 재미를 알면 좋겠다?

학습만화를 아이의 취미로 존중하면 괜찮습니다. 아이에게 학습 만화를 쥐어주고 싶은 이유가 책의 재미를 알기 바라는 경우라면 큰 갈등은 없을 거예요. 어릴 때 만화책을 좀 읽어본 분이라면 아 실 겁니다. 읽지 말라고 해도 읽게 되지요. 얼마나 재미있는지 시 간 가는 줄 모르고 계속 읽고 싶어집니다. 단, 문해력 향상이나 학 습 효과를 욕심내면 안 됩니다. 취미 생활로 존중해주는 것이 맞 습니다. 휴대폰으로 게임하는 것보다 학습만화를 읽는 것이 더 낫 다고 생각하는 경우가 바로 이 경우입니다. 아이의 취미 생활로 학습만화 읽기를 인정하고 존중하는 것이죠. 이럴 경우 아이와의 큰 갈등은 없습니다.

두 번째 심리, 학습만화로 문해력을 키우면 좋겠다?

솔직히 과한 욕심입니다. 학습만화를 통해 문해력을 키우기는 힘듭니다. 학습만화는 글보다는 이미지로 구성된 책이므로 글 해석 능력을 키우기 어렵습니다. 상상력을 키우는 것도 한계가 있습니다. 만화로 이미 상황을 제시하고 있기 때문에 머릿속으로 아이가 상황을 상상하는 일은 잘 일어나지 않습니다. 수동적으로 받아들이게 됩니다. 이 한계를 알고 있어야 학습만화를 열심히 읽었는데 왜 아이의 문해력이 향상되지 않은지 고민하는 일이 없어집니다. 아이와의 갈등도 당연히 줄어들고요. 문해력은 글로 된 책에서 얻어집니다. 학습만화를 통해 아이의 머리를 잠깐 식힐 수는 있겠지만 그 이상을 바라는 것은 욕심일 수 있습니다.

세 번째 심리, 학습만화로 학습을 할 수 있으면 좋겠다?

가능하지만 학습의 깊이는 기대하지 마세요. 만화 앞에 '학습'이라는 단어가 붙어 있어서 어느 정도 학습이 될 수는 있습니다. 다만 깊이 있는 학습이 되기에는 한계가 있다는 점 역시 인정해야 합니다. 아이가 학습만화를 읽고 이려운 단어를 이야기하고 간단하게 설명할 수 있다고 해서 아이가 수준 높은 학습을 했다고 생각하지 않으셨으면 합니다. 자세히 살펴보면 원인 없는 결과만 나열하는 경우가 많으니까요. 깊은 지식은 눈으로 훑어서 습득할 수 없습니다. 만화로 읽는 지식이 깊이가 깊을 것이라고 생각하지는 않으시죠? 한 번 읽고 얻게 되는 지식은 그 깊이에 한계가 있습니다. 학습만화를 읽으며 호기심을 갖게 되고 더 깊이 알 수 있는 책으로 옮겨 타게 된다면 제대로 된 학습 활동이 될 수 있겠지요. 반면, 학습만화만 전전한다면 깊이 있는 학습 활동은 어렵습니다. 학습만화를 통해 학습을 했다는 아이들은 얕은 지식을 얻은 경우나 깊이 있는 책으로 갈아탄 경우, 둘 중의 하나입니다.

저는 교실에서 학습만화에 빠져든 아이들을 굉장히 많이 봤습니다. 교실뿐 아니라 학교 도서관이나 집 근처 도서관에서도 학습만화 쪽에는 항상 아이들이 바글바글합니다. 그 아이들을 보며 학습만화가 굉장히 중독성이 강하다는 것을 알게 되었습니다. 더 문제는 아이들이 학습만화를 보면서 공부를 하고 있다고 스스로 착각하고 있다는 점이었습니다. 만화를 읽는다고 생각하는 것이 아니라, 학습을 하고 있다고 생각하는 아이들이 많았습니다. 그래서 정말 학습이 되었는지 물어보면, 글보다는 그림 위주로 본다고 실토했고 그냥 재미로 본다는 것을 스스로도 인정했습니다.

학습만화는 그저 재미로 접근하시면 좋겠습니다. 학습만화를 쥐어주고 싶을 때 학습을 욕심 내거나 문해력 향상을 꿈꾼다면 아이와의 갈등은 피하기 어려울 수 있습니다. 학습만화로 아이를 책의 세계와 학습의 세계로 초대하기 위해서는 많은 전략이 필요할 것입니다. 이 또한 부모가 주도권을 가지고 있기에 그 한계도 분명할 것이고요. 학습만화가 꼭 나쁘다고 생각하지는 않습니다. 학습만화를 쥐어주면서 학습과 문해력을 꿈꾸는 부모의 마음이 아이를 힘들게 한다고 생각합니다.

아이의 글쓰기, 부담감을 없애야 합니다

"글 쓰기 쉬우세요?"

책 많이 읽으시냐는 질문에 쉽게 대답 못하는 부모님이시라면 글쓰기에 대한 답은 더 어려울 겁니다. 책 읽기와 글쓰기는 다르죠. 사실 책 읽기는 생각보다 쉬운(?) 활동입니다. 주어진 텍스트를 이해하거나 내 생각과 비교해서 읽으면 되니까요. 물론 책 읽기가 쉬운 활동은 아닙니다만, 글쓰기에 비하면 굉장히 쉽게 느껴집니다. 글쓰기는 아무것도 없는 빈 공간에 자신의 생각을 하나하나 채워가는 과정이라 글을 쓰는 내내 막막하지요. 나 혼자 보고 마는 글이라면 부담이 덜하겠지만 다른 사람들이 읽는 글을 쓸 때면 부담감이 굉장히 큽니다. 글쓰기가 쉬운 사람은 과연 몇이나 될까요? 단언컨대 별로 없을 것입니다. 글을 잘 쓰는 사람은 있겠지만 글쓰기가 쉽다고 생각하는 사람은 많이 없을 것입니다. 하물며 우리 아이들은 어떨까요?

글쓰기, 부모도 아이도 어렵다

가정에 따라 좀 다르겠지만, 대부분의 아이들은 초등학교 1학년 때 그림일기를 시작하며 글을 쓰게 됩니다. 이때부터 부모와 아이의 글쓰기 실랑이가 벌어지기도 하지요. 글을 쓰고 싶지 않은 아이와 쓰게 하려는 부모 사이의 실랑이, 더 잘 썼으면 하는 부모와 대충 쓰는 아이와의 실랑이가 대표적이라고 할 수 있습니다. 여기에 맞춤법까지 끼어들면, 아이도 부모도 글 쓰는 시간이 여간 힘든 게 아닙니다. 이제 겨우 글쓰기 첫 단추를 끼우는 시기인데, 즐거움까지는 바라지 않지만 고통스러운 시간이 펼쳐진다면 앞으로 아이의 글쓰기는 어떻게 될지 걱정이 앞섭니다. 글쓰기를 익히려면 역시 학원에 가야 하는 걸까요? 학원에 가면 아이의 글쓰기는 정말 나아질까요?

저도 학교에서 아이들의 글쓰기 지도를 여러 해 동안 해왔습니다. 처음에는 어디서부터 손을 대야 할지 막막했습니다. 고학년인데도 맞춤법이 엉망인 아이들이 꽤 있었고, 더 힘든 순간은 암호 수준인 아이늘의 글씨체를 해독할 때였습니다. 세월이 흐를수록 아이들의 글 분량은 점점 짧아졌고 이마저도 안 쓰는 아이들이 많아졌습니다. 뭔가를 써보자고 하면 아이들은 "쓸 것이 없다, 생각이 여기까지밖에 나지 않는다"고 하거나 '좋았다, 행복했다'와 같은 아주 단순한 느낌만 나열했습니다. 도대체 무엇이 문제일까? 어떻게 하면 아이들이 글을 쓰게 할 수 있을까? 좋은 글은 둘째치고 어떻게 하면 아이들이 글을 쓰게 할 수 있을지가 가장 큰 목표가 되었습니다. 글을 잘 쓰는 것 이전에 글을 쓰고 싶다는 마음이 드는 것이 먼저였으니까요. 그럼 아이들에게 글을 쓰게 하려면 어떻게 해야 할까요? 집에서 실천할 수 있는 가이드를 제시합니다.

글쓰기, 자신에게 말을 거는 시간

아이들이 글을 쓰고 싶게 하려면 부담감을 없애주는 것이 가장 중요합니다. 먼저 편안한 마음이 들게 하는 것이지요. 누군가에게 글을 보여주는 것 자체가 사실 부담스럽습니다. 평가까지 받는다면 그 부담감은 더할 테고요. 아이가 첫 글쓰기를 시작했을 때 부모님이나 선생님이 아이의 글을 평가한다면 아이는 어떨까요? 즐거움보다는 부담감이 가장 먼저 자리할 것입니다. 아이는 이제 막 처음으로 말이 아닌 글로 자신의 생각을 펼치는 것입니다. 당연히 서투르지요. 말이 아닌 글로 표현해야 해서 더 어려울 수밖에 없습니다. 이 사실을 먼저 인정하셨으면 합니다.

글쓰기가 서투르고 어렵기 때문에 옆에서 하는 조언조차 부담이 될 수 있습니다. 그냥 아이가 자신을 잘 들여다볼 수 있도록 함께 대화를 하면 좋습니다. 이때도 아이의 글을 이끄는 부모로서가 아니라 아이의 마음을 읽어주는 부모로 이야기를 나눠보세요. 아이가 어떤 일에 대해 쓴다고 하면 다음 아래 표에서와 같이 그 일에 대한 자신의 생각을 자세히 들여다볼 수 있도록 질문해주시고 대화를 나눠보세요.

글쓰기 때 아이에게 해줄 수 있는 질문
그 일에서 특별히 기억에 남는 점이 있었니?
왜 기억에 남았을까?
그때 네 마음은 어땠니?
다음에 또 이런 일이 생긴다면 어떻게 행동하고 싶니?
이 일을 통해 깨달은 사실이 있니?

표현력보다는 무엇을 쓰려고 하는지, 이 일을 통해 무엇을 느꼈는지 등 자신의 생각을 들여다보는 것에 더 집중하게 해주세요. 처음에는 짧게 표현할 수 있습니다. 표현력의 한계가 있으니까요. 중요한 것은 아이의 생각입니다 그 생각을 들어주고 존중해주세요. 그러면 자신의 생각을 깊숙이 들여다보는 법을 알게 되고 무엇보다 자신에 대해 더 잘 알게 됩니다. 이렇게 길러진 힘은 결국

글로 연결됩니다. 생각이 넘치면 표현하고 싶어지거든요. 따라서 표현력을 키우기 전에 자신의 생각을 들여다보는 시간이 먼저 필요합니다. 아이가 글을 쓰는 것이 자신에게 말을 거는 시간이 될 수 있도록 차분하게 지켜보고 부담은 주지 마시길 바랍니다. 그래야 자신의 것을 표현합니다.

아이의 글을 있는 그대로 인정한다

글을 쓰는 일은 즐거워야 합니다. 시키지 않아도 말하고 싶은 것처럼 시키지 않아도 쓰고 싶어야 하죠. 그 즐거움을 뺏으면 안 됩니다. 아이가 즐겁게 글을 쓰기 위해서 무엇을 해주면 좋을까요? 아이의 글 쓰는 행위가 외롭지 않도록 따뜻한 관심을 가지고 읽어주면 됩니다. 그리고 거기서 멈추지 않고 표현합니다. 글의 내용을 평가하는 것이 아니라 글의 내용을 함께 나누는 것이죠. 마음장 (299페이지 참고)을 통해 아이와 마음을 나누는 것처럼 아이의 글을 통해 마음과 생각을 나누는 것입니다.

마음장과 아이의 글쓰기를 따로 떨어뜨리지 마세요. 글은 아이의 생각과 마음을 드러내는 수단입니다. 글을 고치려는 마음, 평가하려는 마음은 꾹 참고, 글을 아이와 생각과 마음을 나누는 통로로 사용해보세요. 말로 대화할 때와 글로 대화할 때가 사뭇 다르다는 것을 느끼실 것입니다. 글은 말에 비해 생각하는 시간이

깁니다. 기록이기에 더 신중하기도 하지요. 이 기록은 추억이 되어 다시 돌아옵니다. 아이의 생각과 마음이 담긴 글에 부모님의 생각과 마음을 댓글을 달며 서로의 글을 함께 나눠보는 시간을 가져보세요. 그러면 글쓰기 시간이 행복한 시간이 됩니다.

교실에서 아이들의 글에 댓글을 달아주면서 항상 느낍니다. 아이들은 자신의 글을 받아갈 때 선생님이 어떤 말을 써줬는지 궁금해하며 설레는 표정을 짓습니다. 아이들과 글을 함께 나누는 시간 동안 아이의 마음과 생각, 글쓰기 실력뿐 아니라 저의 생각과 글쓰기까지 성장하는 것을 맛봤습니다. 이제는 부모님께서 그 기쁨을 맛보시길 바랍니다. 무엇보다도 아이와의 관계도 돈독해질 것입니다.

진정성 있는 글이 콘텐츠가 된다

아이의 글쓰기에서 글쓰기 스킬은 우선순위가 아닙니다. 가장 먼저 할 일은 아이가 쓰고 싶은 말을 막지 않는 것입니다. 아이의 서투른 글을 포용하는 것은 정말 중요합니다. 자꾸 다듬어주고 만지고 싶은 마음은 넣어두세요. 부모님 생각만큼 향상되지 않는다 해도, 아이 자신의 생각이 드러난 글을 쓰고 있다면 언제든지 부족한 표현력을 채울 수 있습니다. 절대 조바심은 내지 마세요. 그래야 아이의 글쓰기가 힘 있는 글로 성장해 콘텐츠가 됩니다.

누구나 쓸 수 있는 글은 이제 더 이상 통하지 않습니다. 투박하더라도 자신의 생각이 살아 있는 글, 다른 사람과는 다른 시선으로 세상을 읽는 눈이 필요한 세상입니다. 글은 그것을 나타내는 도구일 뿐이지요. 그러니 글을 쓰는 스킬에 너무 집착하지 마세요. 글을 써 내려가는 힘과 많이 읽히는 글의 힘은 글의 형식이 아닌 내용에 있습니다. 그것은 어디서 배울 수 있는 것이 아니라 아이들의 마음과 생각에 있습니다. 그러므로 세상을 보는 눈과 세상을 해석하는 힘이 글쓰기에서도 가장 중요합니다. 폭넓고 깊은 독서가 중요한 이유이기도 하지요. 자신의 지식과 경험을 통해 느낀 점을 투박하게 쓰더라도 진정성이 느껴지는 글은 힘 있게 다가갑니다. 형식보다는 알맹이가 있는 글이 널리 퍼져나갑니다. 내 아이의 글쓰기 스킬보다 내 아이의 생각에 더 집중하시길 바랍니다. 그것이 글쓰기의 본질입니다.

아이는 다 너를 위한 것이라는
말의 허상을 압니다

'학생들은 우리 표정을 읽습니다. 마치 농부가 하늘을 보고 날씨를 예측하듯이, 학생들은 자신의 환경을 잘 압니다. 분위기, 습관, 결점 등을. 학생들은 그것을 능숙하게 이용할 줄 압니다. 친절함을 느끼고, 거짓을 알아차리고, 어떤 것이 엉터리인지 알아차립니다. 그것은 이미 여러 해 동안 그것을 관찰하고 연구해왔기 때문입니다.'

 - 야누스 코르착(교육자이자 소아과 의사, 작가, 심리학자, 아동인권 옹호의 선구자)

이 글귀를 접한 날 아찔했습니다. 아이들이 어려서 잘 모를 줄 알았는데 저를 이미 다 파악하고 있다니 말이죠. 그 뒤로 아이들 앞에 서면 부끄러워졌고 더욱 조심스러워졌습니다. 그런데 그 또한 얼마 못 가더군요. 결국 자신만의 방식으로 솔직하게 아이들과 만나는 것이 가장 자연스러운 방법임을 깨달았습니다.

솔직하지 못하면 아이들도 눈치를 채고 소통이 원활하지 않습니다. 자꾸 제 말이 아이들의 마음속으로 들어가지 못하고 허공에서 맴도는 것이죠. 이러면 1년 농사가 엉망이 됩니다. 학급을 운영할 때는 저에 대한 아이들의 신뢰와 아이들과의 진심 어린 소통이 가장 중요하기 때문입니다. 가정에서도 마찬가지겠지요. 부모님들은 아이와 얼마나 진심 어린 소통을 하고 있으며 아이에게 어떤 신뢰를 받고 있는지 이번에 한 번 돌아보시면 어떨까요?

내 눈은 아이를 향하고 있는가?

"인간은 응시에 의해 조각된다"는 말이 있습니다. 바라봐주는 것이 참 중요하다는 말이지요. 저도 교실에서 아이들을 시도 때도 없이 많이 바라봅니다. 아이가 힘이 있는지 없는지 기분이 좋은지 그렇지 않은지 파악합니다. 쉬는 시간에도 틈만 나면 아이들을 두루 살피는 것이 습관이 되었습니다.

아이들이 가장 좋아하는 것 중 하나가 눈을 맞추며 이름 불러주는 거예요. 저는 요즘 아침맞이로 이름 부르기를 하고 있는데, 한 명 한 명 눈을 맞추며 다정하게 이름을 불러줍니다. 이름만 불러주는 것이 아니라 머리를 잘랐으면 "와! 머리 잘랐네?"라고 이야기를 건네고, 어두운 색을 즐겨 입는 아이가 밝은 색 옷을 입고 오면 "와! 밝은 색 옷도 잘 어울리네"라고 하면서 꼭 이야기해줍니다.

이 활동이 중요한 이유는 바로 '내가 너에게 참 관심이 많다'는 것을 끊임없이 전하는 것이기 때문입니다. 매 순간 아이에게 관심을 쏟는 것은 불가능하기 때문에 초반에 아이와 신뢰를 구축하는 과정은 굉장히 중요합니다. '선생님께서 나에게 관심이 있구나!'를 알게 되면 아이의 마음은 움직일 수밖에 없거든요. 그래서 저는 아이를 되도록 많이 바라봐주고 그때그때 관심을 전달하려고 노력합니다. 거창하지 않아도 됩니다. 느낀 그대로 이야기합니다. 작은 관심이지만 이런 노력이 쌓이면 아이의 마음을 얻게 됩니다.

해볼 만하지 않나요? 평상시의 작은 관심이 쌓이고 쌓여야 아이를 학습 쪽으로 이끌어 가려고 해도 거부감이 없습니다. 부모님이 다른 분야에는 관심이 없다가 공부만 가지고 이야기하면 아이는 거부감을 느낄 수밖에 없거든요. 그러니 학습에 대한 관심을 보여도 아이가 불편하지 않도록 평소에 관심을 표현해야 합니다. 평상시 부모의 작은 관심이 아이가 사춘기를 잘 극복하는 데도 도움이 됩니다. 평상시 부모 자식 간의 관계가 바로 사춘기를 잘 극복하는 열쇠가 되기 때문이지요. 사신을 향한 따뜻한 관심을 싫어하는 아이는 단 한 명도 없습니다.

나는 아이와 공부로도 소통하고 있는가?

평소에 아이 학습에 관심이 많고, 학습 이야기를 자주 하신다면 아이와 꼭 공부로도 소통해보세요. 공부는 아이의 몫이긴 하지만, 그 과정을 아이와 함께하는 것은 아이에게 중요합니다. 부모님이 내가 공부하는 순간을 함께해주시는 것이니까요.

아이가 애쓰면서 공부하고 있는데, 부모님은 휴대폰을 사용한다거나 TV를 보고 있으면 아이는 어떤 기분이 들까요? 부모님이 아이와 함께 그 자리를 지키며 할 일을 하는 것이 아이에게 좋다는 이야기입니다. 그것이 부모님의 공부라면 더욱 좋겠지요. 부모님은 공부하지 않으면서 아이에게는 "공부 열심히 해라, 다 너를 위한 일이다"라고 외치면 이 말은 허공에서 흩어질 뿐입니다.

아이는 다 지켜보고 있습니다. 그 좋은 공부를 왜 부모님은 하지 않는 것인지, 책이 좋다고 하면서도 책을 펼치지 않는 부모님을 보면서 아이는 어떤 생각을 할까요? 어릴 때 나도 많이 했다는 말은 아이에게 와닿지 않습니다. 지금 내 눈앞의 부모님 모습이 중요합니다. 아이는 말보다 행동에서 배웁니다. 아이와 함께 공부하며 시간과 공간을 나누면서 아이의 노력을 느끼는 것만으로도 아이에게 큰 힘이 된다는 것을 잊지 마세요.

주의할 점은 아이의 공부를 지켜보다가 공부 방식에 잔소리를 하거나 문제를 대신 풀어주는 일은 절대 하면 안 된다는 것입니다. 가장 좋은 방법은 같은 자리에서 각자의 공부를 하는 것입니다. 부모님은 본인들의 책을 읽거나 일을 하면 됩니다. 책은 아이만 읽어야 하는 게 아니니까요. 매일 그 시간을 함께하는 것은 힘드니까 아이가 공부 습관을 기르는 동안이나 공부로 지친 경우(슬럼프 시기)에 그 옆을 지켜주시는 것이 좋습니다. 아이의 옆을 지키는 것도 아이와의 관계가 좋을 때에나 가능합니다. 옆에서 함께하는 부모님을 오히려 감시한다고 아이가 느낀다면 역효과가 날 수밖에 없습니다. 정말 아이와 공부로 소통한다는 마음으로 그 시간과 공간을 함께해주세요. 그 시간이 쌓이고 쌓여서 아이는 더 깊은 학습을 할 수 있게 됩니다.

정말 내가 아닌 내 아이를 위하고 있는가?

'내가 내 아이를 위하지 않는다면 누가 내 아이를 위한단 말인가?' 라는 반발심이 들 수도 있습니다. 하지만 부모와 자식 간에 느끼는 감정은 다른 관계에 비해 그 깊이가 훨씬 깊어서 좀 더 자세히 들여다봐야 합니다. 가끔 '이 일이 정말 내 아이를 위한 것인가?' 라는 질문을 스스로에게 던질 때가 있지 않으세요?

저는 교직에 있으면서 이 생각을 참 많이 했습니다. 나는 참 열심히 하는데 제자리에서 맴도는 것 같은 아이들을 바라보며 아속할 때가 있었고, 아이들을 위한다면서 결국 화를 내고 있는 저를 보며 자괴감이 든 적이 많았습니다. 나중에야 그 충돌의 실체를 파악하게 되었습니다. 그것은 교사인 나의 '욕심'과 아이의 '성장' 간의 충돌이었습니다. 겉으로는 아이의 성장을 위한 일로 보였지만, 아이들과의 갈등이 자꾸 생기는 이유를 자세히 들여다보니 저의 욕심이 더 크게 작용하고 있다는 사실을 알게 되었습니다. 제 욕심은 제가 조절할 수 있지만, 아이의 성장은 제 몫이 아니라 아이의 몫이기에 그 후로는 어떤 일을 하기 전에 항상 스스로에게 묻습니다. '나의 욕심인가? 아이의 성장을 위한 일인가?' 사실 두 가지 마음이 뒤섞여 있는 경우가 많지만, 이 질문은 던져면서 아이들과의 갈등을 많이 피할 수 있었습니다.

부모님께서도 자신의 마음을 잘 들여다보셔야 합니다. 다른 아이의 성공적인 경험담을 보고 내 아이가 따라 하면 좋겠다고 시도할 때 본인 욕심이 앞설 때가 있습니다. 그때 아이의 성장은 뒤로 가는 경우가 많습니다. 아이는 아이만의 속도와 상황과 성향이 있습니다. 내 아이에게 맞게 교육 방법을 적용할 때 제대로 성장할 수 있습니다. 이걸 찾는 것이 참 힘들지만, 옆에서 아이를 지켜보는 부모님만이 잘 찾을 수 있습니다. 부모님이 끊임없이 공부하고 성찰해야 하는 이유입니다. 공부하고 성찰하는 것, 바로 부모님이 아이의 공부를 돕기 위해 해야 하는 가장 중요한 일이 아닐까요?

아직 오지 않은 미래에 아이의 현재를 저당잡히지 마세요

"미래 하면 뭐가 떠오르세요?"

　　준비된 사람에게는 희망과 기회가 먼저 떠오를 수도 있고 SF를 좋아하는 사람은 기술이 굉장히 발달한 세상이나 신나는 세상이 떠오를 수도 있을 것 같습니다. 그러나 많은 사람들은 미래란 말을 들으면 '불안'이라는 단어를 함께 떠올릴 것입니다. 당연합니다. 알 수 없기 때문이죠. 미래라는 단어 자체에 미지에 대한 불안이 자연스럽게 내포되어 있다고 생각합니다. 그런 점에서 많은 부모님이 아이의 공부를 돕고 있습니다. 불안하기 때문에 준비하고, 그 준비를 통해서 희망을 꿈꾸는 것입니다. 그런데 문제는 언제나 '지나침'인 것 같습니다.

속도전 vs. 지속 가능한 공부

요즘 저는 '과유불급'이라는 말을 자주 떠올립니다. '과유불급(過猶不及)'은 '넘치는 것은 모자람만 못하다'라는 뜻의 사자성어입니다. 최근 몇 년 사이 교실에서 많이 봤던 아이들의 대체적인 모습은 학습에 지쳐 있고, 호기심이 없고, 제대로 알지 못하면서 안다고 착각하고 있는 것이었습니다. 이런 아이들을 지켜보며 '차라리 공부하지 않았으면 어땠을까?' 하는 아쉬움이 많이 들었습니다. 아이의 인생은 생각보다 무척 깁니다. 앞으로 아이가 공부할 시간이 굉장히 길다는 뜻입니다. 그런데 요즘 아이들을 보면 내일이 오지 않을 것처럼 현재에 모든 것을 쏟아붓는다는 생각이 듭니다. 물론 몰입하고 집중하는 것은 좋은 학습 태도입니다. 다만 가까운 미래에 필요하지 않는 지식을 쌓느라 아이들이 남은 공부 에너지까지 모조리 쏟아붓고 있는 현실이 매우 안타깝다는 것입니다.

여기서 '가까운 미래에 필요하지 않는 지식'이란 남이 만들어놓은 지식으로, 공부하는 사람이 더 이상 의문을 가지지 않는 지식입니다. 공부를 하면 자꾸 의문이 생기고 그 의문에 자신의 생각을 더해가며 적극적으로 공부를 해야 하는데, 아이들은 어떤 의문도 품지 않고 결과만 알 뿐 더 이상 나아가지 않는 공부를 지금 하고 있습니다. 앞으로는 다른 사람이 만든 정답을 찾는 공부보다 의문을 품고 자신의 생각을 만들어가는 공부가 훨씬 중요한 세상이 펼쳐질 것입니다. 호기심과 의문이 있어야 지속 가능한 공부를 할 수 있습니다. 호기심과 의문은 절대 속도에서 나올 수 없습니다. 아이들이 스스로 기획하는 시간의 여백에서 나옵니다. 그런데 현실은 이와는 반대입니다. 속도와 학습량에만 치중해 남보다 빠르고 눈에 확실하게 보이는 양적 성장 공부에 편중된 현실이 안타까울 뿐입니다.

항상 아이의 이야기를 들어주는 것

학교 현장에 있으면서 현재의 공부에 지쳐 있는 아이들을 많이 봐 왔습니다. 학부모 상담 주간에 학부모님에게도 원하는 상담 내용을 묻지만, 아이들에게도 선생님이 부모님에게 전달해주기를 원하는 내용이 있으면 알려달라고 묻습니다. 아이들은 대체로 공부 이야기를 가장 많이 합니다. 현재 학습량이 많다거나 학원 수를 좀 줄여주면 좋겠다는 요청이 대부분이었습니다. 이 부분에서 부모님은 좀 억울할 수도 있을 것입니다. 학습량이 별로 많지도 않은데 아이들이 자꾸 줄여달라고 한다는 말씀을 하시죠. 하지만 공부를 하는 주체는 아이이므로, 아이의 생각을 들어봐야 합니다. 학원에 가거나 책상에 앉아 있다고 해서 그 시간이 아이가 진짜 학습하는 시간은 아니니까요.

아이들은 의지와 에너지가 있어야 배운 내용을 제대로 소화합니다. 학부모 상담에서 아이의 뜻을 전하면 부모님들도 많은 생각을 하십니다. 실제로 상담 후 아이들에게 고맙다는 이야기를 많이 들었습니다. 아이의 요청을 들어준 분들도 계셨고, 꼭 학원 수나 학습량을 줄이지 않았더라도 아이들 말에 귀 기울여주는 부모님의 태도에 아이들은 좋아했습니다. 조금 더 자유시간이 늘었다는 말도 심심찮게 들었습니다. 믿음이 낳은 결과입니다. 아이들에 대한 믿음이죠. 믿음을 받고 자라는 아이는 절대 멀리 가지 않습니다.

중요한 것은 아이가 말할 때 부모님이 그 이야기를 들을 자세가 항상 되어 있다는 사실을 아이들이 아는 것입니다. 제가 아이들에게 그 믿음을 심어주는 것에 많이 힘쓰는 이유입니다. 아이들이 바라는 것은 생각보다 소박합니다. 공부를 안 하겠다는 것이 아니라 자신들이 쓸 수 있는 시간도 좀 달라는 것입니다. 자기 생활인데 누군가가 촘촘하게 시간을 모두 짜놓는다면 아이들은 당연히 자신의 시간에 목마를 수밖에 없습니다.

자유 시간이 필요한 이유

아이들이 자신의 시간을 계획할 수 있는 기회를 주세요. 이 시간에서 호기심과 의문이 싹 틉니다. 이 시간이 모여 아이는 자신만의 색깔을 내는 공부를 하게 됩니다. 저도 학교에서 자투리 시간에는 아이가 자유롭게 쓸 수 있는 시간을 줍니다. 다른 사람에게 피해를 주지 않는 범위에서 자신이 하고 싶은 일을 하도록 합니다. 그럼 각자 좋아하는 일을 하죠. 그림을 그리거나 책을 보거나 퍼즐을 맞추거나 만들기를 하거나 아이들 각자 좋아하는 일을 눈치 보지 않고 합니다. 좋아하는 일에 몰두하는 모습은 정말 반할 정도입니다. 그런 시간이 주어진 후 수업에 들어가면 아이들의 집중력이 몰라보게 달라져 있습니다. 아이들에게 자유 놀이나 자유 시간이 중요한 이유입니다.

아이들의 에너지는 한계가 있습니다. 놀이터에서 날 새워 놀 것처럼 놀지만 결국 시간이 지나면 지쳐서 집으로 돌아가죠. 그날은 곯아떨어져 잘 잡니다. 다음날 자고 나서 충전된 에너지로 아이는 다시 놀이터에 가서 신나게 놉니다. 놀이도 이럴진대 공부 에너지는 더 말할 것도 없습니다. 공부가 재미있어서 하는 아이들도 양이 많고 시간이 길어지면 힘들어 합니다. 아이의 공부 에너지를 한꺼번에 다 꺼내서 쓰지 마세요. 공부가 재미있지는 않아도 적어도 지긋지긋할 정도로 싫어지는 것만큼은 막아야 하지 않겠습니까? 평생 공부해야 하는 아이들입니다. 공부를 많이 해서 쌓은 지식과는 비교도 안 될 만큼 중요한 것이 있습니다. 다음에도 공부하고 싶다는 마음을 남겨두는 것입니다.

저학년일수록 자유 놀이의 비중이 커야 합니다. 저학년부터 학습에 너무 치중하면 공부 에너지를 초반에 다 써버리는 것입니다. 너무 어린 나이부터 속도전 학습을 하면 안 되는 이유입니다. 잠깐만 공부하고 그만둘 아이들이라면 바짝 꺼내서 쓰는 것도 나쁘지 않겠지만, 앞으로 이 아이들은 평생 자신을 변화시키고 공부해야 하는 시대를 살아야 할 운명입니다. 아이들에게 필요한 것은 많은 양의 지식이 아니라 지치지 않고 끊임없이 새로운 것을 배우려는 태도입니다.

이런 태도를 기르기 위해 아이들에게 무엇을 줘야 할까요? 지금 바로 떠올려봐도 긴 공부 시간과 많은 학습량은 아닐 것입니다. 아직 오지 않은 불안한 미래 때문에 아이의 현재 공부를 저당 잡히지 마세요. 현재 공부에 여백과 에너지를 남겨주세요. 휴식을 취해야 놀 수 있는 것처럼, 현재의 공부에도 여백을 줘야 미래를 위한 진짜 공부의 길이 펼쳐집니다. 아이에게 시키는 공부가 아니라 스스로 좋아하는 공부를 할 수 있는 기회와 시간을 꼭 제공해주세요. 그 과정에서 자신을 알아가면서 자신만의 색깔을 내는 공부를 할 수 있습니다. 이때가 아이가 스스로 진짜 공부를 시작하는 시점입니다.

온라인 학습은 상호작용에
한계가 있습니다

"책은 펴기 어렵고, 스마트 기기는 끄기 어렵지 않나요?"

요즈음 온라인 학습 많이 하시죠? 어쩔 수 없이 하게 된 경우도 많지만 온라인 학습의 장점 때문에 자발적으로 이용하는 가정도 많아진 것 같습니다. 아이의 교육을 겨냥해서 많은 온라인 콘텐츠가 쏟아지고 온라인 학습 도구도 나날이 발전합니다. 가격도 따져보면 나쁘지 않습니다. 21세기에는 스마트한 기기로 아이의 학습을 보조해야 할 것 같기도 합니다. 온라인 학습 세계를 잘 모르면 뒤처진 것 같은 느낌도 들고, 온라인 학습으로 아이의 학습 효과를 봤다는 글을 보면 여러모로 편리하고 접근성이 좋은 온라인 학습에 관심이 생길 수밖에 없습니다. 그러나 결론부터 말씀드리면 아이에 따라 학습 효과가 많이 차이 나는 것이 바로 온라인 학습입니다. 기존의 오프라인 방식의 배움과는 달리, 온라인 학습은 도구로 진행되어서 이 도구를 다루는 사람에 따라 그 효과가 굉장히 차이가 납니다. 자신의 확실한 목표를 가지고 도구를 활용하는 사람과 그렇지 않은 사람 간의 차이가 굉장히 클 수밖에 없다는 것이죠. 그 한계를 먼저 인정하고 온라인 학습에 접근해야 내 아이의 공부에도 도움이 됩니다.

온라인 학습의 장점과 단점

온라인 학습의 가장 큰 장점이 무엇인가요? 바로 접근성입니다. 어디서든 스마트 기기만 있으면 접속할 수 있습니다. 따로 시간 맞춰서 어디 갈 필요가 없지요. 또 올라온 콘텐츠는 가격을 지불하면 오랜 기간 볼 수도 있습니다. 정해진 시간이 있다고 해도 그 기간이면 여러 번 학습하기에 충분합니다. 듣다가 놓친 부분은 다시 돌려서 볼 수도 있지요. 오프라인 수업에 비해 굉장한 장점인 데다 참 편리합니다.

첫 번째 문제는 바로 이 편리성에 있습니다. 언제든 접근 가능하고 콘텐츠를 접할 수 있기 때문에 학습 의지가 느슨해집니다. 지금 바로 배울 필요가 없어지는 것입니다. 불편함을 감수한 뒤에야 뭔가를 제대로 얻을 수 있듯이 너무 편리한 것은 오히려 학습에 해가 될 수 있습니다. 긴장감과 절박함이 사라지기 때문입니다. 지금 아니면 안 되는 것이 아니니까요. 그러다 보니 자꾸 미루게 되고 우선순위가 뒤로 밀리게 됩니다. 물론 온라인 학습 도구인 스마트 기기의 편리성에 비하면 이 단점은 사실 작은 수준이지만요.

스마트 기기는 한 번 켜면 끄기 힘들 정도로 엄청난 매력이 있습니다. 유혹거리도 헤아릴 수 없이 많다는 것이 두 번째 문제입니다. 학습을 하려고 스마트 기기를 켰는데 이것저것 기웃대다 보면 애초에 왜 접속을 했는지 잊어버리기도 일쑤입니다. 시간은 어찌나 잘 흘러가는지 뭐 하나 한 것도 없이 빠르게 흘러버린 시간을 보면 죄책감이 들 때도 많습니다. 이 부분 때문에 아이들과 부모님 사이에 갈등이 많이 벌어질 것입니다.

학교에서도 스마트 기기로 인해 아이들의 문제점이 많이 부각됩니다. 많은 아이들이 하교와 동시에 휴대폰을 바로 켜고 학원 차 대기 시간에 게임을 하거나 유튜브를 보거나 친구와 채팅을 합니다. 이런 모습은 아이들에게 그냥 자연스러운 일상입니다. 학습에 많은 도움을 줄 수 있는 스마트 기기가 이렇게 아이들의 놀잇감으로 일찌감치 자리 잡은 것은 스마트 기기의 중독성 때문이겠지요.

세 번째 문제는 스마트 기기로 정보를 쉽게 검색할 수 있어서 생각하는 힘도 약해진다는 것입니다. 언제든 쉽게 검색할 수 있어서 머릿속에 정보를 담아둘 일이 없는 것입니다. 멈춰서 생각하기에는 검색 속도도 빠르고 연관 검색어도 참 많습니다. 나를 위한 추천 알고리즘은 또 어떠한가요. 스마트 기기는 갈수록 진화할 것입니다. 더 강력한 기기로 진화할 테죠. 애초에 스마트 기기의 강력한 중독성은 아이 스스로 끊어낼 수 없는 것입니다. 어른도 힘이 드는걸요. 내 아이의 온라인 학습이 진정한 학습으로 이어질 수 있도록 많은 고민이 필요한 지점입니다.

온라인 상호작용 vs. 오프라인 상호작용

온라인 학습을 통해 서로 상호작용은 가능합니다. 요즘은 실시간 쌍방향 수업도 많이 하고 있습니다. 그런데 온라인으로 학습해본 적 있으세요? 집중이 잘 되던가요? 내가 뭔가 적극적으로 참여하지 않으면 그 지루함은 오프라인과 비교할 정도가 아닙니다. 지루하고 느슨하며 집중하기 참 힘듭니다. 내가 딴짓을 해도 상대방이 쉽게 알아차리기도 힘들죠. 아무리 쌍방향이고 적극적으로 참여한다고 해도 오프라인에 비할 바가 아니라는 것을 온라인 학습을 해본 사람은 모두 알 것입니다. 하물며 아이들은 어떨까요? 현재로서는 아이들의 관심을 지속적으로 잡아두기에는 한계가 있습니다. 따라서 아이들의 집중력을 유지시키기 위해 온라인 학습에 더 많은 연구가 필요할 것입니다.

아이들은 서로 만나야 합니다. 직접 대면하며 상호작용을 통해 많은 것을 배울 기회가 필요합니다. 의사소통 능력과 협업 능력은 21세기에 중요한 역량으로 꼽히는데, 이런 능력을 온라인 학습으로 기르기는 힘듭니다. 자기주도학습은 어떤가요? 온라인 학습은 이미 잘 설계된 내용으로 채워져 있어서 아이들이 학습 주도권을 펼치기 힘듭니다. 온라인 학습에서는 잘 차려진 학습 내용을 소화하면 됩니다. 제시된 문제를 잘 풀고 잘 짜인 프로그램의 안내에 맞춰 따라가면 되는 방식이 많습니다. 아이가 스마트 기기 앞에 스스로 앉아 풀고 있다고 해서 자기주도학습을 하고 있다고 착각하면 안 되는 이유입니다. 진정한 자기주도학습을 하기 위해서는 검색을 넘어서 사색을 해야 합니다. 스마트 기기를 멈추고 자신을 들여다보고 학습을 돌아보는 과정이 꼭 필요합니다.

아이의 의지와 능력에 따라 온라인 학습 성과가 좌우된다

아무리 도구가 뛰어나고 기술이 발달한다고 해도 그것을 다루는 사람에 따라 도구는 한계가 있을 수밖에 없습니다. 뛰어난 도구가 있다고 해도 제대로 활용할 줄 모른다면 무용지물이 됩니다. 결국 온라인 학습의 성과는 기기를 사용하는 아이에게 달려 있습니다. 아이의 학습 의지와 준비된 학습 능력이 중요한 이유입니다. 오프라인 학습에 비해 더 큰 집중력이 필요하기 때문에 아이의 의지는 온라인 학습에서 더욱 중요합니다. 오프라인 학습 때보다 피드백 역시 쉽게 받을 수 없어서 준비된 학습 능력도 더 중요합니다. 온라인 학습을 소화할 수 있는 학습 능력을 가지고 있는지 없는지에 따라 아이마다 학습 효과가 다를 수밖에 없습니다. 온라인 학습 콘텐츠가 아무리 좋고 스마트 기기 성능이 제아무리 뛰어나다고 할지라도 내 아이가 준비되어 있지 않다면 학습 효과는 기대하기 힘듭니다.

정리하면, 온라인 학습의 전제 조건은 아이의 자발성과 학습 내용을 스스로 소화할 수 있는 능력입니다. 학습 의지가 있는 아이는 온라인 학습에 집중하는 정도가 다를 수밖에 없습니다. 이런 아이는 본인의 목표가 있어서 온라인 학습의 강점을 잘 활용할 수 있습니다. 내 아이가 온라인 학습을 잘 활용할 수 있는 아이인지 미리 잘 살펴보시고 온라인 학습을 시작하세요. 만약 아이의 의지와 학습능력이 충분하지 않다면 온라인 학습에 더 신중하게 접근하셨으면 합니다.

PART 2

아이의 진짜 공부

Chapter 1

진짜 공부 워밍업

아이의 공부 숨통을 열어주세요

"공부가 지긋지긋해요. 더 이상 공부하기 싫어요!"

아이에게 이 말을 갑자기 듣게 된다면 어떠실 것 같으세요? 시기에 따라 조금 다르게 다가올 수 있을 것 같은데, 한창 공부해야 할 나이에 아이가 공부하기 싫다고 선언한다면 그 충격은 이루 말할 수 없을 것 같습니다. 요즘은 아이들이 학습을 시작하는 시기가 굉장히 빨라져서 어린 나이임에도 학습 피로감이 계속 쌓여 있습니다. 게다가 공부는 잠깐만 하는 것이 아니라 평생 해야 하는 삶의 과제이기도 합니다. 학창 시절 잠깐 공부하고 말 것이 아니므로, 아이의 공부 숨통이 잘 열려 있어야 합니다. 공부 숨통을 잘 열어놓아야 본격적인 학습이 시작되는 시기에 나가떨어지는 일이 없어집니다.

어떻게 아이의 공부 숨통을 열어줄 수 있을까요? 교실에서 아이들이 질리지 않게 공부를 계속할 수 있도록 사용하는 방법이 있습니다. 방법이라기보다는 방향에 가까울 수 있습니다. 이때도 가장 중요한 것은 아이의 성장에 대한 믿음입니다. 아이는 성장 욕구를 가지고 태어나며 누구보다 성장하고 싶어 하는 하나의 인격체라는 사실을 잊지 마세요.

부모의 확인을 최소화한다

확인하려는 순간, 즐거움은 곧 부담이 됩니다. 아이를 돕기 위해 잠깐 확인할 수 있을지 모르지만, 불필요한 확인을 하면 아이에게 부담을 주고 학습의 즐거움을 뺏는 일이 됩니다. 교실에서 대부분의 아이들이 가장 싫어하는 것이 뭔지 아세요? 바로 평가(시험)입니다. 얼마나 부담스러워 하는지 아이들의 반응에 항상 놀랍니다. 사소한 평가라고 해도 자신을 평가한다는 말을 하면 그 거부감은 참 크더군요. 부담 없이 보라고 이야기해도 아이들은 평가라는 말에 이미 마음이 굳어집니다. 아무리 편안하게 해주려고 해도 그것만큼은 제 뜻대로 되지 않습니다. 그래서 평가를 꼭 해야 할 때는 자연스러운 평가가 이루어질 수 있게 노력합니다. 수업 중에 아이의 모습을 관찰하거나 평가라는 말 없이 자연스러운 성장 과정을 포착하는 것 등이 그 예입니다.

그렇다면 불필요한 확인은 무엇일까요? 가정에 따라 다를 수 있지만, 저는 책을 읽는 것은 거의 확인하지 않습니다. 영어책이든 한글책이든 아이가 책을 즐겁게 읽도록 둡니다. 몇 권을 읽었는지 어떤 책을 읽었는지 되도록 기록하지 않습니다. 아이가 원해서 할 경우엔 그대로 두지만, 보상을 원하면 단호하게 거절합니다. 책을 읽어서 좋은 것은 본인이므로 굳이 보상을 할 이유도 없습니다. 보상을 바라고 읽는 책은 결국 큰 도움이 되지 않거든요.

수학도 개념을 제대로 이해하고 있는지 정도만 확인합니다. 개념을 물어보는 식인데, 아이와 대화하면서 어느 부분을 놓쳤는지 알게 하고 스스로 풀어갈 수 있도록 유도하는 것입니다(270페이지 참고). 수학의 경우 문제집이 필요하다고 생각하지만, 국어나 다른 교과의 경우 아이가 힘들어하거나 별로 도움이 되지 않는다고 판단되면 문제집을 과감하게 접을 필요도 있습니다.

국어 독해의 경우도 책을 읽고 어느 정도 이해하고 있는지 잠깐 확인하는 용도로는 독해 문제집을 사용할 수 있지만, 책보다 독해 문제집을 우선으로 하면 아이의 문해력은 크게 늘지 않습니다. 영어도 똑같습니다. 문제 푸는 요령과 기술은 늘지 모르나 결국 세상을 읽어내는 힘은 약해집니다. 물론 문제집을 통해 아이의 학습 상태를 확인해 가지치기를 하는 과정도 분명 필요합니다. 하지만 너무 많은 확인 작업은 아이에게 부담만 줄 뿐입니다.

멍 때리는 시간이 필요하다

멍 때리는 시간이라고 하면 조금 웃기게 다가오지요? 여기서 말하는 '멍 때리는 시간'은 아이의 자유 시간과 맞물려 있습니다. 이 자유 시간은 학습이 연결되는 시간이기도 합니다. 아이의 모든 시간을 촘촘하게 계획적으로 짜다 보면 이 시간은 확보되기 힘들죠. 요즘은 노는 것도 계획을 짜서 노는 경우가 많은 것 같아 서글픕니다. 부모가 팀을 짜서 만든 친구들과 어울리며 부모가 정해준 방식대로 노는 경우가 많은데, 그 방법에서 얻는 것도 있지만 잃는 것도 있습니다. 아이들은 자유 놀이를 하며 굉장히 많은 것을 배운다고 합니다. 길을 걷다 문득 하늘도 올려다보고 지나가는 개미도 관찰하고 바람의 기운도 느껴 보며 원하지 않는 친구와 놀아도 보는 예상치 않은 상황에서 많은 것을 배웁니다.

잘 노는 아이일수록 공부도 잘한다는 말이 괜한 말이 아닙니다. 주어진 자유 시간에 스마트 기기에만 정신을 쏟는 아이와 자신이 무엇을 할지 궁리하고 이것저것 시도해보는 아이는 삶의 질이 굉장히 다를 수밖에 없습니다. 무엇을 할지 계획하고 궁리하는 시간이 바로 이 멍 때리는 시간입니다. 보기에는 아무것도 하지 않는 것처럼 보이기도 하지만 그렇지 않습니다. 뇌도 쉬는 시간이 필요합니다. 아이에게 공부 시간만큼 멍 때리는 시간을 꼭 확보해 줘야 합니다.

멍 때리는 시간은 낭비하는 시간이 아니라 아이가 자신의 삶을 궁리하는 시간입니다. 내가 무엇을 하고 시간을 보낼지 내 시간을 스스로 결정하는 시간입니다. 자기주도학습 능력이 길러지는 시간이기도 하지요. 한심해 보이더라도 아이의 머리에서는 굉장한 일이 일어나고 있는 시간입니다. 우리가 그토록 기르고 싶어 하는 창의성도 이 시간에서 싹이 틉니다.

절대로 부모님이 아이가 멍 때리는 시간에 뭘 할지 계획해주지 마세요. 이런 시간까지 부모님이 촘촘하게 계획하려고 한다면 오히려 아이의 숨통을 조인다는 사실을 꼭 기억하셨으면 합니다. 게다가 놀 시간을 스스로 계획하지 못하는 아이는 자신의 학습도 계획하기 힘듭니다. 처음에는 멍 때리면서 많은 궁리를 할 것입니다. 그 시간에 절대 개입하지 마세요. 자꾸 그 시간을 부모님이 함께해주려고 하면 노는 시간도 부모님의 도움 없이는 보내지 못하는 불상사가 생깁니다. 아이가 학습도 부모에게 의지하고 노는 시간마저도 부모에게 의지한다면 앞으로 부모도 아이도 힘든 시간을 보낼 수밖에 없습니다.

학습 선택권을 확실하게 준다

아이가 어릴 때는 학습 체계를 스스로 잡기에는 미숙하므로 부모가 큰 그림을 그리는 게 맞습니다. 하지만 세세한 부분의 결정권

만큼은 아이에게 주시길 바랍니다. 세부적인 결정을 아이의 자율권에 맡기는 것은 공부 숨통을 열어주기 위해서입니다. 자신에게 선택권이 없는 공부를 하면 갈수록 숨이 막히기 때문입니다. 특히 아이가 어려서 공부를 시작했다면, 작은 일이라도 아이 스스로 결정한 경험이 앞으로의 공부에서 지치지 않는 중요한 열쇠가 됩니다. 무엇보다 아이의 자기주도학습 능력을 위해서 이 선택권은 굉장히 중요합니다. 작은 결정이 모여 아이의 자기주도학습 능력이 단단해집니다.

그럼 아이가 학습에서 결정할 수 있는 것 중에는 어떤 것이 있을까요? 오늘 해야 할 공부 중에서 먼저 하고 싶은 공부를 선택해서 시작하는 것입니다. 공부의 우선순위를 본인이 정하는 것입니다. 자신이 선택하면 책임감도 생기고 시키는 공부라는 느낌도 덜한 채 공부를 시작할 수 있습니다. 또 하나의 좋은 선택권은 아이의 컨디션에 맞게 스스로 학습량을 조절하는 것입니다. 하루의 전체 학습량보다 자신의 학습 내용과 분량을 스스로 결정하는 경험은 훨씬 중요합니다. 하루에 무엇을 얼마만큼 공부할 것인지를 스스로 결정하는 경험이 쌓여야 앞으로 자신의 학습을 계획하는 날이 오거든요.

저는 가정에서도 교실에서도 아이가 스스로 자신의 학습 계획을 세우도록 합니다. 그 양과 내용을 스스로 기록하도록 합니다

(312페이지 참고). 적은 양으로 계획을 짜면 어쩌나 미리 걱정하지 마세요. 그렇게 의심부터 하면 아이에게 그 어떤 선택권도 줄 수 없습니다. 처음에 적은 양으로 시작하더라도 인정해주세요. 자신의 능력 이하로 계속해서 푼다면 아이와 대화해서 늘리도록 하면 됩니다. 아이의 능력이 모자라서 양을 늘리지 못하면 문제집의 수준을 낮춰주면 되고, 아이의 능력은 충분한데 양을 늘리지 않으면 왜 양을 늘리지 않는지 아이의 이야기를 들어보면 됩니다. 그렇게만 해도 알아서 늘리는 아이가 있습니다. 또는 진짜 뭔가 이유가 있어서 늘리지 않는 경우라면 그 이유에 대해 진지하게 대화를 나누고 도울 수 있는 부분을 파악해서 도우면 됩니다.

앞서 말씀드렸지만 아이들은 자신의 성장을 누구보다 바랍니다. 성장에는 노력이 필요하고 노력한 만큼 성장할 수 있다고 알려주시면 됩니다. 이런 선택권 외에도 부모님과 함께 서점에 가서 문제집을 고르는 것을 비롯해 아이가 다닐 학원을 선택하는 권리, 아이가 읽을 책은 아이가 스스로 고르는 것 등 아주 다양하게 있습니다. 어릴 때부터 자신이 학습 방법을 직접 선택한 경험은 중요합니다. 자꾸 선택해봐야 좋은 결정도 할 수 있습니다. 부모가 끌고 가는 공부로는 잠깐 빨리 갈 수 있을지 모르지만 나중에는 아이도 부모도 지치게 되어 멈춰 설 가능성이 큽니다. 따라서 부모님 혼자서 많은 것을 결정하지 마세요. 아이가 선택하는 작은 학습 경험들이 차곡차곡 쌓여야 학습의 길이 제대로 자리를 잡습니다. 학습 선택권 없이 자기주도학습 능력을 향상시키기는 힘듭니다. 공부 숨통이 트이지 않는 것은 두말할 나위도 없습니다.

남의 아이가 아니라
내 아이를 공부하세요

"다른 아이의 학습 성공담을 읽다 보면
어떤 생각이 드나요?"

　　남의 아이를 공부하기 참 좋은 세상입니다. 다른 집 아이들의 학습 경험담을 책과 인터넷에서 아주 쉽게 접할 수 있는 시대지요. 마음만 먹으면 언제든지 읽을 수 있습니다. 많은 정보도 얻을 수 있고요. 학습 수기집이라는 이름으로 학생들이 직접 쓴 학습 경험담을 다른 학생들이 의지를 불태우며 읽었던 예전 시대와는 사뭇 다른 풍경입니다. SNS가 발달하면서부터 더 많은 정보도 공유하고 있지만 그만큼 비교하는 마음도 더 많아졌습니다.

　　저도 교실에서 다양한 아이들을 만나오면서 제 능력이 많이 부족하다는 것을 느꼈습니다. 교사가 되기 전에 누구도 알려주지 않던 상황이 교실에서는 매일 벌어지고 있었으니까요. 그래서 저 역시 많은 공부를 했습니다. 여러 교육서도 보고 다양한 경험담도 읽으며 도움을 받고자 했습니다. 그런데 어느 순간 깨달은 것이 책 속에는 내가 만나는 아이가 단 한 명도 없다는 사실이었습니다. 책이나 인터넷 정보처럼 분명 이렇게 하면 될 것 같았지만 교실의 아이에게는 도통 통하지 않았습니다. 특히 그 문제가 단순하지 않을 경우에는 더더욱 통하지 않았습니다. 도대체 어떻게 해야 이 문제를 해결할 수 있을지 혼란스럽고 막막했습니다. 여기서 포기하면 같은 상황을 또 마주할 것이라는 것을 알았기에 어떻게든 해결 방법을 찾고 싶었습니다.

정말 많은 시행착오를 겪으며 찾은 방법은 바로, 교실의 이 아이를 공부하는 것이었습니다. 이 아이는 세상 누구와도 같지 않으니까요. 이 방법은 적중했고 저는 아이들을 통해서 참 많이 배웠습니다. 아이와 함께 수많은 문제를 해결하면서 저와 아이들은 동반성장을 하고 있습니다. 그 과정에서 알게 된 2가지 방법을 가정에서 적용할 수 있게 말씀드리겠습니다.

첫째, 학습의 열쇠는 아이가 쥐고 있다

모든 열쇠는 내 아이가 쥐고 있습니다. 제아무리 좋은 정보도 내 아이가 받아들일 마음이 없거나 소화하지 못하면 아무 의미가 없지요. 학습의 주체는 아이이기 때문입니다. 정보는 부모님이 가지고 올 수 있지만 그 정보로 학습해야 하는 것은 아이입니다. 그런데 부모님이 주체가 되어 아이에게 억지로 공부를 시키려고 하면 부작용이 생길 수밖에 없습니다. 우선 아이에게 잘하고 싶은 마음이 있어야 합니다. 그리고 아이가 진짜 필요로 하는 정보여야 의미 있는 정보가 됩니다. 부모에게 필요한 정보가 아니라 아이에게 필요한 정보여야 학습에 도움이 된다는 것이죠. 아이의 부탁 없이 부모가 찾아내는 정보는 큰 도움이 안 될 확률이 큽니다. 도움이 된다고 해도 일시적이거나 아이가 점점 부모에게 의지하게 될 뿐입니다.

저학년의 경우는 아직 자기 학습에 대한 그림을 그릴 수 없고 무엇을 부탁해야 할지 알지 못하는 나이여서 앞에서 끌어줘야 한다고 생각하는 부모님도 많으실 거예요. 그러나 자기 학습에 대한 그림을 그릴 수 없는 나이라는 말은 많은 학습을 시켜도 효과가 크지 않다는 것과도 같습니다.

저학년에서 중요한 것은 자유 놀이와 독서입니다. 너무 학습으로만 시간을 채우면, 나중에 아이가 학습에 대한 자기 그림을 그리는 능력이 약할 수밖에 없습니다. 그 시기는 아이가 읽고 싶어 하는 책을 스스로 고를 수 있도록 돕고 자유 놀이를 할 때 아이의 생각을 제한하는 물건을 조절해주는 것이 가장 중요합니다.

중·고학년에서는 공부 과목이 저학년보다 늘어나고 수학도 점차 어려워집니다. 아이 스스로 어렵다고 이야기할 수도 있고, 부모님이 옆에서 지켜보면 아이의 부족한 부분이 보일 가능성이 큽니다. 대체로 새롭게 배우는 사회, 과학 교과 공부를 어려워합니다. 분수 관련 내용도 어려워할 것입니다. 그때 아이와 학습에 관해 이야기를 나눠보시고 아이에게 필요한 부분을 도와주세요. 아이가 필요성을 느껴야 도움의 효과가 크기 때문에 아이와의 대화는 중요합니다.

사실 학습에서 필요한 정보도 아이 본인이 찾는 것이 맞습니다. 처음이 어렵지 하다 보면 늘게 됩니다. 저도 교실에서 아이의 문제를 돕는 역할을 하지 대신 해결해주지 않습니다. 아이의 문제는 스스로만이 풀 수 있다는 것을 알기 때문입니다. 도울 때도 아이의 의견을 묻습니다. 필요하면 언제든 이야기하라고 하지요.

저는 아이에게 맞는 정보를 찾는 일보다는 아이와의 소통에 신경을 훨씬 많이 씁니다. 언제든지 아이가 도움을 요청할 수 있는 관계를 형성하기 위해서입니다. 평상시에 아이와 공부 이야기를 자연스럽게 자주 나눠야 하는 이유입니다. 평소 힘든 점이나 어려운 점이 무엇인지를 정확하게 파악하고 있어야 아이를 도울 수 있습니다. 엄마표로 진행하든 학원을 보내든 아이 스스로 공부를 하든 이 대화는 정말 중요합니다. 아이와의 원활한 소통이 아이의 학습 의지를 움직입니다.

둘째, 아이 교육의 전문가는 바로 부모다

교육 전문가가 넘치는 시대입니다. 이 사람 말도 맞고 저 사람 말도 다 맞는 것 같습니다. 정보가 넘치는 시대에 자신에게 맞는 정보만 딱 맞게 골라내기는 쉽지 않지만, 그 일을 가장 잘할 수 있는 사람은 역시 부모님입니다. 내 아이를 가장 잘 알고 걱정하는 사람이 바로 부모님이기 때문이지요. 명의도 환자를 진찰하며 치료법을 찾듯이 아이의 학습 진단과 그에 따른 처방을 가장 잘 찾을 수 있는 사람은 아이를 가장 가까이에서 지켜보는 부모님입니다. 아무리 뛰어난 교육 전문가도 부모님을 따라갈 수 없습니다. 내 아이를 잘 모르고 부모만큼 아낄 수 없기 때문이죠. 그러니 자신감을 가지고 모든 정보는 비판적으로 받아들이셨으면 합니다.

다른 아이의 학습 경험담을 곧이곧대로 받아들이지 말고 숨겨진 행간이나 맥락을 읽어낼 수 있는 눈을 기르시길 바랍니다. 그렇지 않으면 내 아이와 남의 아이를 비교하며 많이 힘드실 거예요. 글에는 모든 내용을 시시콜콜 올리기 쉽지 않습니다. 특히 인터넷상의 글은 성공담 위주로 과정이 많이 생략된 채 올라올 수밖에 없습니다. 책보다 호흡이 훨씬 짧은 데다 사람들은 실패담보다는 성공담을 좋아하기 때문입니다. 여러 가지 상황과 맥락이 생략된 채로 읽히는 글들을 보면 좌절감을 더 많이 느끼거나 근거 없는 희망을 품게 됩니다. 내 아이는 절대 안 될 것만 같은 좌절감을 갖게 되거나, 그와는 반대로 이렇게만 하면 될 것 같은 단순한 정보로 받아들일 가능성이 큰 것이죠.

내 아이가 제대로 된 학습을 하기까지의 과정은 결코 단순하지 않습니다. 시간도 오래 걸리고 굉장히 복잡합니다. 사람은 재료를 투입하면 바로 완성된 물건을 찍어내는 기계가 아닙니다. 조바심 치며 단순하게 아이의 학습을 바라보면 자꾸 산으로 갈 수밖에 없습니다. 그러니 다른 아이의 학습을 너무 연구하지 마세요.

아이의 학습을 돕는 데 사실 많은 방법이 필요하지 않습니다. 이 방법 저 방법 쓰다가 오히려 학습 방향은 산으로 가고 아이는 지치게 되지요. 그러니 수많은 정보에서 내 아이에게 맞지 않는 정보를 쳐내는 눈을 갖고 있어야 합니다(95페이지의 '정보 걸러 읽는 Tip' 참고). 아무리 신중하게 선택한 방법이라고 해도 내 아이에게 맞지 않다면 서둘러 버리는 용기도 필요합니다.

때가 되면 아이가 스스로 걸어갈 수 있도록 자리를 내어주세요. 아이의 학습 문제를 부모님이 계속 해결해주려고 하지 마세요. 부모님이 수많은 정보에 불안해하지 않고 중심을 잡고 묵묵히 걸어가다 보면 어느새 아이는 그 모습을 따라 자신의 길을 걷고 있을 것입니다. 자신에게 맞는 학습 방법을 찾아가는 과정이 바로 진정한 학습의 과정입니다.

좋은 것을 더 주기보다
나쁜 것을 덜 주세요

"아이에게 주고 싶은 것이 정말 많죠?"

좋은 것이 넘쳐나는 세상입니다. 소중한 내 아이에게 이것저것 힘닿는 데까지 뭐든 주고 싶지요. 그런데 좋은 것을 주지 못하는 마음보다 나쁜 것을 주지 않기 위해 애쓰는 마음이 더 힘들지 않을까요? 아이스크림을 딱 하나만 더 먹게 해달라고 조르거나, 모바일 게임을 딱 10분만 더 하게 해달라거나, 이번 한 번만 숙제 안 한 것 봐달라는 아이의 간절한 부탁을 매몰차게 거절하기란 참 힘듭니다. 아이의 이런 부탁에 얼마나 흔들리시나요? 아이와의 갈등도 피곤하고요. 하지만 정말 이번 한 번으로 끝나지 않는다는 것을 아실 것입니다. 이렇게 하나씩 허용하기 시작하면 나중에는 건잡을 수 없이 힘들어집니다.

저는 교실이나 가정에서 아이들에게 좋은 것을 주려고 노력하기보다 나쁜 것을 덜 주고자 노력합니다. 건강을 위해 좋은 음식을 챙겨 먹기보다 내 몸을 힘들게 하는 나쁜 음식을 멀리하는 것처럼요. 좋은 것이 미치는 강력함보다 나쁜 것이 미치는 강력함이 인생에서 더 크다는 것을 알기 때문입니다.

좋은 습관은 참 기르기 힘들지만, 나쁜 습관은 나도 모르는 사이에 이미 내 인생에 스며들어 있습니다. 제가 생각하는 '나쁜 것'이란 아이의 힘을 약하게 하는 것, 아이 스스로 끊어내기 힘든 것, 아이를 불안하게 하는 것입니다. 너무 많은 것을 제한하면 부모님도 힘들고 아이도 힘이 듭니다.

여기서 소개하는 습관에 관한 3가지 조언은 아이의 삶에 굉장히 중요한 영향을 끼치기 때문에 제가 중점을 두고 지도하고 있습니다.

첫째, 의지하다 보면, 아이의 힘이 약해진다

'남의 힘을 빌리면 내 힘이 약해진다'는 말처럼 내 힘이 아닌 다른 힘에 의지하다 보면 아이의 힘은 약해질 수밖에 없습니다. 아이들은 지금 스스로 서기 위해 자신의 힘을 기르는 과정에 있습니다. 배우고 익히며 넘어지고 다시 일어서는 것이죠. 하지만 가까운 거리를 걷지 않고 자동차나 전동킥보드 등을 타고 이동하면 평소 체력이 떨어지듯이, 다른 사람을 통해서 문제를 해결하다 보면 어느 덧 자신의 힘이 약해져 있습니다.

자신의 힘으로 해결한 문제는 본인 몸과 마음에 그대로 남아 다음 문제를 푸는 데 도움이 됩니다. 하지만 누군가 대신 풀어주 거나 남의 힘에 의지해서 풀어낸 문제는 그 사람이 없으면 풀기 어려워집니다. 스스로 풀 수 있는 힘을 갖추는 대신에 남에게 의 지하는 나쁜 습관을 가지게 되는 것이죠. 제가 학습은 아이의 몫 이라고 거듭 말하는 이유입니다. 아이의 문제에 섣불리 개입해서 는 안 되는 이유이기도 합니다.

아이는 지금 자신의 인생을 스스로 잘 살아가기 위해 배우고 있습니다. 인생에서 앞으로 풀어가야 할 과제를 연습하며 문제 푸 는 힘을 기르는 중이지요. 부모님의 역할은 아이가 문제를 푸는 동안 잘 풀 수 있도록 따뜻한 관심으로 지켜봐주는 일입니다. 그 것으로도 충분합니다.

둘째, 중독성이 강한 것은 늦게 소개한다

중독성이 강한 것은 아이 스스로 끊어내기 힘듭니다. 아이의 의 지력을 넘어선 것들은 늦게 소개시키려는 노력이 필요합니다. 노 출 시기가 길수록 끊기 더 힘들고 아이가 어릴수록 조절하기 어렵 다는 것은 누말할 나위도 없습니다. 중독성이 심힌 깃으로는 혀만 즐겁게 하는 음식, 한순간의 재미만 추구하게 하는 만화책, 가져도 가져도 만족스럽지 않은 물건 욕심, 시간과 삶을 송두리째 삼킬 수 있는 스마트 기기 등이 있습니다. 특히 스마트 기기의 중독성은 『나쁜 교육』(조너선 하이트, 그레그 루키아노프, 프시케의숲)에서 발췌한 부분으로 대신합니다.

> "이런 앱들을 구축하는 데 들어간 사고방식은, 페이스북이 최초였습니다만, (……) 그 핵심은 이것이었습니다. 어떻게 하면 사람들에게 자신의 시간, 그리고 의식적 관심을 여기에 가능한 한 많이 쏟아붓게 할 수 있을까? (……) 그 말은 사람들에게 이따금 약간의 도파민이 분비되는 느낌을 받게 해야 한다는 것이었습니다. (……) 말하자면 '사회적 확인(social-validation)'의 되먹임 고리 같은 것이지요. (……) 딱 저 같은 해커들이 떠올리기 좋은 발상입니다. 인간 심리의 취약한 부분을 이용해 먹는 거니까요. (……) 그것이 우리 아이들의 뇌에 무슨 짓을 할지는 오로지 하느님만이 아시겠죠."
>
> – 페이스북의 초대 회장인 숀 파커의 2017년 한 섬뜩한 인터뷰 중에서

스마트 기기처럼 최근에 발명된 물건들은 애초에 아이가 이길 수 없도록 설계된 것입니다. 아이가 왜 그 물건들이 자신의 삶

에 위험한지 알 수 있을 때까지 부모가 사용 시간을 제한하는 식으로 개입해야 한다고 생각합니다. '이것이 왜 나에게 해로운가?'에 대한 답을 스스로 찾고 알게 되었을 때는 의지력이 어느 정도 잘 작동할 수 있지만 그 전까지는 매우 힘듭니다. 그래서 중독성이 강한 물건을 줄 때는 신중한 자세가 필요합니다. 처음에 줄 때는 쉽지만 나중에 거둬들일 때는 굉장히 어려워서 부모와 아이 사이에 극심한 갈등이 생길 수밖에 없습니다. 아이와 부모님 모두 많은 이야기를 나누면서 현명하게 헤쳐나가야 하는 부분입니다. 많은 공부와 강한 의지를 가지고 단호하고 일관성 있는 태도로 이 문제를 해결하시길 바랍니다.

셋째, 일관성 없는 부모의 행동이 아이를 불안하게 한다

예측 불가능한 일은 사람을 불안하게 합니다. 미래를 불안하게 생각하는 것도 바로 예측이 불가능하기 때문입니다. 부모님이 아이 공부에 대해 불안해하는 것도 같은 이유입니다. 그렇다면 아이들은 어디에서 가장 불안을 느낄까요? 가장 가까이 생활하고 있는 사람의 행동을 예측할 수 없을 때입니다.

저는 교실에서 가장 중요하게 생각하는 것이 바로 안정감입니다. 안정감이 먼저 확보되어야 아이들은 활발하게 생활합니다. 이 안정감은 바로 예측 가능할 때 느껴집니다. 예측 가능한 학교 일

정도 중요하지만, 정서적 안정감이 가장 중요합니다. 선생님과 친구들의 행동을 예측할 수 있어야 아이들이 편안하게 학교 생활을 할 수 있습니다.

가정도 마찬가지입니다. 부모님이 일관성 있게 행동하면 아이는 안정감을 확보할 수 있습니다. 자신이 잘못된 행동을 했을 때 야단을 맞고, 잘한 행동을 했을 때 칭찬을 받는 것을 예상할 수 있어야 안정감을 느끼는 것입니다. 일관성 없는 부모님의 행동이 아이에게 불안감과 혼란을 주는 이유입니다. 아이의 똑같은 행동에 예전에는 불같이 화를 냈는데 오늘은 아무런 반응을 보이지 않는다면, 아이는 헷갈립니다. 약속을 정했는데 부모님이 아무 이유 없이 갑자기 약속을 깬다면, 부모님에 대한 믿음이 당연히 생기지 않겠지요.

이것저것 공부 방법을 자꾸 바꾸는 부모님을 보며 아이들은 학습 불안감이 싹틉니다. 아이들은 잘해주는 것보다 불안감을 덜 주는 것에 더 큰 만족감과 안정감을 느낍니다. 갑자기 화를 내고 잘해주는 것을 반복하는 행동보다는 덜 잘해주더라도 일관성 있는 태도로 아이를 대하는 것이 더 낫다는 말입니다. 아이에게 일관적인 태도로 안정감을 주기 위해 노력하는 것은 정말 중요합니다.

아이의 공부를 돕기 위해 많이 노력하면서, 어떤 것을 아이에게 줄지가 아닌 어떤 것을 아이에게 주면 안 될지를 많이 고민했습니다. 아이들이 불안한 마음 상태에서는 공부할 여력이 전혀 없다는 것을 교실에서 많이 봤기 때문입니다. 제가 관계에 신경을 더 많이 쓰는 이유이기도 합니다. 어떤 활동을 하기 전에 습관적으로 아이들에게 그 취지를 먼저 설명하는 이유이기도 합니다. 아이들끼리의 관계에 더 신경을 쓰는 것도 바로 아이들의 불안함을 잠재우기 위한 행동입니다. 부모님께서도 아이에게 더 좋은 것을 해주기 위해 노력하기보다는 나쁜 것을 덜 주는 방법을 고민해보시면 좋을 것 같습니다.

부모의 개입이 적을수록
아이의 공부가 단단해집니다

"공부할 때 아이가 엄마를 얼마나 불러대나요?"

아이 공부를 옆에서 봐주다 보면 아이는 수십 번 부모님을 부릅니다. 집 밖으로 도망가고 싶을 정도여서 아이 공부를 봐줄 때 정말 큰마음을 먹게 됩니다. 싸우지 않으면 다행이지요. 자꾸 불러대는 아이와 지친 부모 사이에 좋은 말이 오가기가 쉽지만은 않습니다. 아이의 부름에 계속 응답하다 보면, 내가 공부를 하는 것인지 아이가 공부를 하는 것인지 헷갈릴 지경입니다. 앞으로도 이런 식이라면 아이보다 부모가 더 먼저 나가떨어질 것만 같습니다. 아이 공부를 봐주는 것이 갈수록 더 쉬워져야 하는데 갈수록 지치고 더 어려워지는 이유는 무엇일까요? 도대체 얼마나 옆에서 봐줘야 하는 걸까요? 과연 아이의 학습을 봐주는 데 졸업이 있기나 할까요?

저도 신규 교사 시절에는 아이들이 최대한 시행착오를 줄이도록 친절하게 안내하고 준비물을 가지고 오지 않았을 때 잽싸게 준비해서 공백이 없도록 하고 아이가 힘들다는 말을 하기도 전에 도움을 줬습니다. 그러면서 저도 슬슬 힘에 부치고 아이들은 저를 더 의지하기 시작했습니다. '앗! 이것은 내가 원하는 교육이 아닌데 뭐가 잘못된 거지?' 분명 그때는 그 행동이 아이를 성장하게 한다고 생각했겠지요. 옆에서 언제든 아이를 돕는 것이 아이의 성장을 가져온다고 생각했던 것입니다.

시간이 흘러 뼈저리게 알게 된 사실은 섣불리 개입하면 할수록 아이가 더 성장할 기회를 놓친다는 것이었습니다. 아이의 성장 기회를 사랑이라는 이름으로 빼앗고 있었던 것이죠. 제 자신도 지쳐가면서까지요. 그 후로 저는 아이들에게 성장의 기회를 돌려주기 위해 꾸준히 노력했습니다. 아이들은 서서히 스스로 서기 시작했고 성장하는 모습을 조금씩 보여주기 시작했습니다. 그 과정에서 제가 사용한 이 2가지 방법을 꼭 활용해보시기 바랍니다.

방법 1. 뻔한 질문에는 답하지 말고 그 질문을 돌려준다

부모님들은 질문을 받으면 어떻게 행동하세요? 나도 모르게 생각하게 됩니다. 그게 바로 질문이 가진 큰 힘입니다. 제가 이 책에서 항상 질문을 던지며 시작하는 것도 그 이유입니다. 그런데 아이의 학습을 봐주면서 어떠신가요? 아이가 질문을 하나요, 아니면 대답을 하나요? 공부는 아이의 몫입니다. 그렇다면 아이는 질문만이 아니라 대답을 꼭 해야 합니다. 물론 질문하는 것도 분명 중요합니다. 하지만 답을 스스로 찾아야 하는 상황에서 자꾸 그 답을 부모에게 찾아달라고 뻔한 질문을 하는 것은 부모님을 공부시키겠다는 아이의 의지일 뿐입니다.

여기서 공부의 주체가 바뀌게 되는 것입니다. 아이가 자꾸 부모님을 부르며 "이거 어떻게 풀어요?", "이건 뭘 의미하는 거예요?"라고 물을 때 친절하게 대답해주시는 부모님은 아이의 성장 기회를 뺏고 있는 것입니다. '무지한 스승 아래에 있는 제자가 많이 배운다'는 말을 들어본 적 있으신가요? 모든 것을 대답해주는 스승은 제자의 진정한 성장을 이끌어내지 못합니다. 듣고 이해한 지식은 얼마 못 가서 사라지는 다른 사람의 것이거든요. 불친절하게 보이지만 대답해주지 않는 (혹은 못하는) 무지한 스승은 어떨까요? 제자가 스스로 그 답을 찾을 수밖에 없게 됩니다.

이쯤에서 아이가 스스로 답을 절대 찾지 않는다는 하소연이 들리기도 합니다만, 그렇다고 아이의 학습을 부모가 주도하는 것은 아이에게 장기적으로 전혀 도움이 되지 않습니다. 급하게 생각하지 마세요. 느리더라도 답은 아이가 찾아야 합니다. 답답하다고 대답해주지 마세요. 아이의 질문에 섣불리 대답해주면 아이는 자꾸 부모님에게 의지하게 됩니다. 누르면 나오는 자판기처럼 질문에 대한 답이 바로 바로 나오면 아이는 편리한 학습을 하게 되는 것입니다. 이런 패턴이 계속되면 부모님도 아이도 지치게 됩니다.

아이가 질문하면 아이의 질문을 그냥 되돌려주세요. "넌 어떻게 생각하는데?" "네가 한번 생각해보면 어떨까?" 아이에게 생각할 기회를 던져주면 됩니다. 빨리 가는 것이 중요한가요, 제대로 가는 것이 중요한가요? 아이의 뻔한 질문에 바로 답해주지 마세요. 답은 아이가 찾아야 합니다.

방법 2. 아이가 고민해서 모르는 문제를 끝까지 해결해야 한다

아이에게 대답을 해줘야 하는 순간은 물론 있습니다. 아이 스스로 풀기 힘든 문제들이 있으니까요. 이런 문제에서는 아무리 "너는 어떻게 생각하니?"라고 물어봐도 돌아오는 대답은 같습니다. "모르겠어요." 그럴 때는 이렇게 질문해야 합니다. "어디를 모르겠니?" 문제에 쉽게 별표를 치는 아이들이 참 많습니다. 교실에서도 아이들이 모르는 문제를 들고 올 때가 많습니다. 저는 절대 처음부터 알려주지 않습니다. 아이가 어디를 모르고 있는지 정확하게 파악해야 할뿐더러 풀기 싫어서 물으러 오는 것인지 구분해야 하기도 하거든요.

풀기 싫어서 오는 경우라면 다시 돌려보내면 됩니다. "선생님은 이미 공부 많이 했어. 선생님을 공부시키려는 네 마음은 고맙지만, 이 문제는 네가 풀어야 도움이 되는 문제야. 선생님이 풀면 너와 나 모두에게 도움이 안 돼." 이렇게 이야기하면 아이는 뜨끔해하거나 말귀를 알아듣고 다시 돌아가서 열심히 풉니다. 단호하고 일관되게 말하면 아이들은 모두 알아듣습니다.

정말로 어려운 문제일 경우는 아이를 도와야 합니다. 어디를 모르냐고 물으면 아이가 얼마만큼 고민했는지가 답에 드러납니다. 많이 고민한 아이는 자기가 모르는 부분을 정확하게 집어서 이야기합니다. 그런데 그렇지 않은 아이는 "다 모르겠어요"라고 대답합니다. 문제에 쉽게 별표를 치는 이유입니다. 조금 생각해보다 안 되면 바로 다른 사람에게 의지하려고 합니다. 그동안 바로 바로 답을 해주는 누군가가 옆에 있었기 때문입니다. 이럴 경우 네가 정확히 모르는 부분을 찾아오라고 이야기합니다.

'메타인지'라는 단어 들어보셨죠? 메타인지는 인지를 통해 얻은 것에 대해 자신이 정말로 아는지 확인하고, 나아가 무엇이 부족하며 이를 강화하기 위한 방법까지 깨우치는 능력입니다. 자신이 모르는 것과 아는 것을 정확하게 구분하는 능력이 공부를 잘하는 아이와 못하는 아이를 구분한다고 합니다. 메타인지는 공부에 꼭 필요한 능력입니다. 자신이 모르는 부분을 정확히 알아야 필요한 도움을 받을 수 있습니다. 아이가 그 부분을 정확히 알면 조금만 도움을 줘도 쉽게 문제를 해결할 수 있습니다.

저는 적어도 3번은 다시 돌려보냅니다. 고민하는 시간을 많이 주려는 의도입니다. 끝까지 포기하지 않도록요. 한 번 돌려보냈을 때, 두 번 돌려보냈을 때, 세 번 돌려보냈을 때 아이가 가지고 오는 해답이 다릅니다. 많이 고민한 아이의 말은 조금씩 답에 더 가까워져 있습니다. 그 노력을 칭찬합니다. 저는 아이들에게 문제를 많이 풀지 않아도 되니 한 문제를 가지고 끝까지 고민해보라고 자주 이야기합니다. 이렇게 풀어낸 한 문제가 아이의 문제 해결력을 향상시키기 때문입니다. 이런 태도에서 바로 과제집착력이 시작됩니다. 꼭 정확하게 답을 내오지 못하더라도 쉽게 포기하지 않고 끝까지 풀어보려는 태도가 중요합니다. 그런 시간이 쌓여 아이의 실력이 향상됩니다.

문제가 어려워질수록 포기하고 싶은 마음이 커질 수 있습니다. 아이에게 포기하고 싶은 마음은 더 큰 학습을 하기 위한 자연스러운 과정이며, 너는 잘 성장하는 중이라고 꼭 이야기해주세요. 고비가 없는 학습은 더 깊은 학습으로 이어지지 않으니, 더 깊은 학습을 위해 지금 이겨내는 중이라고 응원해주세요. 천천히 가되 포기는 하지 말라고 꼭 이야기해주세요. 지금 너의 학습 자산을 단단히 쌓고 있는 소중한 과정이라는 말씀도 잊지 마세요. 그 과정에서 자신의 한계를 뛰어넘고 더 잘하기 위해 참고 인내하고 노력하며 아이는 실제로 한 뼘 더 성장합니다. 이 과정에서 스스로 길러낸 힘은 앞으로 하게 될 수많은 학습의 단단한 밑거름이 됩니다. 학습은 재미만으로는 절대 유지될 수 없습니다. 수많은 인내의 과정이고 자신을 이겨내는 과정이거든요. 아이가 이겨낼 수 있는 힘을 길러주시길 바랍니다.

초등 고학년이야말로
진짜 공부를 할 절호의 시기입니다

"학습 습관은 어릴 적부터 기르는 게 좋다는데,
시기 놓친 고학년은 어떻게 해야 하나요?"

제 교직 경력의 9할은 고학년 담임 경력입니다. 제 노하우는 거의 고학년 담임 교사를 하며 탄생했다고 할 수 있지요. 제 노하우를 다른 사람들에게 들려주면 "고학년에서도 가능할까요?"라는 질문을 심심치 않게 받습니다. 제 대답은 한결같습니다. "그럼요, 됩니다!" 아이의 인생에 빠르고 느림은 없습니다. 포기만 있을 뿐이지요. 교실에서도 아이들에게 항상 이야기합니다.

"포기만 하지 마라. 지금 잘한다고 쭉 잘하는 것도 아니고 지금 못한다고 계속 못하는 것도 아니다. 가장 좋은 것은 갈수록 잘하는 것이다. 초·중·고 모두 잘하면 좋겠지만 초등보다는 중등 때, 중등보다는 고등 때 더 잘하는 것이 좋지 않겠니? 그렇게 시간이 갈수록 잘하게 되는 것이 제대로 하는 학습의 힘이기도 해. 그러니 포기만 하지 마. 내 인생은 누구보다 소중하니까."

아이들은 눈이 반짝반짝 해서 듣습니다. 잘할 수 있다고 하니 얼마나 솔깃하겠습니까. 무엇보다도 아이들 스스로 잘하고 싶은 마음이 가장 크거든요. 고학년의 장점을 잘 활용하고 단점을 잘 극복하면, 오히려 더 빨리 아이의 학습 목표에 다다를 수 있습니다. 그 어느 학년보다 고학년의 경우 학습 효과가 빨리 나타납니다. 한번 불이 제대로 붙으면 쉽게 꺼지지 않는다는 말입니다. 제가 고학년 아이들을 많이 지도하면서 알게 된 사실입니다. 어린 나이부터 학습해온 아이들은 빨리 지치기도 하고, 소화하기 힘든 내용을 학습하다 보면 시간이 오래 걸리기도 합니다. 그러나 고학년 아이들은 감정의 기복이 크기는 해도 중·저학년 아이들보다 훨씬 말이 잘 통하고 잘하고자 하는 마음이 더 큽니다. 타인을 더 강하게 의식하는 나이이기도 하고 자신의 정체성을 형성하는 시기여서 더 나은 자신을 더 간절하게 원하는 것이죠. 이 얼마나 학습하기에 좋은 조건입니까. 절대 늦었다고 생각하지 마세요. 포기하는 순간 기회는 계속 달아날 뿐입니다.

그럼 무엇을 중점으로 두고 고학년 아이들의 학습을 도울지 구체적으로 하나씩 살펴보겠습니다.

방법 1. 아침장으로 하루에 명언 하나씩 발표하기

공부에서 가장 중요한 것은 공부 의지입니다. 중·저학년 아이들이 공부 의지를 가지기는 사실 쉽지 않습니다. 대부분의 중·저학년 아이들은 부모님에게 이끌려 공부를 시작했고, 그런 공부를 이어 가는 것이 그 아이들의 특징입니다. 아직은 부모님 말씀을 잘 들을 때라 큰 충돌 없이 잘 따라오지요. 고학년은 부모님에 대한 반발심은 분명 있지만 공부 의지도 스스로 가지는 나이이기도 합니다. 이런 표현이 조금 우습지만, 아이들 말로 후져 보이기 싫거든요. 뭔가 있어 보이는 사람이 되고자 하는 욕구가 큰 나이입니다. 학교에서 아이들은 무엇보다도 학습으로 자신의 존재감을 증명할 수밖에 없습니다. 그런 점에서 아이들은 당연히 공부를 잘하고 싶어 합니다. 드러내지 않을 뿐이에요. 하지만 이 불타오르는(?) 잠깐의 의지만으로는 학습을 꾸준히 지속하기 힘듭니다. 계속 꺼지지 않도록 도와줘야 합니다. 그래서 제가 생각해낸 방법이 바로 '아침장'입니다. 간단하면서도 아이의 학습 의지를 돕기 위해 꼭 필요한 것이죠.

꼭 아침에 하지 않아도 아이의 학습 의지를 지속시키기 위해 하루에 명언 하나씩 기록하고 함께 이야기를 나누면 좋습니다 (306페이지 참고). 저희 교실에서는 매일 아침 주인공이 돌아가면서 자신이 찾은 명언을 발표하고 함께 적으며 그 뜻을 나눠봅니다. 그 후에 어떻게 우리가 그 명언대로 실행할 수 있을지 이야기를 나누는 시간을 꼭 갖습니다. 아침 시간을 이렇게 시작하면, 아이들은 학습 자세를 다잡게 됩니다. 아이들의 집중력이 흐트러지는 순간에 이 명언은 한 줄기 빛이지요. 매일 매일 습관처럼 나누는 삶의 명언은 아이들의 삶에 자연스럽게 스며들고 자신이 지금 해야 할 일, 즉 학습 의지에 큰 영향을 미칠 수밖에 없습니다. 공부해야 하는 이유를 스스로 찾는 셈이죠. 일일이 설득시키고 이야기할 필요가 없어집니다.

방법 2. 책 읽어주기와 도서관 가기

고학년의 독서는 쉽지 않습니다. 책과 친하지 않은 아이를 무슨 수를 써서 책을 읽게 만들지 생각만 해도 머리가 아픕니다. 하지만 시작이 반입니다. 여러 권을 읽히려고 하고 긴 글을 읽히려고 하면 시작하기 힘듭니다. 독서도 아이의 수준을 파악해서 접근해야 합니다. 책 중에 가장 좋은 책은 아이 스스로 선택해 재미있어 하는 책입니다. 그 책을 찾기까지는 물론 쉽지 않을 것입니다. 책 선택이 생각보다 어렵거든요. 특히 책을 많이 읽지 않은 아이에게 책 취향이 있을 리가 없습니다. 자신에게 맞는 책을 찾는 것도 어려운 과제입니다. 이럴 땐 부모님께서 책 한 권을 골라서 아이와 함께 읽어보세요. 딱 한 권이면 됩니다.

저는 고학년 아이들에게 책을 많이 읽어줬습니다. 아이들이 굉장히 좋아합니다. 생각보다 집중하고 들어서 놀랐습니다. 책을 읽다가 중간에 끊으면 궁금해서 또 읽어달라고 합니다. 저도 그 반응이 참 신기했어요. 저학년만 책 읽어주는 것을 좋아할 것 같지만 고학년도 참 좋아합니다.

책 읽어주기가 부담스러우시다면 아이와 함께 도서관을 한번 가보세요. 도서관에서 책을 쭉 살펴보세요. 아이가 책과 친해지는 좋은 경험 중 하나입니다. 이것저것 빼보고 관심 가는 책을 빌려보라고 하세요. 한 권이어도 상관없습니다. 어려운 책이나 부모님 마음에 드는 책을 권하지는 마시고요. 고학년이지만 중학년 책을 읽어도 됩니다. 아이가 소화할 수 있고 흥미를 느끼는 책으로 시작하는 것이 중요합니다. 돌아오는 길에 맛있는 간식도 좀 사주시고요. '책은 즐겁다'라는 생각이 들 수 있도록 천천히 아이에게 다가가주세요. 거기서부터 시작입니다.

책은 아이의 학습에서 굉장히 중요합니다. 글을 읽고 뜻을 이해할 수 있는 능력을 기르기에는 책만한 것이 없습니다. 독해 문제집이나 어휘 문제집보다는 아이가 좋아하는 책으로 아이의 문해력을 길러주세요. 이 문해력은 아이가 공부할 때 가장 중요한 능력입니다. 공부 자료가 모두 글로 되어 있기 때문입니다. 문해력이 잘 길러지면 나중에 사회와 과학도 어렵지 않게 접근할 수 있습니다. 시간이 좀 걸리더라도 책을 통해 문해력을 길러주세요. 멀리 보셔야 합니다. 여러 권이 아니라 내 아이가 즐거움을 느끼는 단 한 권의 짧은 책부터 시작해보세요. 고학년 아이 독서에서도 첫걸음은 책에 대한 좋은 느낌을 심어주는 것입니다.

방법 3. 아침 수학으로 몇 문제라도 꾸준히 풀기

수학에서는 해볼 만한 문제집이 핵심입니다. 다른 교과는 문제집으로 접근하는 것을 권하시 않습니다. 아직 학습 습관이 제대로 길러지지 않은 아이에게 여러 권의 문제집을 풀라고 하면 시작도 하기 전에 나가떨어질 수밖에 없습니다. 의욕보다는 반발심이 생기겠지요. 문제집을 푸는 것은 수학 한 과목으로 충분합니다. 나중에 아이가 필요하다고 생각하면 고학년 아이들은 스스로 문제 양을 늘립니다. 제가 교실에서 많이 지켜본 사실입니다.

저는 아이들과 '아침 수학(아침마다 자신이 정한 만큼의 문제를 풀고 채점하고 오답 정리를 하는 것)'을 운영했는데, 처음에 수학만 시작한 아이들이 문제 풀이를 다른 교과로 확장하는 것을 여러 번 지켜봤습니다. 아침 수학을 시작하면, 저는 항상 아이들에게 해볼 만한 문제집으로 시작하라고 합니다. 이 점이 가장 중요합니다. 자신의 능력을 벗어난 문제집을 푸는 아이는 절대 흥미를 붙이지 못합니다. 그래서 수학을 어려워하는 아이들이나 아직 학습 습관이 길러지지 않은 아이들에게는 연산 문제집이나 이전 학년 문제집을 권합니다. 그렇게 하면 다들 부담 없이 시작합니다. 많이 풀라고 권하지도 않습니다. 하루에 여러 문제를 푸는 것보다 적은 양이라도 꾸준히 푸는 것이 중요하다고 항상 이야기합니다. 중요한 것은 문제의 양이 아니라 그 과정에서 길러지는 학습 습관입니다.

처음에는 워밍업으로 천천히 풉니다. 절대 첫술에 배부르지 않습니다. 해볼 만하다고 느끼면 아이들은 시작합니다. 하지 않을 이유가 없고 하지 못할 이유를 찾기 힘드니까요. 이렇게 가다가 아이와의 대화를 통해서 서서히 양을 늘리도록 합니다. "좀 더 할 수 있을 것 같은데, 네 생각은 어때?" 문제 개수를 조금씩 늘리는 것에는 큰 거부감이 없습니다. 무엇보다도 실력이 붙으면 속도가 빨라지기 때문에 양이 자연스럽게 늘어날 수밖에 없습니다. 어려운 문제를 늘리기는 쉽지 않지만 자신이 풀 만한 문제를 늘리는 것은 어렵지 않습니다. 6학년이라고 해도 4학년 수학이 부족하다는 생각이 들면 4학년 문제집으로 시작하는 것이 맞습니다. 문제집은 아이의 학습 습관을 만드는 도구일 뿐입니다. 문제집 종류와 문제집 양에 너무 집착하지 마세요. 아이가 한 권을 모두 풀어냈을 때 파티도 꼭 해주시길 바랍니다. 첫 단추를 잘 뀀 날이므로 기념하면 아이에게 힘이 됩니다.

이 문제집 사진을 보면 5학년 문제집도 보이고 다른 교과 문제집도 보입니다. 저 문제집을 푼 아이 중에는 태어나서 수학 문제집을 처음으로 끝까지 풀어 봤다는 아이들도 꽤 있습니다. 생각보다 문제집 한 권을 끝까지 풀어본 경험이 있는 아이들이 많지 않은 것 같습니다.

한 아이는 스스로 '수포자' 라는 말을 입에 달고 다녔는데,

6학년 아이들이 '아침 수학'으로 푼 문제집

아침 수학을 하며 수학 문제에 흥미를 느끼기 시작했습니다. 물론 시간은 조금 걸렸지요. 저는 아이의 속도를 존중했습니다. 중학교 진학하기 전에 아이 어머니가 가슴 따뜻한 전화 한 통을 주셨습니다. 아이가 수학에 관심이 많이 생겼고 공부하려는 마음이 생겼다고 전하면서 고마워하셨습니다. 저도 참 기억에 남는 아이입니다. 고학년은 결코 늦은 나이가 아닙니다. 아직 인생의 걸음마를 하고 있는 아이일 뿐입니다. 우선은 아이에게 할 수 있다는 마음을 갖도록 하는 경험이 정말 중요합니다.

방법 4. '30일 도전'으로 스마트 기기 제한하기

스마트 기기는 아이의 학습 습관을 기를 때 가장 방해되는 물건입니다. 특히 아이가 고학년이라면 더욱 쉽지 않습니다. 이 문제는 아이와의 약속이 필요한 부분입니다. 스마트 기기를 갑자기 제한하면 아이는 거세게 반발할 것입니다. 아이와의 대화를 통해 타협점을 찾으시길 바랍니다. 하지만 학습의 보상으로 스마트 기기를 사용하지는 마시길 바랍니다.

아이가 스마트 기기를 스스로 조절하겠다는 의지를 보이면 '30일 도전'을 꼭 해 보세요. '30일 도전'이란 말 그대로 자신이 정한 행동을 30일 동안 실천하면서 스스로 확인하는 활동입니다. 아이들은 생각보다 의지가 약합니다. 누군가 옆에서 관심을 가지고 도와주기를 바랍니다. 특히 스마트 기기를 스스로 조절하기 쉬운 나이가 아닙니다. 아이와 대화하면서 스마트 기기를 조절할 수 있는 기회를 꼭 만들어보세요.

하루에 어느 정도 사용하면 좋을지 정하거나 자기 전에 부모님께 맡기는 것을 습관으로 만들면 더욱 좋습니다. 그 내용을 아이와 결정해서 30일 도전을 해보는 것입니다. 이때 부모님도 함께 30일 도전을 하면 좋습니다. 함께하면서 좋은 점과 힘든 짐을 나누면서 아이와 좋은 추억을 만들 수 있습니다. 아이의 마음을 더 잘 이해하게 되고 아이도 함께하는 부모님을 보면서 큰 힘을 일세

됩니다. 스마트 기기는 강제로 아이에게서 뺏을 수 있는 물건이 아닙니다. 그래서 주기 전에 더욱 신중해야 하는데 그 시기를 놓쳤다면 아이의 학습 습관을 돕는 과정에서 많은 대화를 나눠보시기 바랍니다(30일 도전의 자세한 내용은 312페이지 참고).

아이를 지도할 때 6가지 마음가짐

"아이 가르칠 때 속이 답답하고 복장 터질 것
같은 순간 있으시죠?"

가장 잘 아시겠지만 아이를 지금 당장 바꿀 수는 없습니다. 영
영 못 바꿀 수도 있는데요, 뭘. 그 순간 바꿀 수 있는 것은 사실
내 마음가짐뿐입니다. 내 마음을 잘 다스리면 아이와의 관계는 적
어도 틀어지지 않습니다. 그동안 교실에서 많은 아이를 만나면서
경험으로 깨달은 사실입니다. 아이의 공부를 도우면서 아이의 학
습 수준은 원하는 만큼 못 잡을지라도 관계만큼은 절대 놓치지
않으셨으면 합니다. 한번 틀어진 관계는 회복하기 힘드니까요. 아
이와의 관계는 아이의 공부와는 비교도 되지 않을 만큼 소중합니
다. 부모와 자식의 인연으로 만나 서로 아끼고 사랑하며 살기에도
시간이 길지 않습니다. 내가 내 아이를 아끼지 못하면 누가 아껴

줄까요. 저도 1년 동안 교실에서 만나는 아이들과 관계만큼은 틀어지지 않도록 항상 애를 씁니다. 그러기 위해 제가 마음에 담고 있는 6가지 마음가짐을 나눠보겠습니다. 가정에서 아이를 지도하고 있는 부모님께도 도움이 되길 바랍니다.

첫째, 칫술에 절대 배부를 리 없다

한 번 이야기해서 아이들이 못 알아듣는다고 화내지 않아야 합니다. 아이들은 모르니까 배우는 것입니다. 아이의 서투름을 인정해줘야 합니다. 진짜 중요한 점은 인내심을 가지고 계속해서 일관성 있게 이야기하는 것입니다. 아이들은 그 과정에서 성장합니다. 첫술에 절대 배부르지 않습니다.

아이를 지도하는 목적은 아이에게 바람직한 변화를 이끌어내는 것입니다. 티끌 같은 변화에도 물개박수를 쳐줍니다. 아이는 분명 성장하고 있습니다. 빠른 변화를 원하는 어른의 애가 탄 눈에는 단지 잘 보이지 않을 뿐이죠. 아이는 서서히 변화하는 중이고 이렇게 천천히 일어나는 변화가 훨씬 오래 갑니다. 사실 한 번 말해서 알아듣는 아이는 거의 없습니다.

둘째, '너' 중심 상담을 한다

다른 아이 입장에서만 이야기하면, 아이는 억울합니다. 그리고 부모님과 멀어집니다. 무엇보다 아이는 이런 이야기를 너무 많이 들어왔어요. 새롭지 않습니다. 잔소리로만 들릴 뿐이지요. 그러니 아이의 입장에서 이야기합니다. "네가 외로워질까 걱정이다. 네가 여기서 행복했으면 좋겠다. 너의 성장을 힘껏 돕고 싶구나." 아이의 마음이 움직입니다. 물론 조금씩 움직입니다. 어렵게 열린 마음은 절대 쉽게 닫히지 않습니다. 적어도 관계는 틀어지지 않지요.

같은 이야기도 아이의 입장에서 해주는 연습은 꼭 필요합니다. 아무리 옳은 이야기여도 아이의 시선이 빠진 이야기는 공허하고 상처만 줄 뿐입니다. 아이의 마음에 꼭 공감해주시고 잘못된 행동이 있다면 아이의 입장에 서서 조언해주세요.

너 중심 대화법

네가 이렇게 행동하면 다른 아이들이 얼마나 힘들겠니? (X)

네가 이렇게 행동하면 다른 아이들로부터 멀어질까 봐 걱정스럽다. (O)

셋째, 후회는 한 번으로 족하다

'아! 이 말은 하지 말았어야 했는데 어쩌지?'라는 후회를 반복하지 않도록 노력합니다. 후회가 자꾸 반복되면 아이와의 사이는 계속 멀어집니다. 관계가 한번 멀어지면 그 사이를 좁히기 쉽지 않지요.

아이와 나의 감정 상태가 정상일 때를 기다렸다가 이야기를 나누는 것이 좋습니다. 좋은 말도 길게 들으면 지칩니다. 하물며 별로 듣고 싶지 않은 말을 오래 듣고 있기는 정말 힘듭니다.

전달할 내용은 되도록 짧고 간단하게 이야기합니다. 아이는 짧게 이야기해도 충분히 알아듣습니다. 부모님이 이 상황을 복기했을 때 스스로 부끄럽지 않도록 말씀하시면 됩니다.

넷째, 성장은 아이의 몫

아이의 몫과 부모님의 몫을 정확하게 구분합니다. 성장은 아이의 몫입니다. 부모님이 물이 있는 곳으로 안내할 수는 있지만, 시원하게 물을 마시는 것은 아이가 해야 합니다. 먹지 않는다고 화내지 않아야 합니다. 아직 목이 마르지 않은 거니까요. 부모님이 목이 마르면 안 됩니다. 부모님이 할 일은 아이가 목이 마를 때까지 기다리는 일입니다.

지도는 하되 성장에 대한 강요는 눈물을 머금고 넣어둡니다. 필요와 흥미가 없으면 사람은 잘 움직이지 않습니다. 기다려야 합니다. 어렵지만 믿음을 가지고 기다립니다. 이 기다림은 나중에 아이와의 돈독한 관계로 분명 돌아옵니다. 저는 교실에서 그 믿음을 돈독한 관계로 참 많이 되돌려받은 사람입니다.

다섯째, 성찰은 부모님의 몫

부모님의 몫은 돌아보는 것입니다. '정말 아이의 성장을 위한 것이었나?' '나의 필요에 의한 것이었나?' '혹시 나의 욕심은 아니었나?' 스스로에게 부끄럽지 않도록 꼭 돌아봅니다. 물론 아이의 성장과 부모의 욕심이 뒤섞여 있겠지만, 그 속에서도 분명 아이의 성장에 중심을 둬야 합니다. 아이를 진심으로 돕고 있다는 것은 아이가 가장 잘 느낍니다. 자신을 위한 일임을 아는 아이는 부모님을 두고 멀리 가지 않습니다. 아이를 도우며 시행착오를 겪고 그 결과들을 돌아보며 성찰하는 경험은 아이 지도에 분명 큰 밑거름이 됩니다. 우리 모두 부모의 역할은 처음입니다. 누구에게 배운 적이 없기에 이렇게 돌아보면서 가면 됩니다.

여섯째, 보는 것이 힘이다

남들이 보지 않는 것을 보는 것이 사실 창의성입니다. 저는 아이를 바라볼 때 참 창의적으로 바라봅니다. '와우! 저런 면이 아이에게 있다니!' 지금껏 만난 수백 명의 아이들 중에 장점이 하나도 없는 아이는 단 한 명도 없었습니다. 단지 그것을 보는 눈이 부족할 뿐입니다. 저는 없는 것을 있다고 말하지는 못합니다. 거짓말이라는 것을 아이가 누구보다 잘 알기 때문이죠. 다만 좀 깊게 들여다보려 노력합니다. 남들이 보지 못한 아이의 모습, 아이조차 모르는 아이의 멋진 모습을 보기 위해 노력합니다. 그럼 좀 달라집니다. 아이가 달라집니다. 아이가 달라진다기보다 아이와의 관계가 달라집니다. 아이와의 관계가 달라지는 것은 아이를 바라보는 제 태도가 달라졌기 때문입니다. 제가 아이의 타고난 성향을 바꿀 수는 없어요. 하지만 아이를 바라보는 제 시선은 바꿀 수 있는 것이죠. 아이 부모님들은 저보다 더 잘하실 수 있습니다.

체력이 진짜 실력입니다

"건강한 신체에 건전한 정신이 깃든다."

　　너무 익숙해서 그 중요성을 간과하기 쉬운 말인 것도 같습니다. 몸이 아프면 만사 귀찮고 긍정적인 생각을 하기 쉽지 않습니다. 하물며 몸이 아프면 뭔가를 해야겠다는 의지를 불태우기란 불가능하죠. 아이도 마찬가지입니다. 공부 의욕과 동기 모두 분명 중요하지만, 그 전에 아이의 몸 상태를 먼저 고려해야 합니다. 아주 어린 아이의 경우, 몸 상태에 따라 매일의 생활이 바로 달라집니다. 아이는 잠이 오면 칭얼대고 아프면 축 처집니다. 아이가 커 갈수록 덜하기는 하지만 아이의 몸 상태는 하루하루 삶의 질을 좌우합니다. 저는 그 모습을 학교에서 매일 지켜보곤 합니다.

아이의 감정 및 몸의 상태 살피기

저는 교실에서 아침 시간을 아이들의 눈을 맞추며 이름을 부르는 것으로 시작합니다. 혹시 시간이 없어 그냥 시작할 경우에도 시간을 내어 아이들을 꼭 한 번씩 살펴봅니다. 아이들의 컨디션을 살피는 것이죠. 예전에는 아침 시간에 아이들 모두를 한 번씩 안아주면서 그 상태를 살폈고 하교 시간에는 하이파이브를 통해 아이들의 상태를 살폈습니다. 제가 이렇게 아이들을 살피는 것은 크게 2가지 이유 때문입니다.

하나는 아이의 감정 상태를 살피는 것이고, 다른 하나는 아이의 몸 상태를 살피는 것입니다. 몸이나 감정이 안정되어 있지 않으면 수업에 집중하지 못하기 때문입니다. 감정적으로 불안정할 경우 이야기를 나누면서 그 아이의 감정을 살피고 읽어줍니다. 대체로 학교에 오기 전에 부모님과 다퉜거나 기분 나쁜 일이 있던 경우여서 그런 아이의 마음을 미리 읽고 하루를 시작하면 아이에게 감정적으로 대할 일이 줄어들게 됩니다. 그러면 그 사이 아이의 감정은 자신의 평소 상태로 돌아와 있습니다. 그런데 몸 상태가 좋지 않은 경우는 쉽게 돌아오기 힘들죠. 조퇴를 해야 하거나 보건실로 가야 하는 일이 종종 생깁니다. 스스로 노력한다고 해서 되는 부분이 아니거든요. 안 좋은 상태로 교실에 앉아 있는 것만으로도 굉장히 힘들어서 아이는 제대로 공부할 수 없습니다. 아이들에게 아플 때는 푹 쉬라고 하는 이유입니다. 차라리 푹 쉬고 좋아진 컨디션으로 학습하는 편이 훨씬 좋습니다.

요즘 아이들이 수업에 집중하지 못하는 원인

요즘은 불규칙적인 생활습관 탓인지 예전보다 몸 상태가 좋지 않은 아이들이 많아진 것 같습니다. 예전에는 자라는 과정에서 아픈 경우가 많았다면, 요즘은 만성 피로로 인한 컨디션 저하라는 생각을 자주 합니다. 대체적으로 잠드는 시각이 굉장히 늦어지고 그에 따라 아이들 수면 시간이 짧아진 게 이유일까요? 아니면 학원 다니느라 바빠서 뛰어놀거나 운동하는 시간이 그만큼 짧아진 탓일까요? 아이들의 취침 시간을 들으면서 놀란 적이 한두 번이 아닙니다. 왜 그렇게 늦게 잠자리에 드냐고 물으면, 학원 숙제가 많아서 늦게 잔다고 하는 아이들도 있고 휴대폰으로 게임을 하다가 늦게 잔다고 하는 아이들도 있습니다. 게다가 불면증 때문에 쉽게 잠에 못 든다고 하는 아이들도 있어서 놀랐습니다. 불규칙적인 생활습관이 이제 초등학생밖에 안 된 아이들에게 불면증까지 야기시켰나 싶어 아찔해집니다.

아이들 취침 시간이 처음부터 궁금했던 것은 아니었습니다. 수업 시간에 유독 피곤해하고 하품하는 아이들이 점차 많아지고 심지어 조는 아이들을 여러 번 지켜보며 자연스럽게 아이들의 수면 시간이 궁금해졌습니다. 많은 아이들이 12시 넘어 늦게 잠드는 것을 보고 왜 수업 시간에 집중하지 못하고 피곤해했는지 알게 되었습니다. 그에 비해 운동 시간은 짧았습니다. 고학년으로 갈수록 규칙적으로 운동을 하는 아이는 손에 꼽을 정도였으며 가벼운 산책이나 줄넘기도 귀찮아하는 아이들이 대부분이었습니다. 여기에 육식 및 단 음식을 좋아하는 식습관까지 더해져서 아이들의 몸이 힘들었던 것이죠. 외모에 한창 관심이 많아지는 나이라, 힘든 몸 상태로 인해 자존감까지 떨어지는 아이들이 꽤 있는 것도 이에 따른 문제 중 하나입니다.

체력을 길러야 공부도 교우관계도 좋아진다

몸 상태가 좋지 않은 아이들은 더 열심히 활동해야 할 체육 시간에 자꾸 움츠러듭니다. 몸이 아프다고 활동에 참여하지 않거나 자신이 잘 못한다고 생각해서 소극적으로 참여합니다. 조금이라도 실수해서 같은 팀 아이들에게 화살을 받을까 봐 말이죠. 참고로 아이들의 갈등이 가장 많이 발생하는 시간이 체육 시간이라는 사실 아십니까? 마음은 잘하고 싶지만 몸이 따라주지 않아서 자꾸 실수하는 자기 모습에 아이는 한없이 작아집니다. 아직 어린아이들은 이런 친구의 상태를 이해하지 못하고 열심히 하지 않는다고 불만을 토로하게 되면서 갈등이 생기는 것이죠. 학습적인 이유에서 체력을 길러야 하는 것뿐만 아니라 다른 아이들과 어울려 잘 지내기 위해서도 체력을 길러야 하는 것입니다.

체력을 기르는 일은 아이의 학교 생활에서 이처럼 중요합니다. 몽롱한 정신으로는 제대로 된 학습 능력을 발휘할 수 없습니다. 잠을 제대로 못 자 신경이 예민해지면 교우관계까지 흔들릴 수 있습니다. 아이에게 규칙적인 취침 시간을 지켜주고 질 높은 수면 시간을 확보해줘야 하는 이유입니다. 몸이 무거워지면 아이들의 활동은 둔해질 수밖에 없습니다. 뛰고 싶어도 뛰기 힘든 순간이 오는 것이죠.

몸이 더 이상 무거워지지 않도록 규칙적인 운동 시간도 부모님께서 꼭 확보해주세요. 체육 활동 학원을 다니라는 말이 아닙니다. 가족과 함께 저녁 산책을 해도 좋습니다. 줄넘기도 부모님이 옆에서 바라봐주면 아이들은 지겹지 않게 해낼 수 있습니다. 함께 뛰셔도 좋고요. 운동을 같이 하면 가족 간에 대화도 많이 하게 됩니다.

건강한 식습관 및 생활습관의 힘

아이들 음식도 한번 꼭 살펴주세요. 아이들이 먹는 것이 지금 아이들의 몸을 구성하니까요. 영양가 적고 살만 찌는 음식은 되도록 가까이 하지 않도록 도와주시고, 밤늦게 먹는 습관도 최대한 자제하게 도와주세요. 공부도 때가 있다고 하지만, 어릴 때 체력은 그보다 훨씬 중요합니다. 아이의 학습 습관도 중요하지만, 그보다 훨씬 더 중요한 것은 바로 식습관, 운동 습관, 수면 습관입니다. 더 중요한 일에 힘써주는 것이 부모의 역할입니다. 식습관과 건강 습관이야말로 부모님의 도움이 정말로 많이 필요한 부분입니다. 튼튼한 체력은 건강한 학교생활로 이어지고 훗날 탄탄한 학습 역량으로 돌아옵니다.

사춘기, 사랑과 믿음으로 지켜봐주세요

'혹시 내 아이에게 사춘기가 다가오고 있다면?'

언젠가 다가올 아이의 사춘기를 대비해 마음의 준비를 하고 계신 분들이 많을 거예요. 아이의 인생에서 한 번은 겪어야 할 삶의 과제니까요. 문제는 아이도 부모님도 어떻게 이 시기를 현명하게 잘 보내느냐겠지요. 요즘은 아이의 사춘기에 부모님이 더 힘든 경우가 많은 것 같습니다. 아이가 널뛰는 감정의 그네에 덥석 올라타 함께 롤러코스터를 타며 아찔해지기도 하고 비명을 지르는 가정이 많아 보입니다.

저는 6학년 아이들을 10년 가르쳤습니다. 그 누구보다 이 감정의 그네를 많이 봐왔고 또 많이 올라타본 사람입니다. 6학년 때 부모님을 아주 힘들게 하더니 결국 중학교에 가서는 더는 부모의 말을 듣지 않는다면서 저를 찾아와 하소연하신 분도 있었습니다. 교사인 제 이야기는 들으니 아이를 붙잡고 이야기 좀 해달라는 부탁이었죠. 5학년 때 제가 맡았던 아이가 6학년에 올라가서 학교 전체를 힘들게 했던 적도 있습니다. 교장 선생님이 아이와 상담을 했는데, 아이가 5학년 담임 선생님만 자기 마음을 알아줬다고 했답니다. 교장 선생님은 제게 도대체 비법이 뭐냐고 물었습니다.

6학년 담임교사를 오랜 시간 해오면서 힘들지 않았다면 거짓말입니다. 다만 아이들이 제가 보여준 사랑만큼 그 이상을 돌려줬기에 6학년 담임을 계속할 수 있었던 것 같습니다. 아이들은 누구보다 잘 알아봤어요. 자신을 믿어주고 걱정해주고 사랑해주는 사람을요. 저는 이 아이들에게는 더욱 진심이 통한다는 것을 알았습니다. 누구보다 불안하고 안아줘야 할 아이들이라는 사실을 이 긴 시간을 통해서 알게 되었던 것이죠.

소중한 내 아이에게 사랑을 많이 주고 싶으시죠? 사랑, 무척 중요합니다. 다만 아이의 사춘기를 지혜롭게 함께 넘어가기 위해 아이의 시기에 따라 사랑의 색깔을 조금 다르게 해보시는 게 좋을 것 같습니다. 방법을 다르게 해서 표현해도 사랑은 결국 아이의 바른 성장을 이끌어냅니다. 이 사랑의 색깔을 아이의 시기에 맞게 잘 표현하면 내 아이의 사춘기를 분명 잘 헤쳐나갈 수 있다고 생각합니다.

어린아이~저학년 아이: 단호하게 행동하라

아이가 어릴 때는 좀 더 단호하고 일관되게 대하세요. 저학년 아이들까지는 일관성과 단호함이 필요할 뿐만 아니라 때로는 엄격함이 더 필요합니다. 고학년 때 이렇게 하면 엇나가기 쉬워요. 고학년 때는 아이만의 세계가 펼쳐져 있어서 쉽게 받아들이지 않습니다. 반면, 어린아이에게 모든 것을 설명하고 설득할 필요는 없습니다. 중요한 것은 일관된 행동으로 보여주는 것입니다. 잘못된 행동을 할 경우, "이러이러해서 안 된다!"라고 먼저 이야기하고, "앞으로 또 그러면 이렇게 할 것이다!"라고 예고합니다. 그런 후 아이가 약속을 지키지 않을 때, 이미 정한 대로 일관성 있게 행동하면 됩니다. 어린아이들을 끊임없이 논리적으로 설득시키기는 힘듭니다. 이때는 말보다 행동의 힘이 훨씬 강한 시기입니다.

이 과정에서 아이가 아닌 부모 자신을 스스로 납득시키고 설득하는 사전 작업은 분명 필요합니다. 아이와 부모의 경계를 바르게 세우고, 아이에게 허용하는 행동과 허용할 수 없는 행동을 잘 구분해야 합니다. 부모가 기준에 맞게 일관되게 행동하면, 아이가 부모를 신뢰할 수 있을 뿐만 아니라 나중에 서로 불필요한 감정 낭비를 하지 않게 됩니다. 이때 잘 쌓은 신뢰가 아이의 사춘기를 서로 잘 이겨내게 하는 큰 힘이 됩니다.

중학년~고학년 아이: 믿고 참고 설득하라

빠르면 중학년부터 고학년 아이들에 이르기까지 무한 믿음, 무한 참음, 논리적 설득에 중점을 둬서 사랑을 표현하세요. 사실 이때가 사랑을 가장 많이 표현해야 할 때입니다. 그런데 힘들죠. 아이가 사랑스러운 행동을 많이 하지 않거든요. 사랑스러운 행동은커녕 이해하기 힘든 행동을 끊임없이 해서, '그동안 내가 알던 내 아이가 맞나?'라는 의문이 들게 합니다. 그렇기에 더더욱 사랑스러운 눈빛과 마음을 많이 표현할 때입니다. 내 아이를 무한정 믿어줘야 할 때이기도 하고요.

사실 아이는 마음이 복잡합니다. 자신의 이상야릇한 마음을 스스로 잘 모르기도 하고 때로는 감정의 노예가 되기도 합니다. 예전과 다른 자신의 모습이 썩 반갑지는 않습니다. 어떻게 해야 할지도 잘 모르죠. 이런 불안한 마음을 부모님이 먼저 알아주고 따뜻하게 안아주면 아이의 마음은 이내 안정됩니다. 다만 마음은 받아주되 잘못된 감정의 표현이나 행동은 바로잡아줘야 합니다. 이때는 논리적 설득이 필요합니다. 아이의 마음뿐 아니라 머리까지 움직여야 하는 시기거든요. 논리적 설득이라고 해서 너무 어렵게 생각지 말고 아이에게 질문하세요. 지금 자신의 행동이 옳은 행동이었는지 물어보세요. 아이와 부모님 모두 감정 상태가 정상으로 돌아왔을 때 하시길 바랍니다. 그래야 차분하게 이야기할 수 있습니다. 아이는 자신의 행동이 바르지 못했다는 것을 알고 있습니다. 그럼 앞으로 어떻게 할 것이냐고 물으면 됩니다. 아이의 입을 통해 다음 행동을 들으시면 됩니다.

일방적으로 부모님이 이야기를 쏟아내면 결국 아이에게는 잔소리로만 느껴집니다. 잘못한 마음까지도 모조리 사라져버리죠. 오히려 잔소리를 들어서 마음이 편안해질 수 있습니다. 본인이 잘못해도 되는 이유를 찾은 셈이니까요. 이 시기에는 말을 아끼시길 바랍니다. 사춘기 감정의 그네에 덥석 올라타지 않고 스스로 잘 판단할 수 있도록 질문하며 아이의 불안한 마음을 안아주세요.

아이들은 사랑해주고 믿어주고 논리적으로 설득하면 눈빛이 부드러워지고 마음이 말랑말랑해집니다. 어느 아이나 그렇습니다. 물론 또 어느 순간에 돌변합니다. 그 감정의 물결에 함께 춤추면 안 됩니다. 감정으로는 절대 아이들을 못 따라잡습니다. '질풍노도의 시기'라는 말이 괜히 나왔겠습니까? 부모의 말을 줄이고, 아이의 말을 더 경청하며, 필요할 때는 논리적으로 설득합니다. 이 깨달음이 제가 아이들과 10년을 보내면서 배운 것입니다. 아이들과 현명하게 사춘기를 헤쳐나가시길 바랍니다. 이때 잘 쌓은 관계가 평생 간다는 사실도 잊지 마세요. 비 온 뒤에 땅이 굳어집니다.

자기주도학습의 기초 체력을
길러주세요

"자기주도학습의 기초 능력은
어떻게 기를 수 있을까요?"

제 교육은 자기주도학습을 지향합니다. 학습 외의 관계 부분을 개선시키려는 것도 아이들이 안정된 정서를 바탕으로 자신들의 발달과업인 학습에 온 힘을 쏟을 수 있게 하려는 데 있습니다. 그리하여 아이들이 '스스로 서는 삶'을 살게 하는 것이 제 교육 목표입니다. 여기서 말하는 학습은 교과서 공부에만 국한되지 않습니다. 세상 공부와 더불어 자기 자신을 아는 것까지 넓게 학습으로 봅니다. 아주 멀리 내다볼 수 있는 공부를 해야 스스로 설 수 있습니다.

자기주도학습을 잘하려면, 공부 역시 매일 밥 먹듯이 당연히 해야 합니다. 그것이 아이가 지금 할 일, 즉 학령기 아이들의 발달

과업이기 때문입니다. 자기주도학습 역량은 결코 짧은 시간에 얻어지지 않습니다. 책이나 인터넷에서 쉽게 접하는 단어지만, 사실 굉장히 기르기 힘든 역량입니다. 어린 나이에는 절대 길러지지 않습니다. 어른이 되어서도 기르기 힘들 수 있지요. 하물며 초등 시기에 자기주도학습 역량을 완성하겠다는 마음은 너무 조급합니다. 이때는 기초 체력을 잘 길러주는 것이 중요합니다. 방법은 바꿔도 자기주도학습이라는 목표가 흔들려서는 안 된다는 말입니다. 너무 조급해하지 말고 긴 호흡으로 가세요. 이 목표가 흔들리는 순간 학습 방향을 잃고 헤매게 되고 결국 소중한 내 아이가 스스로 서는 힘을 잃게 됩니다. 그럼 어떻게 해야 자기주도학습의 기초 체력을 잘 기를 수 있을지 살펴볼까요?

잘했느냐? vs. 다했느냐?

발달 심리학자 에릭슨의 발달 단계에 의하면, 지금 초등학생은 근면성을 통해 능력을 기르고 있는 시기입니다. 이 시기에 근면성을 통한 능력을 제대로 기르지 못하면 무력감과 열등감이 발달한다고 합니다. 아이의 학습에서 '잘했느냐'보다는 '다했느냐'에 먼저 중점을 두는 이유입니다. 잘하는 것은 그다음 문제입니다. 아이들은 다하는 것은 그렇게 부담스러워하지 않습니다. 노력하면 끝까지 다 해낼 수는 있기 때문입니다.

반면에 잘하는 것은 어느 정도의 능력이 되어야 가능합니다. 처음부터 잘하기를 바란다면 아이들은 공부를 쉽게 시작하지 않을 것입니다. 항상 공부를 시작할 때는 부담이 없어야 합니다. 해볼 만하다는 마음이 드는 것이 중요하죠. 저도 아이들을 처음 만나는 3월에는 아이들이 다한 것에 초점을 두고 지도하기 시작합니다. '못한 것은 중요하지 않다', '할 수 있는 만큼 최선을 다하라'고 하면, 아이들은 안도감과 편안함을 느끼고 자신의 능력에 맞게 과제를 완성해서 옵니다. 거기서부터 1년의 근면성을 쌓는 기본 태도가 시작됩니다.

학습의 즐거움은 지켜준다

학습을 지속시키는 힘은 바로 학습이 주는 '즐거움'입니다. 학습 외에서 느끼는 재미는 지속성이 약해서 아이들은 더 자극적인 것을 찾게 됩니다. 가장 대표적인 것이 보상입니다. 보상에 길들여지면 자꾸 더 큰 보상을 원하게 되고, 보상이 끊기면 학습도 함께 멈추는 최악의 상황이 생길 수도 있습니다. 보상 외에도 어린 시절부터 재미에 치중한 학습을 자꾸 하다 보면 학습보다는 재미에 더 관심이 쏠리는 현상이 생기기도 합니다. 학습만화나 학습게임 같은 것이 그 예입니다.

학습에서 오롯이 느끼는 즐거움이 나중에 내적 동기로 이어지

고 앞으로 치고 나가는 힘이 된다는 것을 잊지 마세요. 이 즐거움
은 아이가 끙끙대며 혼자서 풀어낸 그 한 문제에 있고, 문제집 한
권을 다 풀었을 때 느끼는 성취감에 있으며, 문득 점점 빨라지고
있는 자신의 학습 속도에도 있습니다. 그 과정에서 속도가 비록
더디더라도 다그치지 마시고 학습의 즐거움은 꼭 지켜주세요.

할 일부터 하고 노는 습관을 길러준다

아이가 자신의 에너지를 먼저 필요한 곳에 쏟을 수 있도록 도와주
세요. 일의 우선순위를 알게 하는 것입니다. 이 습관은 나중에 시
간관리 습관으로 이어집니다. 아이의 아침 시간이 중요한 이유이
기도 합니다. 아이들이 밤새워 놀 에너지가 있는 것처럼 보이지만,
실은 어느 순간 지쳐서 짜증내는 경우를 많이 보셨을 것입니다.
아이의 에너지는 유한합니다. 먼저 써야 할 곳에 쓰도록 해주세요.
　할 일을 먼저 하고 놀 경우에는 아이도 더 안정적이고 뿌듯해
합니다. 아이와 계속 실랑이를 하고 싶지 않다면, 아이가 할 일을
먼저 하고 놀 수 있도록 어릴 때부터 단호하고 일관적인 태도를 보
여주세요. 아이의 하루 일정을 부모님이 미리 다 짜고 거기에 아이
를 끼워 맞추라는 말이 아닙니다. 아이가 해야 할 일이 있다면 먼
저 하고 나머지 시간을 쓸 수 있도록 시간관리 역량을 기르도록
도와주라는 것입니다. 이 문제로 아이를 지도할 때는 단호함이 필

요하며, 할 일을 다 했을 때 아이의 놀 권리를 존중하는 일관성도 필요합니다. 습관으로 자리 잡으면 아이가 알아서 자신의 시간을 관리하게 됩니다. 자기주도학습의 아주 중요한 기초 체력이 길러진 것입니다.

하나를 끝까지 스스로 완성한 경험을 갖게 한다

아이에게는 어떤 경험이 필요할까요? 공책 한 권을 꼼꼼하게 다 쓰고 새 공책을 쓰는 경험, 새 연필이 더 깎을 수 없을 정도로 짧아져 몽당연필이 된 경험, 부모님과 함께 맞추던 퍼즐을 어느 날 혼자서 끝까지 완성하는 경험, 풀 수 없을 것처럼 큰 산으로 느껴졌던 문제집을 어느새 다 풀어낸 경험 등은 아이에게 굉장히 중요합니다. 이 경험이 아이에게 성취감을 주거든요. 이 경험은 인내하는 힘, 즉 엉덩이 힘으로 이어집니다. 스스로 끝까지 해낸 경험은 아이의 학습에서 나중에 큰 밑거름이 됩니다. 아주 쉬워 보이지만 사실 쉽게 얻을 수 있는 경험은 아닙니다. 물질이 넘쳐나는 시대이고 주변에 사랑이라는 이름으로 아이를 돕는 사람이 참 많습니다. 아이가 스스로 뭔가를 해낼 수 있도록 지켜보는 것이 진정한 사랑임을 잊지 않으셨으면 합니다. 서투른 아이가 더 나아지는 길은 아이 스스로 끝까지 그 일을 해낼 때 시작됩니다.

아이 스스로 몸과 머리를 써서 놀게 한다

아이는 놀거리를 스스로 잘 찾습니다. 노는 건 타고나거든요. 아이는 자신의 생각과 몸을 써서 노는 법을 이미 잘 알고 있습니다. 그런데 이런 자기 놀이 방법을 아예 못하게 하는 장난감으로 놀게 되면, 몸과 머리가 게을러지고 장난감에 의지하게 됩니다. 결국 점점 자극적인 장난감을 찾게 됩니다. 아이에게 뭔가를 쥐어줄 때는 많은 생각을 하셨으면 좋겠습니다. 한번 주기는 쉽지만 주기 전으로 되돌리기는 쉽지 않거든요. 그 물건에 중독성이 있다면 더더욱 그렇습니다. 그 물건이 애초에 아이가 이겨내기 힘들게 설계되어 있기 때문입니다. 물건을 주는 것에서 끝내지 말고 그 물건이 내 아이에게 어떤 영향을 미치는지도 꼭 확인하시기 바랍니다.

아이 수준에 따른 과제로 시작한다

초등 저·중·고학년을 막론하고 가장 먼저 할 일은 아이가 할 만한 것으로 시작하는 것입니다. '아! 이건 좀 해볼 수 있겠구나'라고 느낄 수 있는 수준과 양의 과제요. 아이에 따라 다르므로 아이와 이야기를 잘 나눠보세요. 다른 아이가 소화할 수 있는 만큼의 수준과 양이라고 해서 내 아이가 가능하다고 생각하면 안 됩니다. 반드시 내 아이를 기준으로 해야 하며, 양은 적게 시작해도 상관없습니다. 중요한 것은 아이가 스스로 꾸준히 지속하는 것입니다.

아이와 함께 서점을 가서 여러 문제집을 살펴보면, 아이들은 많은 문제 양을 좋아하지 않기 때문에 대체로 얇은 문제집을 선호할 것입니다. 존중해주세요.

해볼 만한 내용을 결정할 때는 교과서와 해당 학년 학습을 복습하는 것이 가장 좋습니다. 참고로 중·저학년의 경우에는 단순한 풀이의 연산 문제집부터 시작하는 것도 괜찮습니다. 아이의 상황에 따라서는 아래 학년 복습도 참 좋습니다. 아이가 문제를 어려워하면 아래 단계로 과감하게 내려가세요. 살짝 낮은 수준부터 시작하면 아이들은 바로 흥미를 느낍니다. 내 아이에 맞게 맞춤형으로 제공하면 됩니다. 양은 서서히 늘려주세요. 급히 먹은 밥이 체하는 법입니다. 아이는 재미를 느낄 경우에는 스스로 학습량을 늘리기도 합니다. 이 경우, 아이의 성장을 크게 칭찬해주세요.

어느 정도 습관이 되면 문제집의 종류도 늘릴 수 있습니다. 연산만 풀었다면, 개념 공책도 정리하거나 교과서 수학 문제집이나 심화문제를 몇 문제씩 천천히 추가하는 식으로 학습량을 서서히 늘리는 것이죠. 중요한 점은 한 번 늘린 양은 되도록 줄이지 않는 것입니다. 양을 줄이면 다시 늘리기 힘듭니다. 앞으로 아이의 학습량이 많아지기 때문에 문제집은 아이의 학습량을 늘리고 엉덩이 힘을 늘리는 도구로 쓰면 좋습니다.

역량이 생기면 수학 심화학습을 시작한다

자기주도학습의 목표는 결국 심화학습입니다. 아이에게 역량이 생기면 반드시 심화학습 단계를 시작하도록 합니다. 저학년의 경우에는 심사숙고해서 시작하세요. 자칫 어린 나이에 소화하기 힘든 심화문제를 접하다가 더 큰 것을 잃게 됩니다. 바로 수학에 대한 흥미죠. 저학년의 경우에는 심화문제집에 큰 욕심을 내지 않으셨으면 합니다. 저학년은 수학보다는 독서가 훨씬 중요한 나이입니다.

심화학습은 중학년 이상의 경우에 권하고 싶습니다. 심화문제집을 풀 때 정답률이 70% 정도이면 꾸준히 하면 됩니다. 그 아래일 경우는 상황을 봐서 다시 시작할 기회를 엿봅니다. 아래 학년 심화학습도 좋습니다. 중요한 것은 다른 집 아이가 어느 수준의 문제를 풀고 있는지가 아니라 내 아이가 어디까지 소화할 수 있느냐입니다. 내 아이가 소화할 수 있는 만큼 시도하세요.

하나 더 말씀드리면, 예습보다는 제 학년 심화학습이 더 어렵습니다. 속도를 중요하게 생각해서 예습 위주로 공부를 시키는 부모님들도 있는데, 중학년에서 수학 심화학습은 중요합니다. 사고력을 확장하는 연습이 필요하기 때문입니다. 자꾸 쉬운 문제만 접하다 보면 나중에 어려운 문제 앞에서 쉽게 포기하는 일도 벌어집니다. 어려운 문제도 도전하고 스스로 풀 수 있는 기회를 제공해야 사고력이 확장되고 깊이집니다.

휴식은 아이의 패턴이 깨지지 않는 범위에서!

그날그날의 컨디션에 따라 학습량은 조절할 수 있지만 들쑥날쑥해서는 안 됩니다. 아이가 습관을 형성하는 중이라면, 주말이나 여행 같은 휴식의 순간에도 조금씩 학습을 해야 합니다. 가장 하기 쉬운 것을 해도 상관없습니다. 책을 읽어도 됩니다. 다만 아무것도 하지 않고, 오롯이 휴식만 취한다면, 다시 밥 먹듯이 숨 쉬듯이 습관 잡기가 힘들어집니다. 아시다시피 좋은 습관을 들이기는 힘들지만 무너지는 것은 한순간입니다.

여행 갈 때 책이나 문제집을 챙겨서 가면 좋습니다. 가방에 책이 있으면 할 확률은 커집니다. 없으면 하고 싶어도 못하지요. 아이가 너무 피곤해하는데, 문제를 풀게 해야 한다는 말이 아닙니다. 여유가 있을 때 조금이라도 푸는 것입니다. 그냥 습관 유지 차원에서 하는 것입니다. 여행 중이나 휴식 중에도 분명 자투리 시간은 있는 법이니까요. 이때 아주 조금만 하면 됩니다. 습관을 만들고 있는 시기라면 학습의 흐름이 꾸준히 이어질 수 있도록 해주세요. 밥 먹듯이 숨 쉬듯이 공부가 습관이 될 수 있도록 하는 것입니다.

사실 화려한 방법은 없습니다. 흔들리지 않는 굳건한 철학이 필요할 뿐입니다. 자기주도학습은 방법보다는 철학에 가깝다고 봅니다. 아이 스스로 공부를 해나가는 힘은 아이에 대한 믿음이 있어야 가능하니까요. 아이가 스스로 할 수 있다는 믿음이 흔들리지 않는다면, 방법은 바뀔 수 있겠지만 방향은 흔들리지 않을 것입니다. '내가 왜 이것을 하려고 하는가?' 이 질문을 항상 스스로에게 해보셨으면 좋겠습니다.

아이와의 소통에서 가장 좋은 열쇠는 듣기입니다

"아이와 부모 사이가 건강하기 위해 중요한 것은
무엇일까요?"

여러 가지 단어가 떠오르시지요? 딱 한 가지만 꼽으라
고 한다면, 저는 극한 상황으로 치닫더라도 '서로 대화하려고 하
는 마음을 절대로 잃지 않는 것'이라고 할 것입니다. 부모와 자식
뿐만 아니라 다른 사람들과의 관계에서도 굉장히 중요한 점이라고
생각합니다. 부모는 부모 역할이 처음입니다. 아이도 그 나이를 처
음 살아가기에 당연히 서투를 수밖에 없습니다. 그래서 서로 실수
하고 때론 상처를 주고받을 거예요. 완벽한 부모와 완벽한 아이가
되려고 노력하기보다는 서로의 부족한 점을 인정하고 자신의 마
음과 상황을 솔직하게 나누려는 노력이 관계를 더 건강하게 만든
다고 생각합니다.

어떤 일이 발생할지 누구도 예측할 수 없고 우린 모두 완벽하지 못한 인간이므로 문제는 언제나 발생합니다. 나만의 문제가 아니라 우리가 함께 살기에 일어나는 일이라면 함께 머리를 맞대고 같이 풀어가는 것이 맞습니다. 그러기 위해서는 대화가 필요합니다. 상대가 입을 닫기 시작하는 순간부터 문제를 해결하는 열쇠도 사라져버리는 것이니까요. 그렇다면 극한 상황에서도 아이가 입을 닫지 않는 가장 좋은 열쇠는 무엇일까요?

경청의 힘

예전에 한 아이가 꽤 심각한 얼굴로 제게 점심 데이트를 신청한 적이 있습니다. 아이는 쉽게 입을 열지 못하고 우물쭈물하다가 어렵게 이야기를 꺼냈어요. 엄마와 아빠가 이혼할 것 같은데, 자기는 어떻게 해야 할지 모르겠다면서 막 울었습니다. 순간 당황해서 뭘 어떻게 해줘야 할지 생각하고 있는데, 다시 아이가 울면서 이야기를 꺼냈습니다. "저는 엄마랑 살고 싶은데 할머니 말로는 엄마와 살 수 없대요." 그냥 함께 부둥켜안고 울어버렸습니다. 무슨 말이 더 필요하겠습니까. 한참 울고 나서 말했어요. "선생님은 이렇게 네 이야기를 들어줄 수밖에 없는데 너만 괜찮다면 힘들 때 이야기해줄래? 지금처럼 마음 답답할 때 말이야. 털어놓기 힘든 이야기를 해줘서 정말 고마워." 그 아이는 한참 울더니 다시 마음의 안정을 찾았습니다. 저는 그저 들어주기만 했는데요.

바로 경청입니다. 그저 들어주는 것. 그 아이의 마음을 들어주는 것입니다. 귀로, 눈으로, 온 마음으로요. 아이를 걱정하고 사랑하는 그 마음으로요. 아이들은 많은 것을 원하지 않았습니다. 누구보다 자신의 현실을 잘 알고 있어요. 그저 들어줬는데 그저 손만 잡아줬는데도 아이가 고마워합니다. 저에게 웃어주고, 저보다 심지어 더 밝아져요. 아이는 마음의 안정을 찾고 자신의 자리로 돌아갑니다. 자신이 혼자가 아니라는 것을 알았기 때문입니다. 힘들 때 딜이놓을 시람시 옆에 있다는 사실만으로 아이에게는 살아갈 힘이 되거든요.

교직에 있으면서 참 많은 아이들을 만났습니다. 학생으로 살아온 세상과 교사로 살아온 세상은 정말 너무 달랐습니다. 드라마에서나 볼 법한 아이들이 바로 제 옆에 있었습니다. 마음이 아픈 아이들이 생각보다 참 많았습니다. 그래도 다행인 점은 어른들보다 아이들은 아픈 티가 더 많이 나고 솔직하게 이야기해 준다는 것이지요. 그래서 많은 아이들의 마음을 읽을 수 있었습니다. 그 전에는 아이들의 일을 해결해줘야 한다고 생각했습니다. 하지만 아이들의 이야기를 그냥 들어만 주는 것이 얼마나 중요한지 깨달을 수 있었습니다. 이 사실을 안 이후로는 아이의 일을 해결해주려고 더는 애쓰지 않게 되었습니다. 대신 아이의 마음을 읽어주기 위해 더 열심히 노력합니다. 아이가 힘들 때 저에게 이야기할 수 있도록 말이죠. 너를 걱정하는 사람이 옆에 있다는 사실을 잊지 않도록.

아이가 원하는 것은 부모가 자신의 이야기를 들어주는 것

부모님은 어떠세요? 내 아이에게 이런 존재가 되기 위해 노력하고 계신가요? 아이는 부모에게 해결책을 원하는 것이 아닐 수 있어요. 아이가 부모에게 털어놓을 때는 자신의 이야기를 들어달라는 의미가 가장 큽니다. 위로받고 싶은 것이지요. 혼자서 감당하기 버거운 일이기에 누군가에게 기대고 싶은 것이지요. 하지만 그 일은 분명 본인이 풀어야 합니다. 그 사실은 아이들이 더 잘 알고 있어요. 아이의 문제를 대신 풀어주는 것이 아니라 아이들이 자신의 문제를 스스로 해결할 수 있다는 믿음을 주는 것이 바로 부모의 역할입니다. 해결책을 주려고 하지 말고 아이가 스스로 찾아갈 수 있도록 마음의 힘이 되어주세요. 아이가 언제든 도움을 요청할 수 있도록 가장 든든하게 옆에 있어주는 것이죠.

이 모든 것은 '들어주기'를 통해서 가능합니다. 많이 들어주세요. 절대 하루아침에 되지 않습니다. 부모 입장에서 아무리 시답잖은 이야기라 해도 아이를 걱정하고 사랑하는 온 마음으로 아이의 이야기를 들어주세요. 그 시간이 쌓이면 아이는 어떠한 극한 상황이 와도 부모에게 입을 닫지 않습니다. 내 이야기를, 내 마음을 들어줄 엄마 아빠가 곁에 있다는 것을 이미 알고 있기 때문입니다. 그래서 제가 아이들을 만나 가장 먼저 한 것, 아이들과 주어진 시간의 마지막까지 한 것이 바로 경청이었습니다. 아이들의 말과 삶에 온 힘을 다해 귀를 기울여준 것입니다. 저도 했으니 아이 부모님인 당신도 할 수 있습니다. 이 세상에 하나뿐인 소중한 당신의 아이입니다.

TO. 선생님
저가 6학년이 되어
선생님을 만난 것은
행운이에요 왜냐하면
선생님을 만남으로써 꺼져
있던 불빛을 다시 켤 수
있었기 때문이에요
창살에 갖혀 있던 새가
다시나와 날아가는 기분?
감사합니다~

아이의 감사 카드

아이의 성장통을 위기관리 능력으로 탈바꿈해주세요

"칼로 죽이고 싶어!"

아이의 입에서 이런 말이 나왔다고 생각해보세요. 생각만 해도 심장이 쿵쾅거리고 손발이 떨리지 않나요? 분명 유쾌하지는 않겠지만, 아이들이 성장하면서 부모가 원하는 말과 행동만 하지 않는다는 것을 모두 아실 것입니다. 그것이 정상적이고 자연스러운 성장 과정이지요. 자신의 감정을 세련되고 정확하게 표현할 수 있는 아이는 많지 않을뿐더러 사실 아이답지 않기도 합니다.

혼내는 것보다 속마음을 먼저 읽자

실제로 위의 저 말을 1학년 아이에게 들은 적이 있습니다. 그때 많이 당황했습니다. 착하고 예쁘기만 했던 아이가 생각지도 못한 기친 말을 내뱉었을 때 그 충격이란 이루 말할 수 없었습니다. 하지만 화를 내며 아이를 혼내는 것은 그다지 도움이 되지 않겠다고 판단했습니다. 잠깐은 못하게 할 수 있지만 아주 못하게 할 수는 없다고 생각한 것이지요. 그래서 먼저 아이의 감정 상태를 살폈습니다. 아이의 흥분한 상태가 가라앉을 때까지, 정상적인 대화가 될 때까지 기다렸습니다. 그리고 물었죠. "왜 그런 말을 했니?" 그 표현이 몹시 거칠다고 해도, 분명 그 말에는 아이의 속마음이 담겨 있거든요. 그 속마음을 먼지 읽어주는 거죠. 화가 나고 속상한 마음을 저렇게 공격적인 말로 표현했더군요. "아, 많이 속상했구나. 그런데 너의 화난 마음을 저렇게 표현하고 나니 어땠어? 속이 시원했어? 기분이 좋았어?"라고 물었더니, 속은 시원했지만 기분은 많이 좋지 않았다고 합니다. 아이도 자신이 나쁜 말을 했다는 것을 알아요. 그러면서 묻지도 않았는데 다음에는 하지 않겠다고 합니다. 평소에 문제 행동이 많지 않은 아이였다면 이렇게 스스로 다짐하고 다음에는 더 세련되게 자신의 화난 마음을 표현합니다. 이런 기회를 통해 또 하나를 배우는 것이지요.

여기에서 멈추지 않고 한 가지 말을 더 해줬습니다. "네가 모르는 것이 하나 있는데 칼은 사람을 살리는 데 쓰는 물건이야. 의사는 칼을 이용해 사람들의 생명을 살리고, 요리사는 칼을 이용해 사람들을 행복하게 하는 음식을 만들거든. 너도 칼로 사람을 살리는 멋진 사람이 되었으면 좋겠어. 어때? 잘할 수 있겠어?"

아이는 재미있다면서 활짝 웃더군요. 심각할 뻔했던 상황이 오히려 대화를 나누며 말랑말랑해졌습니다. 문제를 너무 심각하게 받아들이지 않은 결과입니다. 어른들은 아이들이 다 크는 과정이라고 항상 말씀하시지요. 저도 아이를 키우고 가르치면서 호들갑 떨지 말라는 어른들 말씀을 참 많이 들었습니다. 아이들은 그 말이 들리지 않다는 것을 삶으로 보여주더군요. 잠 못 들고 고민했던 일들이 어느새 평온해지기도 하고, 아이들은 제 걱정과는 달리 잘 자랐습니다.

아이에게는 성장통이 필요하다

교실에서도 마찬가지였습니다. 아이들은 각자 자신들만의 속도로 성장해가는데 그 성장통에 제 마음만 홀라당 타고 있는 경우가 많았습니다. 지금 돌아보니 아이들은 자신들이 성장하는 데 필요한 성장통을 겪는 것인데, 제가 더 놀라 호들갑을 떨며 옆에서 더 불안하게 만들었다는 생각이 듭니다. 제가 할 일은 아이의 성장통을 믿음의 눈으로 지켜보고 기다리며 성장통을 아이의 위기관리 능력으로 연결시키는 것이었습니다.

성장통을 겪지 않는 아이는 성장에 분명 한계를 보입니다. 성장통은 세상과 자신을 알아가는 과정입니다. 성장통이 아니라 '그

것을 통해 무엇을 배울 것인가'라는 것이 중요하다는 점을 아이들이 알려줬습니다. 서투르기 때문에 아이는 넘어집니다. 넘어지면서 겪는 고통과 고민이 아이를 한층 성장시킵니다. 배우려고 발생한 일을 두고 걱정하고 노심초사하는 것이 아니라, 이 일을 통해 아이와 나는 무엇을 배울 것인가를 생각하시면 좋겠습니다. 아이의 성장통을 줄여주려 노력하기보다 위기를 통해 아이가 무엇을 배우게 되었는지를 이야기 나눠보세요. 여기에는 부모의 믿음과 기다림이 필요합니다.

아이 스스로 이겨낸 성장통은 나중에 아이의 위기관리 능력으로 이어집니다. 인생에 위기가 올 때마다 아이는 이 위기를 통해 '나는 무엇을 배울 것인가'에 초점을 맞추게 됩니다. 잘 극복한 성장통이 아이에게 커다란 선물을 가져다준 셈이죠. 이 얼마나 고마운 성장통인가요?

성장에는 분명 고통이 따릅니다. 아이가 지금 겪는 고통에만 집중하지 말고, 아이가 그 뒤에 얻게 될 성장을 그려보세요. 절대로 아이의 성장통을 줄이거나 멀리 떼어놓으려고 하지 마세요. 아이가 스스로 이겨내고 그 과정에서 무엇을 배웠는지 스스로 복기할 수 있어야 한 걸음 나아갑니다.

앞으로 아이의 인생에 위기는 많을 것입니다. 어릴 때는 부모가 막아주고 덜어줄 수 있을지도 모릅니다. 하지만 아이가 크면서 그 일이 쉽지 않다는 것을 아실 거예요. 부모가 대신한 성장통은 지금 당장은 아이의 고통을 줄여줄 수도 있겠지만, 아이의 미래에는 분명 득이 아닌 실이 될 것입니다. 스스로 이겨내지 못하고 나약한 채로 있으면, 위기를 기회로 만드는 일에 어색해할 것입니다. 따라서 아이들의 지금의 성장통에 박수를 쳐주세요. 많이 배울 기회가 왔음에 환호해주세요. 아이가 스스로 이겨낸 성장통은 나중에 분명 아이의 위기관리 능력으로 돌아옵니다. 자신의 위기를 멋지게 이겨낼 수 있는 힘은 부모가 아이의 성장통을 지혜롭게 대하는 순간 순간에서 나옵니다.

교사로서 아이들을 대하는 3가지 태도

"제 교육 방향과 방법이 교실에서 어떻게
녹아들어 있는지 궁금하신가요?"

'실천 없는 이론은 공허하고 이론 없는 실천은 위태롭다'고 스스로 되뇌며 이 길을 걷고 있습니다. 내가 할 수 없는 것을 아이들에게 하라고 말한다는 것은 몹시 부끄럽기 때문에 삶에 녹여내며 살고자 노력해왔습니다. 그 노력이 이렇게 글이 되었고 다시 이 글은 저를 더 깊이 생각하게 합니다. 사실 저를 성장시킨 9할은 교실의 아이들이었습니다. 그동안 아이들은 저의 친구였고 스승이었습니다. 아이들을 잘 가르치고 많은 것을 주고자 노력했지만, 사실은 제가 더 많은 가르침을 받았고 아이들에게 준 것 이상으로 더 많은 것을 돌려받았습니다.

첫째, 존재의 '인정'

매일 아침 아이의 눈을 맞추고 이름을 부른다

수업 시작 전에 아이들 이름을 한 명씩 정성스레 불러줍니다. 눈을 맞추고 활짝 웃으며 활기차게 불러줍니다. 아이들이 이 시간을 참 좋아합니다. 『유튜브는 책을 집어삼킬 것인가』의 저자이자 사회학자인 엄기호 씨가 말한 '존재론적 안정감을 주는 의례(ritual)'인 셈입니다. 이름 부르기는 "그냥 너라서 좋다. 너의 존재만으로 충분하다. 그저 너이기에 소중하다"를 표현하는 것입니다. 환대를 받으면 두려움을 없앨 수 있다고 합니다. 김춘수 시인의 시 '꽃'을 떠올리면 이해가 빠를 것 같아요. 아이들 한 명 한 명에게 의미를 부여하는 순간입니다.

모두가 교실의 주인공이다

우리 반에는 아침 주인공이 있습니다. 사실 모두가 아침 주인공인데 공평하게 번호대로 돌아가면서 하루하루의 주인공이 되는 것입니다. 오늘의 주인공이 아이들에게 "관심 주세요!"라고 인사합니다. 그럼 아이들이 그 친구의 이름을 소리 높여 5번 불러줍니다. 마치 팬인 것처럼요. 처음에는 어색해하지만, 점점 익숙해지면 즐기게 됩니다. 무엇보다 한 번도 이름이 불려보지 못했던 소외된 친구들이 활짝 웃는 순간을 보면 마음이 찡하고 감동스럽습니다.

둘째, 성장에 대한 '믿음'

최선을 다하는 삶의 태도를 기른다

"잘 그리는 거 중요하지 않아요. 열심히 그리는 것이 더 중요합니다. 달리기 잘하는 사람 있고, 노래 잘하는 사람 있고, 수학 잘하는 사람 있듯이 각자 잘하는 것이 다를 뿐이지 옳고 틀림의 문제는 아니에요. 달리기 잘하는 치타에게 헤엄치라고 하면 되겠어요? 부담 갖지 말고, 열심히 그리면 됩니다. 주제에만 맞게 그리세요!"

아이들에게 많이 들려주는 말 중 하나입니다. 잘하면 좋죠. 사실 누구보다 아이들이 잘하고 싶어 합니다. 잘하지 못하기 때문에 대충 하는 거예요. 그런데 잘하지 못하는 것보다 더 위험한 것이 '대충' 하는 것입니다. "선생님이 가장 싫어하는 벌레가 대충이에요!"라고 하면 아이들이 까르르 웃습니다. 아이들은 선생님이 자신들에게 뭘 원하는지 알아요. 잘하는 건 어려울 수 있지만 자기 나름의 최선은 다할 수 있거든요. 그 태도는 가질 수 있는 거니까요. 저는 그 최선을 다하는 삶의 태도를 길러주고 싶습니다. 자신의 삶을 함부로 하지 않는 삶의 태도는 이런 작은 것에서부터 길러진다고 봅니다. 거창하지 않습니다.

감정을 먼저 읽고 행동을 교정한다

판단을 우선 멈추고, 아이가 하려는 말과 감정을 함께 들어주고 느끼려고 노력합니다. 그저 들어주는 것, 그 아이의 마음을 들어주는 것입니다. 귀로, 눈으로, 온 마음으로 들어주세요. 아이를 걱정하고 사랑하는 그 마음으로요. 네, 물론 쉽지 않습니다. 그 모습이 서툴러도 아이에게 진심이 전해지도록 노력하는 것입니다. 제일 먼저 아이의 감정을 읽습니다. 대화를 충분히 하면서 아이의 감정이 제자리로 돌아오면 행동을 교정하면 됩니다. 그러면 훨씬 교정이 빨라요. 문제 행동이 잦은 아이일수록 많이 해야 합니다. 그러니 아이보다 지치면 안 됩니다. 아이는 자신을 자신보다 걱정하는 누군가가 있다는 사실을 잘 압니다. 그러면 멀리 안 갑니다.

셋째, 아이 속도와 색깔의 '존중'
아이의 속도에 맞는 도구를 선택한다

아침 수학을 풀 때 아이의 수준에 맞는(해볼 만한) 문제집을 준비합니다. 6학년이지만 아래 학년 수학 개념이 부족하면 4학년이나 5학년 문제집을 준비해서 풉니다. 여기서 중요한 것은 아이 각자의 성취감과 즐거움이며, 더불어 다른 아이들로 하여금 아이의 수준을 함께 존중하는 문화를 만드는 것입니다. 내가 다른 아이들과 다른 것이 나쁘거나 잘못된 것이 아니며, 다른 아이가 뒤처져 있는 것은 도울 일이지 무시하고 놀릴 일이 아니라는 것을 아는 것이죠.

"모두를 사랑할 필요는 없다! 그러나 존중은 필요하다. 내가 모두에게 사랑받을 수 없듯이, 나도 모든 사람을 사랑할 수는 없다. 그렇지만 우리는 더불어 살기에 서로에 대한 존중은 반드시 필요하다. 존중이란, 그 사람을 있는 그대로 받아들여주는 것이다."

그 존중은 아이의 성장 속도에도 해당됩니다. 각자의 속도를 저뿐만 아니라 아이들도 존중하도록 이끕니다. 서로를 존중하는 문화를 만들도록 끊임없이 지도하는 것입니다. 물론 제가 가장 모범을 보여야 하죠. 아이들은 가르치면서 가장 많이 배웁니다. 부족한 친구의 공부를 돕는 것만큼 엄청난 성장을 가져오는 일은 없다고 이야기하며, 서로 성장할 수 있는 문화도 함께 만들어갑니다. 물론 가르치는 것을 강요하지는 않습니다. 이 역시도 각자의 성장 속도가 있으니까요. 누군가를 도울 때는 실력뿐 아니라 기꺼이 돕는 마음 자세도 필요하므로 그 속도 역시 존중합니다. 이때 보상은 없습니다. 보상은 언제나 자신의 성장입니다!

도전에는 힘찬 박수, 실패에는 따뜻한 포옹

도전 자체를 칭찬하고 그 용기에 박수를 보냅니다. 도전했다는 것은 안주하지 않았다는 것입니다. 도전 실패에 더 힘껏 박수를 쳐주는 이유입니다. 인생을 살다 보면 성공보다 실패에서 더 많이 배운다는 점을 알고 있으니까요. 아이들 역시 그것을 하나씩 알아가

고 있으니 이 얼마나 박수 쳐줄 만한 일인가요. 인생에서 성공보다
는 실패가 많을 것입니다. 물론 도전하며 사는 사람에게만 이 역
시도 허락되겠죠. 아이들이 얻고 싶은 것을 자신의 노력으로 얻고
실패에서도 배우는 멋진 사람이 되기를 바랍니다. 그렇기에 저는
아이들의 도전에 힘차게 박수 쳐주고 아이들의 실패를 따뜻하게
안아줍니다. 이런 반응을 보고 아이들은 자꾸 시도합니다. 실패는
자연스러운 것이며, 실패해도 따뜻한 포옹을 받는다는 것을 알고
있으니까요. 그리고 어느 날 자신의 잠재 가능성을 보고 스스로
놀랍니다.

저는 아이들의 잠재력을 이끌어내기 위해서 아이들 스스로 기
획하는 배움의 시간을 마련하곤 합니다. 한 아이가 스스로 기획해
서 연 첫 강의에서 반 아이들을 울리며 성공을 거뒀습니다. 재능
기부를 한 것인데, 울림 있는 강의가 반 아이들의 마음을 움직인
것입니다. 그 후에 이 아이의 재능기부 강의는 학교 전체를 대상으
로 그 범위를 넓히게 되었습니다. 강의를 기획한 아이와 그 강의에
감동한 아이들이 모여서 교장 선생님의 허락을 얻어 방학 때 다
른 학년 아이들을 대상으로 8시간짜리 강의를 열었습니다. 강의
주제와 내용을 기획하고, 강의 참석자를 모으며, 장소 섭외까지 모
두 다 아이들이 진행했습니다. 제가 해준 것이라고는 가정통신문
양식과 절차뿐이었습니다. 또 다른 아이는 방학 때 자발적인 학습

모임을 꾸리는 기획을 했습니다. 본인이 직접 아이들을 모으고 장소를 섭외하는 등 여러 과정을 거쳐 방학 동안 함께 공부하는 모임을 만들었습니다. 저도 참 놀랐던 소중한 배움의 기억입니다.

아이들의 가능성은 정말 어디까지일까요? 저는 그저 믿어주고 인정해주고 아이들만의 속도를 존중했을 뿐인데, 아이들은 제가 상상했던 것 이상을 보여줬습니다. 물론 많은 시행착오를 겪었습니다. '이렇게 해도 될까? 이 길이 정말 아이들에게 도움이 될까?' 수없이 돌아보았습니다. 그 과정에서 얻은 것은 세상에 완벽한 아이가 없듯이 완벽한 교사도 없다는 것이었습니다. 그리고 완벽한 부모도 없지요. 그냥 이렇게 함께 가는 것입니다. 서로의 부족함을 인정하고 서로의 가능성을 믿으면서. 이렇게 함께 가는 길은 결코 외롭지 않다고 생각합니다.

Chapter 2

진짜 공부 실천법

교과서를 자주 보는 책으로
만들어주세요

"아이 학습에 가장 도움이 되는 책은 무엇일까요?"

혹시 교과서 맨 뒷장 펼쳐보신 적 있으세요? 저는 매해 교과서를 함부로 대하거나 교과서에 전혀 관심을 두지 않는 아이들에게 맨 뒷장을 펼쳐보게 합니다. 모든 교과서 맨 뒷장에는 교과서를 만든 사람들의 명단이 빼곡히 수록되어 있습니다. 연구진, 집필진, 심의진, 검토진, 발행협조 외에도 발행일까지 나와 있지요. 대부분의 아이들은 맨 뒷장을 처음으로 보면서 놀랍니다. 본인들이 대수롭지 않게 생각하는 교과서를 이렇게 많은 사람들이 열심히 연구하고 노력하며 만들었다는 사실을 몰랐던 것이죠. 이름 옆에는 그 사람이 현재 근무하는 곳도 함께 기록되어 있는데, 대체로 교수와 현직 교사들입니다.

"애들아, 어때? 너희들은 교과서를 중요하지 않게 생각하지만, 교과서를 이렇게 훌륭한 분들이 머리를 맞대서 열심히 만들었어. 왜 그랬을까? 너희들이 바로 우리나라의 희망이고 꿈나무이기 때문이야. 꿈나무들에게 아무 책이나 쥐어줄 순 없는 거니까. 얼마나 심사숙고해 만들었겠니? 너희들이 더 열심히 보고 풀었을 문제집과는 비교가 안 될 정도로 고민하고 노력하며 만든 책이야. 이 책은 너희가 돈을 주고 구입하지 않았지만 너희 부모님이 내는 소중한 세금으로 제작되었어. 종이 질도 아주 좋지? 낙서하고 빈칸으로 남겨두기에는 아깝지 않니?" 이렇게 이야기를 꺼내면 아이들이 교과서를 대하는 태도가 조금은 달라집니다. 물론 한 번 이야기해서는 자꾸 잊어버리니까 아이들이 교과서를 함부로 대할 때 가끔씩 일러주곤 하지요. 부모님들도 한번 교과서 뒷장을 보시기 바랍니다. 아이와 함께 보고 이런 이야기를 나누면 더욱 좋습니다.

교과서는 멀리하고 학원 학습지나 문제집을 훨씬 중요하게 생각하는 아이들을 보며 안타까운 적이 많았습니다. 교과서가 완벽하다는 것은 아니지만, 아이들이 학교를 다니면서 가장 많이 접하고 수업 시간에 함께 배우는 중요한 자료이므로 교과서를 대하는 태도는 굉장히 중요합니다. 그리고 초등학교에서만 보고 마는 자료가 아니라, 초·중·고까지의 모든 교육과정이 교과서를 통해 연계되기 때문에 교과서는 아이들의 학교 공부에서 몹시 중요합니다. 교과서를 초등학교 시절부터 가까이하는 태도를 길러준다면, 학교 공부가 조금 더 친근하게 느껴지고 쉬워질 것입니다. 교과서만큼 해당 나이에 공부해야 할 내용을 체계적으로 잘 구성한 책은 드뭅니다. 그 사실을 모르고 교과서를 멀리하다가 공부가 더 어려워질까 봐 걱정이 되기도 합니다. 그런 점에서 교과서의 어떤 부분을 가정에서 유심히 살피면 좋을지 각 교과별로 알아두면 좋은 점을 간단히 소개합니다.

국어: 수업 참여 지표로 활용한다

국어 교과서는 학교에서 모둠별로 진행하거나 짝과 함께하는 활동이 많습니다. 국어는 말하기/쓰기의 표현 활동과 듣기/읽기의 이해 활동이 많고, 언어 자체가 사회성을 띠고 있기 때문입니다. 그래서 국어 교과서에는 질문이 많고 그에 따라 쓰는 활동도 많습니다. 아이가 학교에서 수업에 잘 참여하고 있는지 살펴보는 지표로 국어 교과서를 보면 좋습니다. 교과서에 빈칸이 많다면 수업 시간에 집중하지 않고 소극적으로 활동했다는 뜻입니다.

학교에서 선생님이 많은 아이들의 교과서를 일일이 챙겨주기는 쉽지 않습니다. 주말이나 단원이 끝날 때, 정 안 되면 한 학기가 마무리되는 방학에 꼭 아이와 함께 교과서를 살펴보시길 권합니다. 부모님이 아이 학교 생활에 관심을 가지고 있다는 것을 표현하는 것이 중요하기 때문입니다. 부모님이 학교 수업에 관심을 가지고 있다는 것을 아이가 알면, 아이는 수업 시간을 허투루 보내지 않습니다. 활동을 할 때도 더 성의 있게 하고 수업 내용도 교과서에 더 잘 적기 위해 노력합니다.

교과서에 쓴 아이의 글쓰기도 한번 살펴주세요. 글쓰기에는 아이의 생각이 고스란히 드러납니다. 내 아이가 어떻게 글을 쓰고 있는지 국어책을 보면 한눈에 파악됩니다. 글씨가 엉망이면 매일 글씨 연습 시간을 짧게라도 마련하여 글씨 교정을 도와주시고, 글 길이가 짧다면 조금씩 늘릴 수 있도록 도와주세요. 대체로 아이들의 글 길이가 짧은 데는 귀찮다는 이유가 큽니다. 글을 짧게 쓰는 것도 습관입니다. 깊이 생각하는 것이 귀찮은 것이지요. 자신이 왜 그렇게 생각했는지 그 이유만 덧붙여도 글 길이가 조금씩 늘어납니다.

대부분의 아이들은 충분히 글을 늘릴 수 있습니다. 5줄, 6줄, 10줄 식으로 글 길이를 점차 늘리는 연습을 꾸준히 하면, 글 분량을 쉽게 늘릴 수 있습니다. 학교에서 아이들이 글쓰기에서 가장 많이 하는 질문이 "몇 줄 써요?"입니다. 부르는 만큼 아이들은 쓸 수 있다는 것을 경험으로 많이 확인한 바 있습니다. 그러니 아이에게 글을 길게 쓰는 연습을 시키면 글 길이는 어렵지 않게 늘어납니다(그렇지 않은 경우 129페이지 참고).

생활 글쓰기의 경우 마음장을 이용하여 아이와 소통하면서 글쓰기를 해보셔도 좋습니다. 아이의 글에 댓글을 달아주며 서로 소통하면 아이는 외롭지 않게 글 길이를 늘릴 수 있을 것입니다.

제안하는 글, 주장하는 글, 설명하는 글쓰기를 어려워하는 경우 교과서에 예시 지문으로 나온 글을 필사하는 것도 좋습니다. 교과서에는 글의 구조가 굉장히 잘 드러나는 예시문이 수록됩니다. 엄선된 글이 실려 있어서 글 내용도 좋습니다. 아이들은 필사를 귀찮아하지만 어려워하지는 않기 때문에 이런 종류의 글을 어려워하는 아이라면 필사도 많은 도움이 됩니다.

교과서 뒤쪽에 있는 '실린 자료' 목록도 꼭 참고해주세요. 교과서에 수록된 책이나 영상이 소개되어 있습니다. 엄선된 좋은 자료이므로 참고해서 아이에게 제공해주면 많은 도움이 됩니다.

마지막으로 아이가 국어 교과서의 질문을 눈여겨볼 수 있도록 해주세요. 국어 교과서에는 질문이 굉장히 많고, 이 질문들은 다른 교과서의 질문들보다 더 깊이가 있습니다. 좋은 질문의 예를 많이 찾을 수 있습니다. 질문에 답하는 것도 중요하지만, 질문을 만드는 것은 그 이상으로 중요합니다. 그동안 답을 찾는 국어 공부를 했다면 이제는 의문을 가지고 좋은 질문을 하는 공부도 필요합니다. 그러기 위해서 국어 교과서의 질문도 꼭 놓치지 마세요.

2. 글 ㉮와 글 ㉯를 읽고 친구와 묻고 답하기 놀이를 하며 내용을 알아봅시다.

(1) 질문을 만들고 묻고 답해 보세요.

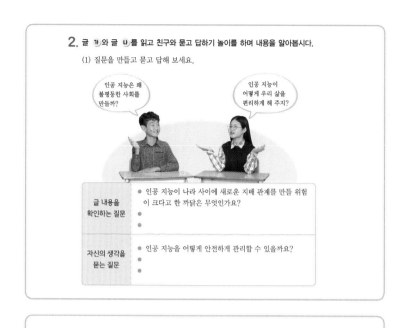

인공 지능은 왜 불평등한 사회를 만들까?

인공 지능이 어떻게 우리 삶을 편리하게 해 주지?

글 내용을 확인하는 질문	• 인공 지능이 나라 사이에 새로운 지배 관계를 만들 위험이 크다고 한 까닭은 무엇인가요? • •
자신의 생각을 묻는 질문	• 인공 지능을 어떻게 안전하게 관리할 수 있을까요? • •

3. 「덕실이가 말을 해요」를 읽고 짝과 함께 질문을 만들고 해결해 봅시다.

②

	질문	답
내용 확인 질문	수일이는 방에서 무엇을 했나요?	컴퓨터 게임을 했습니다.
추론 질문	엄마께서는 왜 덕실이가 말을 한다는 것을 믿지 않으셨을까요?	
감상 질문	수일이에 대해 어떤 생각이 드나요?	

'추론'은 이야기에 직접 드러나지 않은 내용을 글의 앞뒤 사실로 미루어 생각해 보는 활동이에요. 이야기를 추론하며 읽으면 사건의 원인이나 결과, 인물의 마음을 상상하며 재미있게 읽을 수 있어요.

국어 교과서에 실린 질문들

영어: 단원 제목이 핵심이다

영어는 모국어가 아닌 외국어이므로 더 단순하게 교과가 구성되어 있습니다. 교과서 영어에서 중요한 것은 단원 제목입니다. 이 단원 제목에 주요 표현과 해당 단원에서 알아야 할 단어가 잘 나와 있습니다. 그래서 단원 제목을 절대로 놓치면 안 됩니다. 예를 들어, 단원 제목이 "What Do You Do on Weekends?"(천재교육 5학년)라면, 이 단원에서는 여가 활동을 묻고 답하는 것을 주요 표현으로 배웁니다.

배울 내용도 교과서에 친절하게 안내되어 있습니다. 이 단원에서는 "What Do You Do on Weekends?(주말에 뭐 하니?)"라고 묻고, "I watch a movie on Sundays.(일요일에는 영화를 봐.)"라는 식의 대답을 배우는 구성입니다. 다양한 답을 위해 제시되는 단어들(Words)이 나옵니다. 단원명이 있는 해당 페이지에 모두 제시되어 있습니다. Words를 이용해서 여가 활동을 묻고 답하는 활동을 하는 것이지요. 따라서 단원명과 그에 따른 대답, 그리고 다양한 대답을 할 수 있는 Words를 익히면 영어 교과서를 부담없이 공부할 수 있습니다. 그 전에 배웠던 표현도 다시 자주 등장하기 때문에 그때그때 잘 익히고 배웠던 표현을 복습하는 것도 중요합니다.

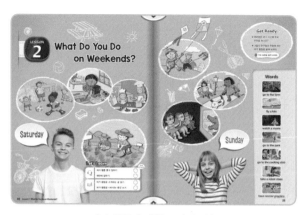

여가 활동에 관한 교과서 단원

Let's Learn(학습 내용)
여가 활동 묻고 답하기
제안에 답하기
여가 활동을 소개하는 글 읽기
여가 활동을 나타내는 문장 쓰기

질문	What Do You Do on Weekends?(주말에 뭐 하니?)
대답	go to the farm(농장에 가다)
	fly a kite(연을 날리다)
	watch a movie(영화를 보다)
	go to the movie(영화관에 가다)
	go to the park(공원에 가다)
	go to the cooking club(요리 동아리 모임에 가다)
	take a robot class(로봇 수업을 듣다)
	have soccer practice(축구 연습을 하다)

수학: 각각의 활동을 이해한다

수학은 문제를 풀어나가는 활동을 잘 이해해야 합니다. 수학에서 중요한 것은 결과를 내는 것보다 과정을 따라가는 것입니다. 계산 능력이 아니라 문제 해결력, 수학적 사고력이 중요하다는 이야기입니다. 수학 교과서에서도 단원명을 먼저 파악하고 나서 그 단원에서 공부할 문제(해결해야 하는 과제)를 파악합니다. 공부할 문제는 큰 글씨로 제시되어 있습니다.

문제를 정확하게 파악한 후에 제시된 각각의 활동을 이해하는 것이 가장 중요합니다. 5학년 1학기 4단원을 예로 들어보겠습니다. 약분과 통분 중 '크기가 같은 분수를 알아볼까요'에는 3가지 활동이 제시되어 있습니다. 첫 번째 활동은 일상생활을 기반으로 한 문제에서 직사각형의 모양을 이용해 분모가 다른 분수의 크기를 비교하는 것입니다. 두 번째 활동은 원의 모양을 통해 크기를 비교하는 것이고, 세 번째 활동은 수직선을 통해 크기를 비교합니다.

대부분의 아이들은 학원에서 선행학습을 해온 경우가 많아 굉장히 빠르게 답을 구하고 계산식을 잘 설명합니다. 반면, 활동 1, 2, 3을 설명하거나 빈 종이에 그려보라고 하면 못하는 아이들이 많습니다. 계산에 주로 초점을 맞춰서 가장 쉬운 한 가지 방법으로만 수학을 공부한 까닭입니다. 중요한 것은 계산 능력이 아니

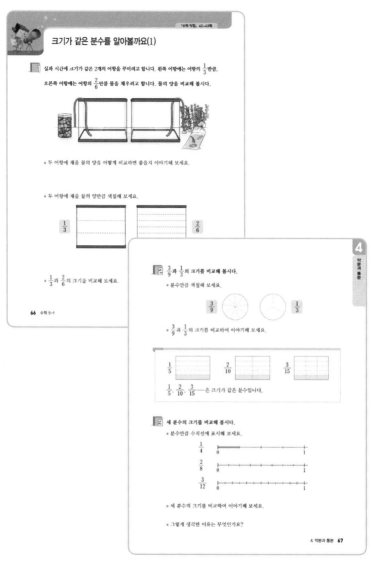

크기가 같은 분수를 알아보는 활동

라 다양한 방법으로 문제를 해결하는 힘입니다. 수학 교과서만큼 이 문제 해결력을 잘 길러주는 책은 드뭅니다. 안타깝게도 아이들은 이 좋은 활동들의 의미를 잘 이해하지 못합니다. 답을 빨리 구하는 것에 급급해서 여러 가지 방법으로 계산하는 방법을 놓치고 있습니다. 가정에서 이 부분을 아이와 함께 교과서를 보면서 이야기를 나누면 참 좋겠습니다. 이 부분은 '수학 개념을 이해했다면 정확하게 설명할 수 있습니다(270페이지 참고)'에서 좀 더 자세히 설명하겠습니다.

사회: 내용을 이해해야 암기할 수 있다

사회 교과는 아이들이 어려워하는 과목 중 하나입니다. 새로 나오는 단어도 많고 글보다는 그림, 사진, 표가 많아서 아이들은 사회 교과서를 어떻게 해석하고 읽어야 하는지 모르는 경우가 많습니다. 그 탓에 사회 교과가 어렵게 느껴지는 것이지요. 애초에 아이들이 이해하기 쉽게 표와 그림 위주로 구성된 것이지만, 그림을 해석하지 못하면 오히려 더 어렵게 느껴집니다. 사회 교과서를 볼 때는 그림을 잘 해석하는 것이 중요합니다. 이 그림이 왜 여기에서 나왔는지, 이 그림이 뭘 의미하는지, 표나 그래프는 어떻게 해석하는지를 이야기 나눠보면, 아이가 사회 교과서를 읽는 데 큰 도움이 될 수 있습니다.

사회를 암기과목이라 생각하고 무조건 외우게 하는 경우도 있는데 잘못된 방법입니다. 암기하기 전에 이해부터 해야 합니다. 교과서의 내용을 먼저 이해하고 필요한 부분을 외워야 잘 기억할 수 있습니다. 글에만 초점을 두지 말고 그림을 먼저 이해하고 글의 도움을 받는 식으로 사회 교과서를 살펴봐야 합니다. 그림을 중요하게 생각하지 않으면 사회 교과서는 계속 어려운 책으로 남게 됩니다. 교과서는 친절하게 구성되어 있고 그림 설명도 해당 페이지에 모두 나와 있습니다. 이렇게 교과서를 읽는 방법을 알게 되면 사회 교과서가 재미있어지고 사회 교과가 편안하게 다가옵니다.

사회 교과서에 나오는 그림과 사진

과학: 사진 자료 해석과 질문이 중요하다

과학 교과서는 사회 교과서보다 더 얇고 사진 위주로 구성되어 있습니다. 그래서 도대체 무엇을 공부할지 모르겠다고 하소연하는 분들도 많이 봤습니다. 과학 교과서에서는 사진을 잘 들여다봐야 합니다. 책이라고 생각해서 글에 많이 집중하는데, 사회와 과학은 사진 자료를 해석하는 것이 중요한 교과입니다.

과학 역시 국어처럼 질문이 중요한 과목입니다. 과학 교과서 차례를 살펴보면, 각 단원에서 공부할 문제들이 대부분 질문으로 되어 있습니다. 이 질문에 답을 찾아가는 과정이 바로 과학 교과서의 핵심입니다. 대체로 실험을 통해 찾고 결론을 얻는 것입니다. 따라서 실험에 필요한 준비물이 무엇이며, 실험 활동 과정, 실험에서 주의할 점, 실험을 통해 알게 된 점, 무엇보다도 이 실험을 왜 하는지 이유를 아는 것이 중요합니다. 그런데 대체로 답에만 초점을 맞추는 경우가 많습니다. 실험 과정은 모르고 결과만 아는 것이죠. 반쪽짜리 공부입니다.

과학 지식은 원인과 결과가 한 쌍을 이룹니다. 결과에만 초점을 맞추면 그 지식은 별 의미가 없습니다. 과학자처럼 답을 찾아가는 과정이 중요합니다. 과학적 사고력과 문제 해결력을 기르는 교과가 바로 과학이니까요. 이미 나온 결과를 외우는 것이 중요한 공부가 아니라는 것을 부모님들도 아실 것입니다. 교과서의 실

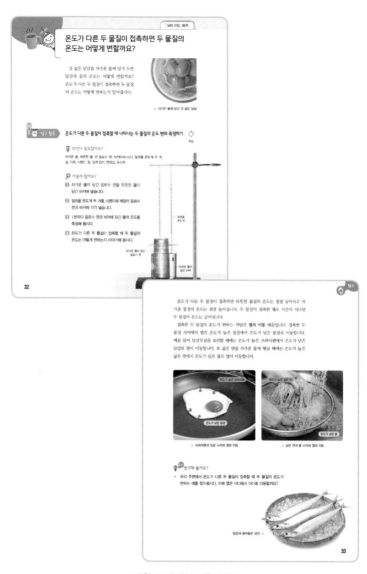

과학 교과서의 실험 과정

험 과정에 주목하고, 제시된 사진과 표를 해석할 수 있는 공부를 해야 합니다. 어렵게 생각하지 말고 교과서를 잘 살펴보면 됩니다. 아이와 함께 이 사진이 왜 여기 나왔는지, 실험을 어떻게 설계했는지 등을 이야기 나누면서 교과서를 천천히 살펴보세요. 교과 내용을 살펴보면 충분히 이해할 수 있습니다. 미리 겁먹지만 마세요.

교과서를 가까이하기 위해서 각 과목별로 중요한 부분을 살펴봤습니다. 교과서도 한 권의 책이기에 가장 중요한 것은 언제나 제목과 차례입니다. 자신이 지금 배우고 있는 부분이 어디인지 정확하게 알고 배우는 사람과 그렇지 못한 사람의 배움은 다릅니다. 목적지를 알고 가는 사람과 모르고 가는 사람의 여행이 다르듯이요. 교과서를 잘 모르는 사람은 교과서가 굉장히 불친절하게 여겨질 것입니다. 문제 풀이 위주로 공부하고 이해 대신 암기를 중요하게 생각한다면 불친절하게 느껴질 수 있습니다.

교과서는 정답이 아닌 앎을 찾아가는 과정을 보여주는 책입니다. 완벽하지는 않지만 많은 사람이 굉장히 노력해서 만든 책입니다. 신중에 신중을 기해서 선택된 자료가 실려 있습니다. 교과서의 그림, 질문, 텍스트를 그냥 지나치지 마세요. 거기에 담긴 의미를 아이와 함께 고민하고 대화를 나눠보면 재미있는 시간도 되고 새롭게 알게 되는 사실도 많을 거예요. 아이에게 가르치려고 하지 말고 진짜 궁금한 마음으로 아이에게 질문을 던져보세요. 아이는 이미 그 내용을 배웠기 때문에 자신의 생각을 펼칠 수 있습니다. 말이 서툴러도 들어주세요. 부모에게 설명하다 보면 자신의 부족한 부분도 깨닫고 더 잘하고 싶은 마음이 들 것입니다. 그 마음이 배움의 시작입니다. 처음부터 완벽하게 교과서를 파악하는 것이 아니라 교과서를 가깝게 느끼도록 하는 것을 목표로 해주세요. 그럼 하나로도 할 이야기가 많습니다. 이 시간이 바로 아이와 공부로 소통하는 진짜 공부 시간입니다.

개념 공책으로 개념을
튼튼하게 쌓게 해주세요

"교과서 개념이 정말 중요하다는데 어떻게 정리하면 좋
을까요?"

매일 배우는 내용을 정리하지 않고 넘어가면 아이들에
게 남는 것이 별로 없습니다. 그렇다고 매일 정리하자니 그 내용이
벅차기도 하고 기계적으로 정리할 것도 같습니다. 아이들 중에 공
책에 학습 정리하는 것을 좋아하는 아이는 정말 드뭅니다. 좋아
하는 아이들 중에서도 학습 내용보다는 꾸미는 것에 더 집중하는
아이들이 꽤 있지요. 어떻게 하면 아이들이 부담을 덜 느끼면서
도움도 되는 정리를 할 수 있을지 많이 고민한 끝에 저는 '개념 공
책'을 생각해냈습니다.

다음은 제가 공책 정리에서 중요하게 생각하는 3가지 항목입
니다 아이들이 정리하기 쉽고, 꼭 필요한 내용을 담고 있으며, 가

지고 있으면 두고두고 도움이 되는 공책! 바로 개념 공책입니다.

공책 정리에서 중요한 3가지 항목
첫째, 정리하기 쉬운가?
둘째, 꼭 필요한 내용을 담고 있는가?
셋째, 소장할 만한 가치가 있는가?

개념 공책이란?

개념 공책은 교과서에 나온 개념만을 정리하는 공책입니다. 각 교과마다 중요한 개념은 눈에 띄게 굵은 글씨나 색글씨로 표시되어 있습니다. 개념이 특히 더 중요한 수학 교과에서는 다음 사진처럼 친절하게 네모 상자에 정리되어 있습니다. 국어, 사회, 과학에서도

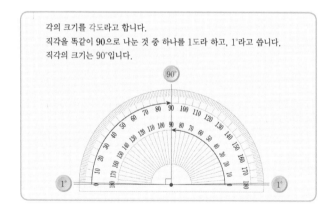

굵은 글씨로 단원에서 중요한 개념이 눈에 띄게 정리되어 있습니다. 그 개념만을 정리해서 모아놓은 공책이 바로 개념 공책입니다. 교과서에 있는 개념을 모조리 모아놓은 공책이라고 생각하면 쉽게 이해할 수 있습니다.

개념 공책의 필요성

개념은 모든 공부의 기본입니다. 개념을 정확히 이해하고 있어야 그 지식을 바탕으로 다음 학습이 진행되는데, 개념을 확실히 이해하지 못한 채 속도에만 집중하다 보면 모래 위에 집을 짓는 격이 됩니다. 따라서 개념을 제대로 이해할 수 있도록 정리하는 시간은 매우 중요합니다. 개념은 한 번 이해했다고 머릿속에 영원히 저장되는 것이 아니므로 언제든 찾아볼 수 있는 공책이 필요합니다.

교과서는 부피도 크고 권수도 많은 데다 해당 학년이 끝나면 교과서를 버리게 되므로, 교과서에서 개념만 뽑은 공책 정리는 큰 의미가 있습니다. 교과서 개념은 다른 학년과도 연계되어 심화 확장되므로 한 곳에 쭉 정리해둔 공책은 큰 도움이 됩니다. 게다가 아이가 직접 손으로 써서 만든 공책이므로 그 의미도 남다릅니다. 자신의 노력이 많이 들어간 공책이므로 절대 쉽게 버리지 않습니다. 시간이 흐르면서 공책의 의미를 더 알게 될수록 공책을 더 아끼게 됩니다. 스스로 제작한 개념 교과서나 다름없으니까요.

장기기억으로 전환되는 개념 공책의 힘

초등학교 교과서에는 개념이 많이 나오지 않습니다. 교과서에 나와 있는 개념만 간단하게 정리하면 되므로 아이들이 개념 공책을 부담 없이 시작할 수 있습니다. 문제집을 풀다가 개념이 막히면 스스로 정리한 공책을 바로 펼쳐보면 됩니다. 그 공책에는 문제와 연계된 개념이 잘 정리되어 있거든요. 본인이 정리했기 때문에 찾기도 쉽고 눈에도 쏙 들어옵니다. 별 노력 없이 적은 공책인데 정리 효과는 뛰어나서 신기할 지경입니다.

수업 시간에 지나간 개념이 다시 등장할 때 자신의 개념 공책을 꺼내 그 개념을 확인해봅니다. 보고 또 보고 하면서 개념은 어느새 아이들의 머릿속 장기 기억으로 저장됩니다. 이제 공책을 보지 않고도 자연스럽게 말을 하게 되는 것이죠. 이것이 개념 공책의 놀라운 힘입니다.

개념 공책 쓰는 시기

개념 공책을 적는 제일 좋은 방법은 개념이 나올 때마다 그때그때 쓰는 것입니다. 쉬는 시간을 이용하거나 자투리 시간을 이용해서 쓰면 좋습니다. 개념 공책 정리가 습관이 되면 아이들은 자동으로 씁니다. 그러나 아직 중요성을 모를 경우에는 쉽지 않을 수 있죠. 이럴 경우는 주말을 이용하면 좋습니다. 주말에 교과서를 보며 한주 동안 배운 개념을 차분하게 정리하는 방법입니다. 주말도 쉽지 않다면 한 단원이 끝날 때마다 정리하는 방법도 괜찮습니다. 한 단원에서 다룬 개념을 한꺼번에 정리하고 단원 평가를 통해 문제를 풀며 개념을 들여다보는 것도 좋은 방법입니다.

내가 정리한 개념이 문제에 어떻게 녹아 있는지 알게 되면, 개념 공책의 중요성을 아이 스스로 알게 됩니다. 그 후에는 개념 공책 쓰기에 탄력이 붙게 됩니다. 만약 아이가 개념 공책 정리의 필요성을 끝끝내 못 느껴 학기 중에 정리하기 쉽지 않은 경우에는 방학을 이용해보세요. 방학은 아이의 학습을 재정비할 좋은 기회이고 복습을 할 수 있는 절호의 시간이므로, 이때를 이용해서 차분하게 정리하는 것도 좋습니다.

개념 정리를 하면서 문제도 함께 풀어보면 개념이 왜 중요한지 알게 되므로, 개념 정리와 함께 문제집을 풀 수 있게 해주세요. 제대로 복습을 할 수 있는 기회가 되므로 아이 학습에 난 구멍도 잘 채울 수 있습니다. 이때 머릿속에 개념을 잘 채우면 다음 학기 공부에 자연스럽게 연결되므로 예습 이상의 효과를 볼 수 있습니다. 아이 학습에서 부족한 개념을 채우는 복습이 예습보다 훨씬 도움이 된다는 사실을 언제나 잊지 마세요.

개념 공책을 정리할 때 주의점

과유불급

많이 쓸 바에는 안 쓰는 것이 낫습니다! 잊지 마세요. 항상 중요한 것은 '해볼 만하구나!'라는 생각을 아이에게 심어주는 것이에요. 처음에는 정말 굵은 글씨인 개념만 정리합니다. 아이가 직접 작성하는 개념 모음집이어서 개념 외의 다른 내용을 이것저것 기록하다 보면 공책의 특징이 사라질 수 있습니다. 공책을 잘 정리하다 보면 욕심이 생겨 이것저것 넣고 싶어질 수 있는데, 처음에 이 공책을 쓰게 된 이유를 기억해야 합니다. 공책은 깔끔하고 얇을수록 그 효과가 큽니다. 하나라도 제대로 꾸준히 정리해본 경험이 있어야 점점 더 나은 자신만의 공책을 정리할 수 있습니다.

색깔 이용

교과서 글씨의 다른 색깔에 주의합니다. 개념 공책에도 똑같이 따라 표시합니다. 교과서에서 괜히 그 색깔을 쓴 것이 아닙니다. 특히 수학에서 그렇습니다. 색깔을 다르게 쓴 이유가 있습니다. 교과서에 그 이유가 잘 설명되어 있고 그 내용은 수업 시간에 중점적으로 다뤄집니다. 색깔이 다른 이유를 파악하며 정리하면, 개념이 더 쏙쏙 들어옵니다. 색연필을 사용해도 좋습니다. 필요한 부분(중요한 부분)을 예쁘게 칠하면 보기 좋은 공책이 됩니다. 계속해서 펼

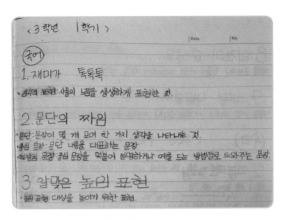

실제 개념 공책 사례

쳐보고 싶은 나만의 공책이 되는 것이죠.

공책을 정리하는 이유는 자꾸 펼쳐 보기 위해서입니다. 자꾸 자꾸 펼쳐보고 그 내용을 내 머릿속 장기기억으로 저장해서 언제든 꺼내도록 하기 위한 것입니다. 공책을 자주 펼쳐보기 위해서는 정리한 내용이 보기 좋아야 합니다. 한눈에 들어와야 더 잘 기억됩니다. 그러기 위해서는 글씨도 중요하지만 색깔을 이용하는 것이 좋습니다. 색깔을 잘 이용하면, 멋진 개념 공책이 탄생될 뿐만 아니라 개념을 이해하는 데 도움이 될 수 있습니다.

학년, 학기, 교과, 단원명 등 제목을 반드시 쓸 것
책에서 가장 중요한 것은 제목이죠. 개념 공책도 마찬가지입니다.

아이들이 정리한 공책을 보면 제목을 쓰지 않는 아이들이 많습니다. 가장 중요한 부분을 놓치고 있는 것입니다. 내용보다 더욱 중요한 것이 바로 제목입니다. 내용은 열심히 썼는데 내가 쓴 내용이 무엇인지 모른다면, 여행은 갔는데 어디로 온 것인지 모르는 것과 같습니다. 따라서 제목은 반드시 써야 합니다. 제목을 가장 먼저 쓰고 그 다음에 해당 내용이 따라옵니다. 몇 학년 개념인지, 교과는 무엇인지도 당연히 씁니다. 학년, 학기, 교과, 단원명 등은 가장 기본적으로 적어야 하는 부분인데 놓치는 경우가 참 많습니다. 제목은 학습의 지도, 즉 학습 내비게이션의 역할을 합니다.

여백의 미

너무 빽빽하게 쓴 공책은 다시 꺼내보고 싶지 않을 확률이 큽니다. 많은 내용을 정리하는 것이 아니라 자주 보는 공책을 목표로 해야 합니다. 시간과 노력을 들여서 공책을 정리하는 이유는 자주 꺼내보고 학습의 이해를 돕기 위해서입니다. 여백이 있는 공책은 아이의 마음을 편안하게 해줍니다. 공부해야 할 내용도 해볼 만한 양으로 느껴집니다. 아이 공부에서 중요한 것 중 하나가 바로 학습 의욕입니다. "해볼 만하구나!"를 느끼도록 하는 것이요. 그래서 여백은 중요합니다. 아이의 학습 심리를 편안하게 해주는 비법입니다.

저학년 개념 공책

중·고학년 때는 교과서에 각 과목별로 개념이 뚜렷하게 잘 나와 있어서 개념 공책을 정리하는 것이 어렵지 않습니다. 개념 공책은 사회와 과학 교과가 시작되는 3학년부터 정리하면 좋습니다. 하지만 개념 공책을 주변에 소개하면 저학년도 할 수 있냐고 묻는 분도 꽤 있습니다. 저학년부터 꼭 할 필요는 없지만 학교에서 배운 내용을 손으로 다시 한 번 정리하는 활동은 아이에게 좋은 경험이 되긴 합니다.

수학 과목의 예를 들면, 저학년 때는 연산에만 신경 쓰기보다 아이에게 부담되지 않는 선에서 개념 공책을 정리하는 것도 좋다고 생각합니다. 글씨도 많이 써봐야 하는 나이이므로 손의 힘을 기르는 차원에서도 도움이 될 수 있습니다. 저학년의 경우, 단원별로 개념이 뚜렷하게 잘 나와 있지 않고 아이도 처음으로 개념 공책을 정리하기 때문에 부모님의 손길이 많이 필요합니다. 하지만 시간이 여유롭고 개념이 많지 않으며 부모와 공부로 소통하는 시작점이어서 개념 공책이 좋은 경험이 될 수 있습니다.

교과서의 그림을 복사해서 붙여도 되고, 뒤에 있는 붙임 딱지를 이용해도 좋습니다. 정리에 초점을 두기보다는 아이와 수학에 관한 이야기를 나누며 공부로 소통하는 기회로 삼으시길 바랍니다. 속도에 신경 쓰지 마시고 천천히 아이와 대화를 나누며 정리해보세요.

아이와 함께 정리한 저학년 수학 개념 공책

아이는 공책에 개념을 정리하면서 즐거움을 느끼게 될 것입니다. 학습에 관해 좋은 경험을 심어준 것이지요. 글씨는 크게 또박또박 쓰도록 해주시면 좋습니다. 무엇보다도 빨리 가는 학습보다 제대로 가는 학습이 중요하므로 아이의 속도를 존중해주세요.

중·고학년 개념 공책의 심화 버전

아이가 개념 공책을 스스로 잘 정리하고 개념을 잘 이해하고 있다고 판단되면 개념 공책의 심화 버전을 한번 시도해보세요. 이 개념 공책의 심화 버전은 굳이 하지 않아도 되므로 무리하게 진행하지 않아야 합니다. 아직 준비되지 않은 아이에게 밀어붙이다가 오히려 역효과가 생길 수 있으니 신중하게 시도하시기 바랍니다.

수학을 예로 들면, 교과서의 개념을 그림으로 함께 그리면 좋습니다. 수학에서는 그림이 중요합니다. 아이가 말로 설명할 수 있고 그림으로 그릴 수 있다는 것은 개념을 정확하게 소화하고 있다는 증거입니다. 처음부터 그림을 많이 그리게 하면 아이는 공책을 멀리합니다. 항상 첫걸음은 아이가 해볼 만하다는 생각을 심어주

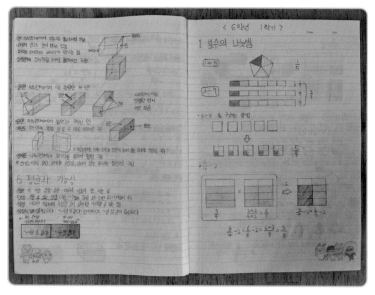

그림으로 그린 고학년 수학 개념

는 것입니다. 개념을 아직 정확하게 소화하지 못한 경우에는 교과서에 나와 있는 개념만 정리하도록 합니다. 중요한 것은 정리가 아니라 개념 이해이므로, 지나친 욕심은 언제나 독이 됩니다.

학교 현장에서 수많은 시간 동안 아이들의 학습을 지도하면서 공책 정리 방법을 많이 고민했습니다. '어떻게 정리해야 아이들 학습에 도움이 될까?' '어떻게 해야 부담 없이 스스로 쓰게 할 수 있을까?' 학습의 열쇠는 언제나 아이들 스스로가 쥐고 있으니까요. 저는 아이들에게 던지는 역할만 할 수 있을 뿐입니다.

개념 공책을 통해 아이들이 단단한 학습 능력을 쌓을 수 있으면 좋겠습니다. 이 공책의 열쇠도 아이들 스스로가 쥐고 있습니다. 초등 시절에 개념 공책을 잘 정리해본 경험으로 분명 자신만의 학습 정리법을 익히게 될 것입니다. 시간이 흐르면 아이가 스스로 꺼내게 되어 있습니다. 제대로 시작한 학습은 사라지지 않는 법입니다.

수학 개념을 이해했다면 정확하게 설명할 수 있습니다

"수학 개념을 제대로 이해했다는 것을 어떻게 확인하면 좋을까요?"

교과서로 개념을 익혔습니다. 교과서 개념을 개념 공책에 정리도 했습니다. 그리고 문제집도 풀었어요. 그렇다면 교과서 개념을 다른 사람에게 잘 설명할 수 있겠지요?

방법 1. 그림만 보고 개념 설명하기

다음은 아이가 머릿속에 정리한 수학 개념을 설명하는 방법입니다. 수식은 가리고 그림만 보여주며 설명해달라고 합니다.

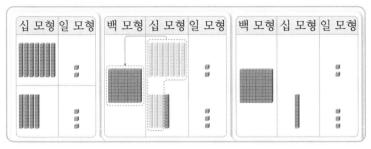

수식을 가린 그림

부모와 아이의 대화 예시(2학년 1학기 3단원. 덧셈과 뺄셈)

부모: 이게 뭔지 설명해 줄래?

아이: 72 + 43이야.

부모: 왜 그렇지?

아이: 위는 10묶음이 7개 있고, 낱개 2개니까 72고, 아래는 10묶음이 4개 있고 낱개 3개니까.(1학년에서 나온 개념) 먼저 낱개끼리 더할 거야.

부모: 왜 그렇지?

아이: 혹시 낱개를 합쳐서 10개가 되면 10묶음이 하나 생기는 거니까 낱개부터 해야 다시 계산할 일이 없어. 낱개끼리 더하면 5개고, 10묶음 7개와 4개를 더하면 10묶음이 11개이니까 110이야.

(2학년 1단원에 나오는 개념)

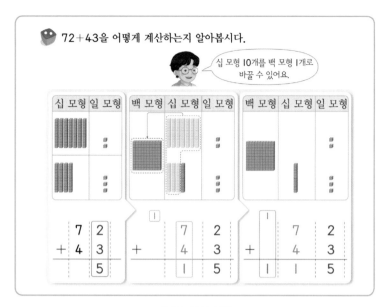

실제 교과서 그림

부모: 왜 그렇지?

아이: 10묶음이 10개이면 100인데, 11개이니까 110이야. 100모형 1개, 10모형 1개. 아까 낱개 5개 해서 115가 답이야.

참고로 모든 아이가 이렇게 대화할 수는 없습니다. 하나의 예일 뿐이죠. 중요한 것은 대화에서 보시다시피 부모님은 "왜 그렇지?"라고 묻기만 하면 됩니다. 개념을 설명하는 것은 아이의 몫입니다. 머릿속에 개념이 잘 형성되었다면, 쉽게 설명할 수 있습니다.

아이는 단순하게 덧셈하는 방법만 설명하지 않습니다. 아이의 설명에는 그동안 익힌 개념이 잘 드러나 있습니다.

방법 2. 그림을 그려 개념 설명하기

잘 형성된 개념은 그림으로 정확하게 나타낼 수 있습니다. 교과서에 그려진 그림을 설명하는 것에서 멈추지 않고 직접 그릴 수 있다면 아이 머릿속에 개념이 완벽하게 형성된 것입니다. 수학에서 그림이 중요하기 때문에 아이가 직접 그림을 그려 설명할 수 있다면 가장 좋습니다.

부모와 아이의 대화 예시(4학년 2학기 3단원. 소수의 덧셈과 뺄셈)

부모: 1.23을 그림으로 좀 그려서 설명해줄 수 있어?

아이: 1.23은 1/100이 123개이므로, 1을 먼저 다 칠하고 다른 1개를 100개로 나눈 후 23개를 칠했어. 또 1.23은 1+0.2+0.03이기도 해서 식으로도 써봤어. 수직선으로도 그렸는데, 0과 1 사이를 10개로 나눠서 1까지 가. 그리고 두 칸 더 가서 1.2까지 간 후에 1.2와 1.3 사이에 눈금은 그리지 않았지만 그 안에도 10칸으로 나눠서 3번째 칸까지 가면 1.23이야.

부모: 왜 10칸으로 나눴어?

아이: 0.2는 0과 1 사이를 10개로 나눈 것 중에 2개니까. 그리고 0.03은 0과 0.1 사이를 10개로 나눈 것 중에 3개니까.

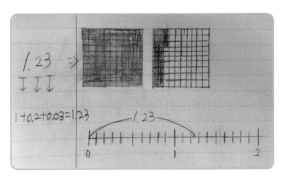

아이가 그림으로 표현한 개념 설명

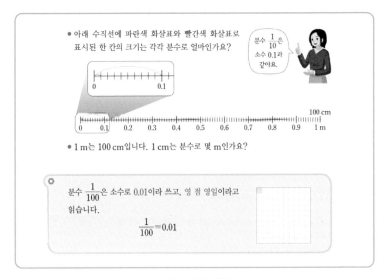

교과서 해당 개념

방법 3. 여러 방법으로 풀고 있는지 확인하기

다음은 2학년 1학기 3단원 「덧셈과 뺄셈」에 나오는 부분을 아이가 풀어서 계산한 것입니다. 앞에서 덧셈을 배우고 여러 가지 방법으로 덧셈을 해보는 과정으로, 굉장히 중요한 부분입니다. 단순하게 덧셈식(특히 세로셈으로만)으로만 푸는 것이 아니라 다양한 방법으로 아이가 풀 수 있는지 확인하면, 아이가 수학 개념을 제대로 이해하고 있는지 단순히 계산만 하고 있는지 알 수 있습니다.

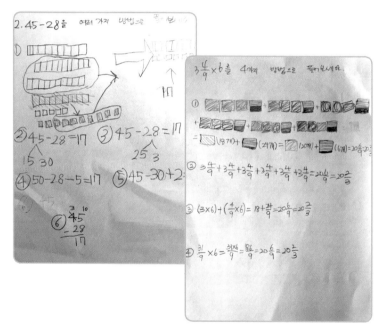

아이가 풀이한 계산 방법

방법 4. 실생활에서도 수학 확인하기

실생활에서도 수학을 확인할 수 있습니다. 수학은 우리 생각보다 훨씬 가까이에서 접할 수 있습니다. 예를 들어 마트 영수증을 보면서 기준량과 비교하는 양 찾는 놀이를 하거나, 할인해서 싸게 산 우유에서 할인율 스티커를 떼고 영수증만 보면서 할인율 맞히기 놀이 등을 할 수 있습니다. 이때 활용한 개념은 6학년 4단원의 「비와 비율」에 나오는 것입니다.

영수증과 할인된 먹거리 외에 아이가 좋아하는 과자 상자에도 수학은 숨어 있습니다. '과자 상자에 과자 봉지가 몇 개씩 몇 묶음 들어 있으니 총 과자의 개수는 ○○개다'라고 곱셈의 개념을 이용해 과자의 개수를 설명할 수도 있습니다.

아침에 먹는 사과를 통해서 분수의 개념도 설명할 수 있지요. 사과 한 개를 크기가 같은 두 조각으로 자르면 $\frac{1}{2}$을 설명할 수 있고, 4조각으로 자르면 $\frac{1}{4}$을 설명할 수 있습니다.

이렇게 수학 개념과 실생활에서 접하는 것을 연계해 설명하면 아이들은 신기해합니다. 어렵기만 하고 자신과는 상관없는 공부라고 생각했는데 실제 생활에서 활용할 수 있음을 알게 된 것이지요. 자신의 일상과 수학을 연결해 생각하다 보면, 아이들은 수학을 더 가깝고 친근하게 여기게 됩니다.

002 물사랑 주방용물비누(보충용:1400㎖			
130303020	6,700	1	6,700
003 찰보리호떡(190g/4개)/매장			
080401367	4,300	1	3,440
		[할인]	860

우유·호떡의 할인율과 영수증 항목의 비율을 이용해
「비와 비율」을 실생활에서 확인해볼 수 있다.

아이가 수학 개념을 설명할 때는 최대한 편안하게 설명할 수 있도록 해주세요. 개념을 확인하는 일은 아이를 혼내기 위해서가 아니라 아이의 개념 이해를 돕기 위해서니까요. 진짜 궁금한 마음으로 "왜?"라고 가볍게 물어봐 주세요. 아이는 아이의 언어로 설명할 것입니다. 그때 아이의 설명이 논리적인지를 보면 됩니다. 아이의 말을 듣고 이해가 안 되면 다시 설명해달라고 하세요. 시원하게 설명하지 못하는 부분은 교과서 개념으로 다시 확인하고 보충하면 됩니다. 이렇게 제대로 하나씩 익히고 다음 개념으로 넘어가야 나중에 한 번에 무너지지 않습니다.

개념 확인은 자주 하지 말고 단원이 끝나거나 방학을 이용해서 아이와 함께 대화를 나누며 차분하게 해보세요. 혹시 부족한 개념이 현재 학년 과정이 아니라면 부족한 개념이 나오는 학년의 교과서를 이용해서 다시 시작하면 됩니다. 그렇게 부족한 부분을 보충해야 아이 머릿속에서 개념의 집을 튼튼하게 지을 수 있습니다. 아래 학년 내용을 공부한다고 해서 너무 걱정하지는 마세요. 아이가 그동안 자랐기 때문에 아래 학년의 개념을 예전보다 더 빠르게 이해할 수 있습니다. 이제라도 발견할 수 있어서 다행이라고 생각하면 됩니다. 지금부터 차근차근 채워나가면 됩니다.

매일 문제를 스스로 풀게 만들어주세요

"문제집 푸는 것을 좋아하는 아이는 몇이나 될까요?"

무언가를 규칙적으로 한다는 것은 사실 쉬운 일이 절대 아닙니다. 규칙적인 운동, 규칙적인 식사, 규칙적인 기상 시간, 모두 쉬운 일이 아니죠. 규칙적으로 문제집을 푸는 것도 당연히 쉬운 일이 아닙니다. 쉬운 일이 아니기에 아이들은 하기 싫고 조금만 힘들어도 포기하고 싶어집니다. 그렇다고 문제집을 한 권도 안 풀게 할 수는 없는 노릇이죠. 개념은 잘 익혔는지, 제대로 공부는 하고 있는지 확인할 방법이 많지 않으니까요. 어떻게 하면 아이들이 문제집 푸는 것을 그나마 부담스러워하지 않게 할 수 있을까요?

스스로 푸는 매일 수학

저는 아이들과 '스스로 푸는 매일 수학'을 여러 해 진행했습니다. 아이들을 만난 첫주에 풀 만한 수학 문제를 여러 장 묶어서 줍니다. 대체적으로 그 전 학년의 연산 문제입니다. 일종의 워밍업이죠. 문제 양도 풀 수 있는 만큼 자신이 조절해서 풀라고 이야기합니다. 항상 처음에는 아이들에게 풀 만하다는 마음을 심어줘야 합니다. 아이들은 각자의 속도와 수준이 다 다릅니다. 그에 맞게 자신이 조절할 수 있도록 돕습니다.

나눠준 문제를 다 푼 아이부터 자신의 수준에 맞는 문제집을 준비할 수 있도록 격려합니다. 예습보다는 복습을, 제대로 복습을 한 아이들에게는 심화학습을 권합니다. 전 학년의 복습을 제대로 못한 아이에게는 전 학년의 개념 문제집을 권합니다. 가장 중요한 것은 아이가 부족한 공부를 채우고 매일 꾸준히 공부하는 습관을 기르는 것입니다. 문제집은 이 습관을 익히기 위한 도구입니다. 문제집을 푸는 것에 초점을 두는 것이 아니라, 문제집 풀이를 통해 부족한 공부를 채우고 공부 습관을 들이는 것을 목적으로 '스스로 푸는 매일 수학'을 해왔습니다.

매일 조금씩 풀다 보면 어느새 속도가 붙고 스스로 공부 양도 서서히 늘리기 시작합니다. 그러다 보면 시키지 않아도 다른 교과 문제집까지 풀고 있는 아이들이 생깁니다. 국어, 수학, 사회, 과학 문제집을 동시에 푸는 아이들도 여러 명 보입니다. 제가 하는 일은 이런 아이들에게 끊임없이 관심을 보이고 포기하지 않도록 격려를 하는 것입니다. 매일 어느 정도 풀었는지 점검하고, 오답 정리가 잘 되어 있으면 잘했다고 격려하면서, '스스로 푸는 매일 수학'을 아이들과 함께 1년 동안 함께하는 것입니다. 힘들어하는 아이에게는 문제집 수준을 낮춰보라고 격려하거나 문제 양을 좀 줄여보라고 권하기도 합니다. 그래야 꾸준히 오래 풀 수 있습니다.

매일 문제집을 풀다 보면 어느새 자신도 모르게 문제집 한 권이 끝나 있고, 매일 습관의 힘에 의한 성취감도 맛보게 됩니다. 그러다 보면 시키지 않아도 다음 문제집을 준비하고 있고 자투리 시간을 이용해 문제를 푸는 등 예전과는 다른 모습으로 학교 생활을 해서 부모님을 놀래키기도 합니다.

다음은 제가 아이들에게 들려주는 각 과목별 공부법 및 문제집 이용 방법입니다.

아이들에게 권하는 국어 공부법

문제집은 최소로 풀고, 결국 독서가 답이다. 문제 푸는 능력보다는 독해력이 중요하므로 여러 분야의 책을 읽는 것이 중요하다. 그러나 지식책은 아직 책 읽는 힘이 약한 사람이 읽기에는 어려우므로 이야기책을 먼저 차고 넘치도록 읽는 것이 필요하다. 지식책에 대한 욕심은 내려놓고, 우선 너희가 흥미 있어 하는 책부터 시작하라. 문제집의 경우에는 문제 푸는 감각을 기를 수 있게 간단한 단원 평가 문제집만 추천한다. 문제 위주로만 풀다가 독서하는 시간을 놓치면 안 된다. 문제집을 푸는 목적은 학교에서 배우는 국어 내용을 정리하는 데 있다. 결국 국어 실력은 풍부한 독서에서 길러진다는 것을 잊지 마라.

아이들에게 권하는 수학 공부법

문제집은 수학을 돕는 도구다. 문제집의 종류보다는 꾸준히 푸는 힘과 개념이 중요하다. 개념 중심으로 공부하려면 어떻게 하면 좋을까? 교과서로 먼저 개념을 잡고, 교과서 수학을 뒷받침할 교과서 관련 문제집을 사서 풀어본다. 수학 개념 사전이라는 책들도 있는데, 필요하면 함께 보며 이해가 가지 않는 부분의 도움을 받는 것도 하나의 방법이다.

가장 좋은 것은 교과서에 나와 있는 개념을 공책에 스스로 정리하는 것이다. 보기만 하는 것과 정리하는 것은 그 효과가 많이 다르기 때문이다. 교과서에 있는 개념만 정리하면 되므로 시간이 많이 걸리지는 않는다. 그때그때 나올 때마다 정리하면 좋지만, 여유가 없을 때는 방학 때 복습하면서 정리하는 것도 좋다.

학습량을 기르는 것이 목표라면, 여러 종류의 문제집으로 지루하지 않게 접근하는 방법도 있다. 예를 들어 교과서 수학, 연산, 창의력 수학의 문제집을 사서 번갈아 가면서 푸는 것이다. 그런데 창의력 수학이 꼭 필요하냐고 묻는다면 굳이 필요하지 않지만, 흥미가 있고 시간이 여유롭다면 조금씩 풀면서 수학을 보는 눈과 재미를 늘리는 것도 좋다. 창의력 수학을 풀면 교과서와 연산에서 느끼기 힘든 수학의 재미와 확장된 시야를 얻을 수 있다. 다만 문제를 해석하는 데 시간이 많이 들고 더 깊은 사고가 좀 더 필요하기 때문에 굳이 한다면 하루에 한 문제씩 혹은 주말에 조금씩 푸는 것을 권한다. 많이 어렵다면 풀지 않아도 좋지만, 창의력 수학이 어렵다고 느껴지면 꼭 수학만의 문제는 아닐 수 있다. 문제를 해석하는 힘도 있어야 하므로 독서의 힘이 여기서도 중요하다.

끝으로 학습지와 문제집 중 고민한다면 자신의 푸는 양을 스스로 정할 수 있고 한 권을 다 끝냈다는 것이 눈에 보이는, 성취감을 주는 문제집을 더 추천한다.

수학 난이도별 문제집 목록

구분	1단계	2단계	3단계	4단계
천재교육	개념클릭 해법수학	우등생 해법수학	응용해결의 법칙 일등수학	최고수준 수학
	1000해법수학	베스트 해법수학	수학리티: 실력응용	
디딤돌	디딤돌 초등수학 원리	디딤돌 초등수학 기본	디딤돌 초등수학응용	최상위 초등수학
비상교육	개념+유형교과서 개념잡기초등 수학	개념+유형 라이트초등수학	개념+유형 파워초등수학	
		완자초등수학		
동아출판	큐브수학S start 개념	동아 백점 맞는 수학		
좋은책 신사고		우공비 초등수학		최상위쎈
에듀왕		포인트왕수학 기본편	포인트왕수학 실력편	점프왕수학
기타	EBS 초등 만점왕수학	개념원리 쌩큐 초등수학 기본서		

구분	1단계	2단계	3단계	4단계
연산 문제집	기탄수학 (기탄교육)	최상위 연산수학 (디딤돌)	상위권연산900 (시매쓰)	
	New 기적의 계산법(길벗스쿨)			
	쎈연산 (좋은책신사고)			

도형 문제집	기적의 도형 계산법(길벗스쿨)		상위권수학960 (시매쓰)	
	도형박사 (천재교육)			
서술형· 문장제 문제집		기적의 수학 문장제 (길벗스쿨)	꼭 알아야 할 수학 문장제 (에듀왕)	문제해결의 길잡이심화 (미래엔)
			문제해결의 길잡이 원리(미래엔)	
유형별 문제집		유형해결의 법칙 셀파수학 (천재교육)	개념+유형 오답 잡는 문제집 (비상교육)	
		3000해법 수학실력 (천재교육)		
		개념원리 문제기본서 RPM 초등수학 (개념원리)	쎈수학 (좋은책신사고)	

(출처: 『잠수네 아이들의 소문난 수학 공부법』, 266~267쪽)

아이들에게 권하는 사회, 과학 공부법

사회와 과학에서도 문제 푸는 감각만 기를 수 있도록 문제집을 최소화하는 것을 권한다. 국어, 사회, 과학 교과가 함께 수록된 단원평가 문제집을 추천한다. 사회와 과학도 개념이 중요하므로, 교과서에 있는 굵은 글씨를 공책에 정리하고 간단하게 말로 설명함으로써 개념을 이해하는 방법도 있다. 자신이 알고 있는 것을 제대로 설명할 수 있을 때 자신이 진짜 알고 있는 지식이 된다. 학기 중 여력이 있다면 배운 다음 바로 바로 정리해서 익히는 것이 최고의 방법이지만, 안 될 경우에는 반드시 방학 동안 복습하는 기회를 가지길 바란다.

사회와 과학은 관련 도서로 지식을 쌓고, 어려운 용어가 많이 나오므로 한자를 공부하면 도움이 된다. 관련 도서를 읽을 때 지식 도서를 읽을 힘이 아직 없는 사람은 이야기책을 먼저 차고 넘치게 읽고 난 후 지식책을 읽어라. 그래야 그 내용을 잘 이해할 수 있다. 한자 공부도 가볍게 하되 책 읽는 시간이 줄어든다면 과감히 가지치기하는 것이 필요하다.

여기까지 아이들에게 이야기합니다. 많은 문제 양과 자신의 수준을 훨씬 넘어선 문제집을 푸는 것을 좋아하는 아이는 없습니다. 문제집이 아이의 공부를 돕는 최고의 도구가 아님을 부모님도 알고 계시리라 생각합니다. 문제집은 아이의 현재 공부를 돕는 가장 손쉬운 도구입니다. 더 먼 미래를 본다면 문제집으로만 아이의 공부 시간을 채우려 해서는 안 되겠지요. 자신의 생각을 정리하고 확장시키려면 문제집으로는 한계가 있으니까요. 독서와 교과서를 통한 개념 정리를 통해 기초 지식을 쌓고 아이가 얼마만큼 잘 이해했는지 확인하는 용도로 문제집을 이용하시면 됩니다.

방학 때는 독서와 복습에 집중해주세요

"아이들의 부족한 공부를 끌어올릴 수 있는
최적의 시간은 언제일까요?"

아이들의 현재 발달 과업은 학습입니다. 스스로 서는 힘
을 기르기 위해 학교에 다니고 있고, 공부하며 그 힘을 하나씩 기
르고 있는 시기가 바로 학창 시절입니다. 학교에서 배운 내용을 정
리하고 돌아보며 익히는 시간이 바로 방학 아니겠습니까. 그런데
누군가에게는 이 방학이 생활과 학습 패턴이 깨지는 시간이 되기
도 하고, 누군가에게는 재충전과 함께 도약을 위한 발판의 시간이
되기도 합니다. 그 차이는 바로 '스스로 공부할 수 있는 힘'이 있는
지에 있습니다.

스스로 공부할 수 있는 힘이 있는 아이에게 방학은 기회가 됩
니다. 방학 동안은 아이 자신이 시간을 계획할 수 있습니다. 매일

정해진 시간에 오고 가야 하는 학교에 가지 않아도 되고 매시간 짜여진 공부를 할 필요도 없습니다. 시키는 공부가 아니라 자신의 학습을 스스로 계획할 수 있지요.

저는 해마다 아이들에게 방학 때 다음의 이야기를 들려줍니다. 스스로 공부하는 힘을 기르기 위해 학습에서 가장 중요하다고 생각하는 기본 2가지 방법입니다. 아이들은 공감하며 진지하게 듣습니다. 누구보다 잘하고 싶고 성장하고 싶은 사람은 바로 아이들 자신이기 때문입니다.

첫째, 아이들에게 권하는 독서 방법

많이 들었겠지만 책은 굉장히 중요하다. 세상을 보는 눈을 넓혀주고 여러 가지 간접 경험을 하게 해주며 마음의 양식이 되기 때문이기도 하지만, 그 전에 책은 스스로 공부하는 힘을 기르는 데 굉장히 중요한 역할을 하기 때문이다. 독해력, 좀 넓은 의미로는 문해력, 영어로는 '리터러시(literacy)'라고 하는데, 이 능력을 갖추기 위해 책은 중요하다. 글의 뜻을 읽어내는 힘이 있어야 스스로 공부할 수 있는 힘이 생기기 때문이다. 책의 글자만 읽는 것을 독서라고 하지는 않는다. 책을 읽는다는 것은 그 속에 담긴 뜻을 읽는다는 것을 말한다.

학교에서 가장 자주 보는 교과서도 대부분 글자로 이루어져 있다. 글자를 읽는 것과 그 글을 이해하는 게 다르다는 것은 너희들도 알 것이다. 단순하게 글자만 읽어서는 속에 담긴 뜻을 이해할 수 없다. 그래서 독서로 글에 담긴 뜻을 이해하는 능력을 향상시키는 것은 중요하다. 이 능력은 하루아침에 이루어지지 않는다. 그러니 조급하게 생각하지 마라. 책의 중요성을 알고 가까이 두면 된다. 책을 가까이하고 자꾸 읽을수록 글에 담긴 뜻을 더 잘 파악하게 된다. 그러기 위해서는 자신이 보고 싶은 책을 읽는 것이 좋다. 보고 싶어야 자꾸 책에 손이 갈 테니 말이다. 남이 골라준 책은 그 사람 취향에 맞는 책이기 때문에 자주 꺼내들기 쉽지 않다. 책을 읽는 것은 지극히 개인적인 활동이니 자기 취향대로 골라 읽는 것이 좋다.

처음부터 어려운 책을 읽으려는 욕심은 버려라. 책을 읽어내는 힘이 있어야 어려운 책이 재미있는데, 그 힘이 없는 사람이 어려운 책을 읽는다는 것은 글자만 읽는 굉장히 지루한 활동이 될 수밖에 없다.

자기 책의 수준은 자신이 가장 잘 알 것이다. 자신이 읽어볼 만한 책부터 시작해라. 책을 읽는 힘이 없는 사람은 그림책부터 시작해도 좋다. 그림책은 어린아이들만 읽는 책이 아니다. 글밥이 많지 않고 내용을 이해할 수 있도록 아름다운 그림이 많이 있어서 내용을 파악하는 데 큰 도움이 된다. 또 아름다운 그림이나 상상력을 자극하는 그림이 담긴 그림책은 너희의 창의성과 심미성을 기르는 데 큰 도움이 될 것이다. 꼭 글밥이 많은 글부터 시작해야 한다는 생각은 버리고, 책을 읽는 힘이 약하다면 그림책부터 시작해보렴.

학년별 추천 도서를 읽어야 한다는 부담도 버렸으면 한다. 말 그대로 추천 책이다. 내가 그 책을 읽어낼 힘이 없다면 아래 학년 책을 봐도 된다. 중요한 것은 언제나 나의 현재 능력이다. 내 현재 능력을 파악해서 그에 맞게 자신의 실력을 채워나가는 것이 무엇보다 중요하다. 책을 읽을 때도 다른 사람의 속도와 능력이 기준이 되어서는 절대 안 된다. 나의 현재 능력에 맞는 책을 선택해서 자신만의 독서 길을 만들어가라. 꾸준히 자신만의 속도로 걷다 보면 너만의 단단한 독서 길이 어느 순간 펼쳐져 있을 것이다. 선생님은 너만의 그 길을 힘차게 응원한다.

하나만 더 이야기하자면, 책을 여러 권 읽는 것이 중요하고 좋다는 생각은 하지 않으면 좋겠다. 책은 많이 읽는 것보다 한 권이라도 제대로 읽는 것이 더 중요하다. 다독보다는 정독이 좋다는 말이다. 다독보다는 반복 독서가 더 좋다는 뜻이기도 하다. 이 말은 100권의 새로운 책을 읽는 것보다 내가 재미있게 본 한 권의 책을 100번 읽는 것이 더 좋다는 뜻이다.

책을 한 번 읽었다고 해서 책을 제대로 읽었다고 말하기는 힘들다. 예전에 한 번 읽은 책이 내 머릿속에 모두 들어 있지 않다는 것을 너희들도 잘 알 것이다. 책 여러 권 읽은 것을 자랑스러워하기보다는 주인공의 이름뿐 아니라 주인공이 입었던 옷의 색깔까지 기억할 정도로 책 한 권을 제대로 읽은 것을 더 자랑스러워하면 좋겠다. 이렇게 읽기가 훨씬 힘드니까. 제대로 읽은 한 권이 차곡차곡 쌓여서 너희도 모르는 사이에 문해력이 쑥쑥 향상될 것이다. 너희들이 좋아하는 책을 직접 골라서 재미있게 빠져들며 읽어라. 그 재미 속에서 책 읽는 힘이 길러진다.

둘째, 아이들에게 권하는 복습 방법

"학습에서 중요한 것은 언제나 예습이 아니라 복습이다. 누군가에게 들은 내용은 알고 있는 것 같지만 사실은 굉장히 잊어버리기 쉽다. 그래서 반드시 자신이 배운 내용을 정리하는 시간은 중요하고 또 필요하다. 그 활동이 바로 복습이다. 한 번 들어봤던 내용을 보는 것이니 복습은 예습과는 달리 부담이 훨씬 적다. 한 번도 배운 적 없는 새로운 공부를 하려면 도움도 필요하고 부담이 앞서지만 한 번 들어봤던 내용은 일단 해볼 만하다는 생각이 먼저 드니까. 내가 그동안 얼마나 잘 배웠는지 스스로 점검하는 것도 생각보다 재미있다. 잘 알고 있다면 스스로 칭찬할 일이고, 잘 모르는 부분을 파악했다면 부족한 부분을 채우는 시간을 만들면 된다.

그것이 복습을 하는 이유다.

혹시 공부를 잘하는 사람과 그렇지 못한 사람의 가장 큰 차이를 들어봤니? 그것은 바로, 자신이 알고 있는 것과 모르는 것을 얼마나 정확히 파악하고 있느냐이다. 어려운 단어로 메타인지라고 하는데, 복습을 통해서 이 메타인지도 기를 수 있다. 복습은 정말 중요한 과정인데, 이 중요한 과정은 건너뛰고 요즘은 예습에 더 중점을 두는 사람들이 많아서 참 안타깝다. 학습에서 중요한 것은 속도가 아니라 정확성이다. '어디까지 했다, 지금 어디 하고 있다'는 사실은 전혀 중요하지 않다. 중요한 점은 내가 얼마나 제대로 알고 있느냐는 것이다. 제대로 안다는 것은 다른 사람에게 알기 쉽게 설명할 수 있다는 것이다. 그 정도까지 익히면 진짜 제대로 알고 있는 것이다. 그다음에 예습을 해도 늦지 않다.

복습을 할 때 가장 먼저 수학에 힘쓰면 좋겠다. 수학은 직접 문제를 푸는 시간이 중요하기 때문이다. 시간이 많이 걸리더라도 꼭 스스로 풀어봤으면 한다. 다른 사람의 도움을 받으면 계속 도움이 필요할 수 있으니 한 문제라도 자신의 힘으로 꼭 풀어봐야 한다. 수학 역시 많이 푸는 것보다 한 문제라도 제대로 스스로 푸는 것이 중요하다. 문제를 풀기 위해 고민한 시간이 너의 수학 실력을 향상시킨다.

여력이 된다면 국어, 사회, 과학 단원별로 묶인 간단한 문제집도 구입해서 복습하면 좋겠다. 그동안 배운 내용을 문제를 풀며 정리하는 것도 중요하다. 문제를 풀면서 놓친 부분을 찾을 수 있을 것이다. 이때도 많은 양을 풀 필요는 없으니 문제 푸는 데 너무 많은 시간을 쓰지는 말고, 부족한 부분은 교과서와 관련 책을 찾아 채우면 좋겠다. 중요한 점은 그동안 배운 부분에서 잘 이해하지 못하고 놓친 부분을 복습으로 채우는 것이다. 그 밑바탕은 언제나 독서라는 사실은 여기서도 잊지 마라.

여기까지 제대로 했다면 그다음이 예습인데, 시간이 없다면 예습은 생략해도 좋다. 앞서 말했지만 복습과 달리 예습을 할 때는 다른 사람의 도움이 필요할 가능성이 커서 스스로 공부하는 힘이 약해질 수 있다. 예습도 스스로 할 수 있는 능력이 생길 때 하는 것이 가장 좋다. 이번 방학 때는 학습 계획을 잘 세워서 부족한 부분을 채우고 스스로 공부하는 힘을 키우는 알찬 시간이 되길 바란다.

이런 이야기를 아이들에게 들려줍니다. 어때요? 독서와 복습, 모두 아는 내용이지요? 가장 기본적인 이야기인데 어째서 가장 지키기 힘들까요? 이것저것 하려다 아무것도 제대로 하지 못하는 경우가 자주 생기기 때문입니다. 아이들 학습에서도 마찬가지예요. 가장 중요한 일을 꾸준히 제대로 하는 것은 언제나 어렵습니다. 방학 때만큼은 이 두 분야를 놓치지 않고 아이가 스스로 공부하는 힘을 기를 수 있도록 도와주세요. 방학 동안 독서와 복습을 하면서 실력이 한 단계 도약할 수 있습니다.

아이에게 줄 수 있는 최고의 선물은 무엇일까요?

체로키 인디언: 사람의 마음속에는 두 마리의 늑대가 싸우고 있단다. 한 마리 늑대는 화, 질투, 슬픔, 후회, 욕심, 오만, 죄책감, 열등감, 거짓말, 거짓 자존심, 우월감 등을 갖고 있으며, 다른 한 마리는 선, 기쁨, 평화, 사랑, 희망, 평온함, 겸손, 친절, 자비, 공감, 너그러움, 진실, 연민, 믿음 등을 갖고 있단다.

손자: 어떤 늑대가 이겨요?

체로키 인디언: 네가 먹이를 주는 쪽!

— 『고마워, 내 아이가 되어줘서』(정윤경, 북하우스), 제4강 중에서

체로키 인디언과 손자가 나눈 두 마리 늑대 이야기 들어본 적 있으세요? 삶의 지혜를 전해주는 인디언 우화입니다. 간단하지만 많은 생각이 들게 하는 이야기입니다. 저는 이렇게 마음에 울림을 주는 글은 교실에서도 읽어주는데, 아이들도 심오한 표정으로 곧잘 듣습니다. 이 이야기가 의미하는 것이 무엇인 것 같냐고 물으면, 긍정적인 생각이 굉장히 중요하다는 말을 포함하여 내가 마음 먹기에 따라 내 인생이 달라질 수 있다는 말까지 아이들 입에서 다양하게 나옵니다. 어리게만 생각했던 아이들의 생각이 참 깊어서 깜짝 놀라곤 하지요. 아이들은 두 번째 늑대에게 먹이를 줄 수 있도록 앞으로 노력하겠다는 다짐도 합니다.

주는 것만이 능사가 아니다

저는 그동안 오랜 시간 아이들을 만나면서 정말 많은 것을 주려고 노력했습니다. 신규 교사 시절에는 학교와 집이 굉장히 멀어서 버스로 출근하면서도 두 손에 바리바리 뭔가를 들고 학교까지 꽤 긴 길을 콧노래를 부르며 걸어간 적도 많았습니다. 마트에서 맛있는 과자를 잔뜩 사서 들고 가기도 하고 잘 익은 바나나 여러 송이를 낑낑대며 들고 가기도 했지요. 아침 일찍 일어나 식빵을 굽고 잼을 발라서 아이들이 우유와 함께 먹을 수 있도록 준비하기도 했습니다. 그런데 그 과정에서 자꾸 느끼는 감정은 공허함이었습니다. 물질적인 선물은 그 만족이 짧다는 것을 알게 되었죠. 더 좋은 것을 원하고 심지어 받는 것을 당연하게 생각하는 아이들을 보며 선물을 준비하는 동안 저만 설레고 기대에 차 있었다는 사실에 참 많이 서운해하기도 했습니다. 아이들이 바라서 준비한 선물도 아닌데 말이죠. 그래서 나중에는 생일 선물이나 어린이날 선물로 아이들 각자의 발을 씻겨주기도 했답니다. 태어나줘서 고맙다는 말을 건네면서요. 스승의 날에는 아이들 앞에서 큰절을 하기도 했어요. 너희들이 있어서 선생님이 존재하는 거라면서 그 마음을 전했습니다. 이런 마음 전달은 아이들에게 큰 울림과 잊지 못할 추억을 주기는 했지만, 1년 동안 서로의 일상을 계속해서 부대끼기에는 한계가 있다는 것도 알게 되었습니다.

그 후에 제가 찾은 가장 최고의 선물은 평상시의 제 마음이었습니다. 바로 건강한 제 마음입니다. 아이가 웃으며 저를 쳐다볼 때 함께 웃으며 바라봐주는 마음, 아이가 힘들어할 때 그 자리에서 함께 울어주는 마음, 아이가 실수했을 때 어쩔 줄 몰라 하면 괜찮다고 다독이는 마음이요.

매일 학교에서 건강하게 아이들을 만나기 위해 열심히 노력하는 부분 중 하나가 바로 몸 상태 조절입니다. 타고난 건강이야 어쩔 수 없지만 몸 상태는 잘 조절하려고 노력합니다. 건강한 몸 상태에서 건강한 마음이 나오기 때문입니다. 그 건강한 마음은 아이들에게 매일 바로 바로 전해집니다. 몸 상태가 좋지 않으면 좋은 말로 할 것도 그렇게 되지 않고 만사가 귀찮아집니다. 그러면 체로키 인디언이 말한 두 마리 늑대 중에 첫 번째 늑대에게 먹이를 주게 되는 것이죠.

어른의 역할은 아이들을 믿고 기다려주는 것

아이를 대하는 제 마음은 아이들에 대한 믿음에서 나옵니다. 아이 자체를 존중하고 인정하는 데서 오지요. 아이들은 자신만의 속도로 나아가고 있습니다. 서툴지만 자신만의 방식으로요. 그저 기다려주고 믿어줬을 뿐인데, 아이들은 제가 생각한 그 이상으로 성장을 보여줬고 큰 행복을 줬습니다. 무엇보다 저를 성장하게 만들었습니다.

세상에 하나뿐인 정말 소중한 내 아이입니다. 불안과 조바심이 아니라 여유와 안정감을 가지고 느긋하게 아이를 대해주세요. 아이의 성장을 믿음으로 기다려주세요. 아이는 자신을 뒤에서 믿고 기다려주는 사람이 있다는 것을 알면 묵묵하게 자신의 길을 갑니다. 부모로서 아이에게 줄 수 있는 최고의 선물은 부모의 건강한 마음이라고 생각합니다. 아이가 자기 마음속 두 번째 늑대에게 꾸준히 먹이를 줄 수 있도록 부모님이 먼저 꾸준히 좋은 마음을 가지시길 바랍니다.

마음장으로 아이의 마음을 읽어주세요

"아이에게 손편지를 써본 적 있으세요?"

때로는 말보다 글의 힘이 강력할 때가 있습니다. 아이와 소통이 원활하지 않을 때 마음을 담아 손편지를 써봅니다. 평소에 전하지 못하는 진심을 꾹꾹 담아서 씁니다. 말로 하기에는 쑥스러운 말도 글로 전할 수 있고, 글을 쓰는 동안 아이를 떠올리며 마음이 따뜻해지기도 합니다. 말은 빨리 전달되는 장점이 있는 반면, 감정을 정리해 말하기에는 시간이 부족합니다. 그래서 아이와 감정적인 부분에서 부딪칠 수 있어요. 상처 주는 말도 쉽게 입 밖으로 나가서 서로의 마음을 할퀴기도 쉽고요. 하지만 손으로 쓰는 글은 어느 정도 생각을 거쳐서 나오고 쓰면서 감정이 정리되어서, 글로 아이의 마음을 다치게 하는 일은 많지 않습니다.

마음장으로 마음 나누기

한 반에 교사 1명당 30여 명의 아이들이 있습니다. 수업과 업무로 바빠서 정작 우리 반 아이들과의 대화는 부족해지는 경향이 있습니다. 이런 슬픈 현실에서 아이들과 개개인으로 만나기 위한 방법으로 고안한 것이 바로 '마음장'이었습니다. 교사가 아이들의 마음 하나하나를 읽어주는 순간, 아이들 각자의 마음속에 등불이 켜지기 시작한다는 생각으로 시작했습니다. '어떻게 하면 아이들이 즐겁게 쓸 수 있을까?' '어떻게 하면 아이들이 쓰고 싶어질까?' 서로 소통하고자 만든 공책인데, 어떻게 하면 아이들의 마음을 열 수 있을지 굉장히 고민했습니다.

일단 아이들의 명단을 받게 되는 2월에 공책 30여 권을 사서, 맨 첫 장에 손글씨로 편지를 가득 쓴 후에 아이를 만나는 첫날에 나눠줬습니다. 아이들에게 하나씩 주제를 던져주고 자신의 마음을 쓰도록 했습니다. 아이들의 마음만 듣는 것은 반칙입니다! 저의 마음도 가능한 한 길게, 진심을 담아 들려주기 시작했어요. 아이들의 마음장에 답장을 적어주는 것이었죠. 신규 발령을 받은 해부터 아이들과 지금까지 15년 넘게 마음장으로 소통해왔습니다. 아이들의 마음을 잘 읽을 수 있어서 그동안 아이들과 큰 갈등 없이 정말 잘 지내왔습니다.

저학년 때 마음장 쓰는 방법

아이가 아직 어리다면 학교에서 쓰는 일기에 부모님이 댓글을 달아주는 것으로 시작해도 좋습니다. 따로 마음장이라는 하나의 과제를 내주면 아이에게 부담이 될 수 있습니다. 특히 어린아이들은 아직 쓰기에 익숙하지 않아서 아무리 좋은 의도로 마음장을 시작한다고 해도 버거울 수 있습니다. 아이와 마음을 나누기 위해서 마음장을 하는 것입니다. 언제나 이 본질을 잊으시면 안 됩니다. 아이와 마음을 나눈다는 이유로 아이에게 부담을 준다면 주객이 전도되는 것입니다.

아이 일기에 간단하게 댓글을 달아보세요. 맞춤법을 고쳐주거나, 다른 표현이 더 낫다는 식의 글쓰기 지도 댓글은 참아주세요. 오롯이 아이와 마음을 나눈다는 생각으로 댓글을 달아주세요. 아이의 눈높이로 이야기 나눠주시면 됩니다. 교훈적인 이야기나 조언을 해주는 것도 필요할 수 있지만, 그것보다는 아이의 일상으로 들어가 함께 느껴주세요. 관심을 가지고 마음을 나누는 것만으로도 충분합니다. 나중에 아이와 갈등이 생길 때 풀 수 있는 열쇠를 미리 만들어둔다는 마음으로 조금씩 글을 나누면 됩니다. 아이가 준비되어 있지 않다면 저학년 때는 굳이 무리하게 시도하지 마세요. 이때는 글과 말의 효과가 비슷할 때니까요. 마음장을 쓰는 것이 중요한 것이 아니라 마음을 나눈다는 것이 중요합니다.

중·고학년 때 마음장 쓰는 방법

마음장을 따로 마련하여 함께 마음을 나눌 주제를 가지고 이야기 나누는 것이 더 좋습니다. 저학년 때는 시시콜콜 많은 이야기를 나누기도 하지만, 이 시기의 아이들은 점점 입이 무거워지니까요. 이야기를 나누다가 자칫 서로 감정의 골이 깊어지기도 합니다. 사실 이때가 마음장이 필요한 적기죠. 말의 힘보다는 글의 힘이 더 강력한 시기입니다. 이제 부모님 말은 아이들에게 잔소리로만 들릴 수 있거든요. 말을 줄이고 아이에게 글로 마음을 표현해보세요. 그런데 아이가 쓰려고 하지 않거나 부모는 열심히 쓰는데 아이는 성의 없이 쓰는 문제가 벌어질 수 있습니다. 혹은 더 심각하게는 공격적으로 마음을 쏟아붓는 일도 있을 수 있습니다.

저도 이런 경우를 경험했습니다. 오랜 시간 마음장을 아이들과 쓰면서 위기가 없었다면 거짓말입니다. 위기를 헤쳐갈 수 있었던 비결은 아까 말씀드린 본질을 잊지 않았기 때문입니다. 바로 아이와 마음을 나누는 것입니다. 마음장을 쓰지 않아도 마음이 잘 통하는 아이에게는 굳이 마음장이 필요 없지 않겠습니까? 아이의 닫혀 있는 마음, 뭔가 비뚤어진 마음을 열고 싶어서 마음장을 쓰는 것이 아니겠습니까?

위기는 기회이기도 합니다. 이때는 한발 물러나서 천천히 아이의 마음을 열어주세요. 마음장을 쓰지 않는 아이에게는 편지 형식으로 부모님만 작성해서 아이 책상에 올려두세요. 매일 쓰지 않으셔도 됩니다. 아이와 갈등이 생겼거나 뭔가 답답한 마음을 전하고 싶은 날 마음장을 이용하면 됩니다. 그렇게 몇 번 하다 보면 아이도 언젠가 답장을 쓰는 날이 옵니다. 안 쓰면 어떤가요. 읽는 것만으로도 아이의 마음은 요동치고 움직이고 있습니다. 중요한 것은 아이에게 부모의 관심과 마음을 전하는 일입니다.

아이가 성의 없게 쓰는 경우도 마찬가지입니다. 부모님이 더 성의를 보이세요. 그럼 분명 아이의 마음은 열립니다. 공격적으로 쓰는 아이는 어떻게 할까요? 이 경우에는 아이의 숨은 뜻을 읽어주세요. 그 속에는 자기의 마음을 좀 알아달라는 간절함이 묻어 있는 경우가 많습니다. 감정에 가려진 속뜻을 읽어주시기 바랍니다. 그래야 갈등을 해결할 수 있습니다. 아이의 날이 선 말에 감정적으로 다가서면 더 골이 깊어질 뿐입니다. 아이보다는 부모님이 더 현명하지 않습니까? 우리는 어른이니까요. 아이는 아직 세상이 많이 낯설고 서툴러서 세상 일을 배우는 중입니다. 이런 아이에게 기댈 수 있는 따뜻한 존재가 되어주려고 마음장으로 소통하는 것입니다.

마음장으로 행복해지다

마음장을 오랜 시간 써오면서 가장 많이 배운 사람은 바로 제 자신이었습니다. 기대 이상의 마음을 넘치도록 얻었습니다. 학급에 위기가 찾아올 때마다 마음장으로 잘 소통하여 많은 문제들을 잘 해결했습니다. 마음장이 아이들의 보물 1호로 등극하기도 했고, 졸업식 날 펑펑 울며 아이들과 헤어진 해도 많았습니다. 아이의 마음을 잘 어루만져주고 들으려 노력하는 모습에 감동받은 학부모님도 많아서 학급의 문제를 해결할 때 쉽게 도움을 받을 수 있었습니다.

가장 기억에 남는 일은 남편과 사별 후 아이들에게 약한 모습을 보일 수 없어 울지 않으셨던 어머니께서 어느 날 아이의 마음장을 보고 펑펑 우셨다고 한 일입니다. 내 아이를 나만큼 사랑하는 선생님을 만났다는 것과 세상이 아직 따뜻하다는 사실에 감동받았다고 하셨습니다. 저는 지금도 해마다 새로운 아이들을 만나지만 두렵지 않습니다. 마음장 덕분에 아이들의 마음을 잘 알게되었거든요. 아이들은 자신의 마음을 잘 읽어주고 들어주는 사람을 함부로 대하지 않습니다. 순수하기에 더욱 마음의 문을 잘 열어줬고 그 이상의 감동을 줬습니다.

부모님은 아이와 평생을 함께할 사람입니다. 마음을 서로 나누지 않으면 외로워집니다. 아이도 부모님도요. 마음장을 통해 소통 한번 진하게 해보세요. 참고로 마음장 주제 목록도 소개합니다. 제가 아이들과 함께 만들었던 주제를 부모님과 쓰기 좋게 살짝 수

정했습니다. 주제는 아이와 함께 정하는 것이 가장 좋습니다. 그때 그때마다 쓸거리가 생기거든요. 응원합니다.

마음장 주제 목록

1. 부모님께 저를 소개합니다.
2. 부모님께 묻습니다.(부모님 Q&A)
3. 나의 학습태도는 몇 점?(이유도 함께)
4. 나는 왜 공부할까?
5. 부모님을 칭찬합니다.
6. 부모님께만 들려주는 나만의 이야기
7. 내가 나에게 쓰는 편지
8. 나를 웃게 하는 것은?(이유도 함께)
9. 내가 만약 투명인간이라면 가장 해보고 싶은 한 가지와 그 이유
10. 나는 이런 친구가 되어주고 싶다.
11. 부모님께 들려드리는 나의 하루!
12. 오늘 하루 부모님과 나의 역할이 바뀐다면?
13. 나를 힘들게 하는 것이 있다면? (이유도 함께)
14. 내가 좋아하는 음식과 싫어하는 음식!
15. 나에게 친구란 어떤 존재인가?
16. 부모님은 나에게 어떤 존재일까?
17. 나에게 마음장은 ○○이다.
18. 나의 화를 다스리는 비법을 소개합니다.
19. 저 요즘 이렇게 살아요.
20. 1학기를 돌아보며
21. 나의 가장 큰 문제와 그 구체적인 해결방안
22. 우리에게 주어진 시간이 1시간만 남았다면?
23. 나의 장점 5개를 알려드립니다.
24. 내가 어른이 된다면 가장 해보고 싶은 일 한 가지와 그 이유
25. 나에게 시험이란 ○○이다.
26. 나는 이런 어른이 되고 싶다.
27. 내가 추구하는 삶을 생각해보기
28. 나는 이것을 할 때 가장 행복하다.
29. 부모님과 꼭 해보고 싶은 것은?
30. 1년 동안 난 이런 점이 달라졌다.

아침장으로 매일 공부 의욕을 세워주세요

"피할 수 없다면 즐겨라!"

제가 좋아하는 명언으로, 아이들을 처음 만난 날 꼭 해주는 말이기도 합니다. 많은 시간 아이들을 만나면서 임팩트 있게 말하는 법을 연구해왔습니다. 어떻게 하면 잔소리처럼 들리지 않으면서 아이들에게 강하게 전달할 수 있을까? 그 강력한 말이 학습 의욕까지 끌어올릴 수 있다면 좋겠다고 생각했을 때 명언이 떠올랐습니다. 제가 명언을 이야기해주면, 그 명언은 조금씩 조금씩 아이들의 입에서 나오기 시작했습니다. 스스로 말하는 명언이 훨씬 효과가 크다는 것을 알고 있기 때문입니다. 또 중요한 것은 타이밍이죠. 그 명언을 언제 이야기하면 가장 효과적일지 연구했습니다. 아침 1교시 시작 전에 '아이들의 마음가짐을 다잡는 의미로 하면 좋겠다!'라는 생각이 들어서 지금까지 저희 반 교실에서는 아침 시간을 명언으로 시작하고 있습니다.

아침 주인공이 소개하는 명언

아침 시간에 저희 반에는 아침 주인공이 있습니다. 매일 한 명씩 돌아가면서 모두가 아침 주인공이 됩니다. 오늘의 아침 주인공은 아이들에게 소개하고 싶은 명언을 준비합니다. 아이들은 대부분 학습 의욕이나 삶의 의욕과 관련된 명언을 준비합니다. "피할 수 없다면 즐겨라!" "오늘 걷지 않으면 내일 뛰어야 한다!" "실패는 성공의 어머니다!" "남의 힘을 빌리면 내 힘이 약해진다!" 아침 주인공이 준비한 명언을 발표하면, 다른 친구들은 그 명언을 '아침장 공책'에 적고 다같이 읽어봅니다. 그리고 뜻을 함께 이야기하는 시간을 가지며 그날 하루의 의욕을 다집니다.

시간이 흐른 후 자세가 조금 흐트러지거나 학습 분위기가 명언에 맞지 않게 흘러갈 때 잔소리 대신 명언을 꺼냅니다. "애들아, 오늘 걷지 않으면?"이라고 물으면 아이들이 "내일 뛰어야 한다!"고 이어서 말을 하며 다시 분위기를 바로 잡습니다. 이렇게 1년이라는 시간을 매일 꾸준히 명언과 함께합니다.

일단 명언이 길지 않아서 아이들은 부담스러워하지 않고 자신이 주인공이 되어 이야기하기 때문에 오히려 은근히 즐기기까지

합니다. 어느 정도 시간이 흐르면 자신이 스스로 명언을 만들어 발표하기도 합니다. 그러면서 삶을 진지하게 생각해봅니다. 자신의 인생은 자신의 것이고 한 번 사는 인생을 더 의미 있게 살아야겠다고 다짐합니다. 이것이 1년 동안 아침장을 쓰는 이유입니다.

그럼 가정에서는 어떻게 적용할 수 있을까요? 무엇을 하든 아이들이 쉽게 해볼 수 있는 것으로 시작해야 한다고 생각합니다. 부담스럽지 않게 꾸준히 끌고 갈 수 있는 것이 좋습니다. 그리고 아이들의 삶에 서서히 스며들고 일부가 될 수 있도록 1년 동안 변함없이 꾸준하게 합니다.

1~3학년 속담 아침장

아직 어린 나이이지만 아침장을 충분히 할 수 있는 시기입니다. 이 시기에는 삶의 의욕을 다진다는 의미보다는 뭔가를 아침에 꾸준히 한다는 의미로 시작하면 좋습니다. 간단하면서도 의미 있는 하루를 여는 활동이라고 할까요? 이 아이들에게는 삶의 의미를 담은 명언보다는 쉽게 이해할 수 있고 나중에 도움이 될 수 있는 속담으로 시작하는 것을 추천합니다. 속담 역시 길지 않아서 쉽게 적을 수 있습니다. 아이들이 해볼 만해서 거부감 없이 시작할 수 있습니다. 아이들의 어휘력도 키우고 속담의 뜻을 간단하게 이야기 나누면서 하루를 의미 있게 시작할 수 있습니다.

"천릿길도 한 걸음부터"라는 간단한 속담을 적었다고 하면, "아이에게 무슨 뜻일까?"라고 먼저 묻습니다. 아이가 어떤 대답을 해도 아이의 뜻을 받아주고 이야기 나눠보세요. 다른 뜻을 이야기해도 "왜 그렇게 생각했어?"라고 물어주셔도 좋고요. 뜻을 맞히는 것이 중요한 것이 아니라, 아이의 생각을 함께 나누는 것이 의미 있다는 것을 잊지 마세요. 아이가 생각하는 뜻이 다르다면, 부모님은 "우리 ○○는 이렇게 생각했는데 이 속담은 이런 뜻이었네?"라고 가볍게 이야기하면 됩니다. 속담을 맞히는 놀이가 아닙니다. 아이와 대화를 나누는 시간에 꼭 의미를 두세요.

속담의 뜻을 알고 난 후 "왜 이런 속담이 생겼을까?"라고 질문을 던지면 아이가 자신의 삶과 연결해서 말을 이어가기도 합니다. 너무 깊숙이 들어갈 필요는 없지만 차츰 아이의 생활과 연계되는 질문을 하면 더욱 좋습니다. 예를 들어 "○○는 지금 차근차근 하고 있는 일이 있어?"라고 물으면 아이는 자신이 하고 있는 일을 골똘히 생각할 것입니다. "그 일을 지금 차근차근 하고 있는 이유는 뭐야?"라고 또 물으면, 아이는 자신만의 이유와 목표를 진지하게 생각하는 시간을 갖게 됩니다.

만약 아직 자신의 작은 목표를 가지지 못했다면 "○○는 이 속담처럼 한 걸음부터 천천히 시작하고 싶은 일이 있니?"라고 물으면 됩니다. 만약 없다고 해도 "그럼 우리 나중에 한번 같이 천천히 생각해볼까?"라고 이야기하면서 의견을 나누면 됩니다. 부모님께서도 지금 차근차근 하고 있는 일을 아이에게 간단하게 들려주시면 더욱 좋습니다. 그러면 아이가 오늘 적은 속담을 자신의 생활에 적용할 수 있다는 것을 알게 되면서 아침장을 그저 기록하는 것에 그치는 것이 아니라 적극적으로 활용하게 됩니다. 이렇게 간단한 속담 쓰기와 이야기 나누는 활동이 하루하루 쌓이면 어느새 '티끌 모아 태산'이 됩니다.

4~6학년 명언 아침장

4학년 때부터는 명언으로 해도 됩니다. 이때쯤부터는 아이들도 삶의 이야기 하나하나에 더 귀를 기울이는 나이입니다. 아이들에게 명언을 던져주면, 스스로 해석하려고 노력하고 그 의미도 곧잘 읽어냅니다. 너무 길거나 어려운 명언이 아니라, 많이 들어봤을 법한 명언이나 아이 수준에 맞는 명언집을 구입해서 매일 하루 하나씩 같이 기록하며 이야기를 나눠도 좋습니다.

어느 정도 익숙해지고 한 권의 명언집을 다 쓰게 되면 아이가 스스로 명언을 만드는 시간을 갖는 것도 좋습니다. 어떤 명언이 가장 좋았는지, 자신의 좌우명으로 삼고 싶은 명언이 있었는지, 이 명언을 자신이 다시 만든다면 어떤 식으로 바꾸고 싶은지, 자주 다투는 동생에게 어떤 명언을 들려주고 싶은지, 그 이유는 무엇인지 등 명언을 기록한 아침장으로 많은 대화를 나눌 수 있습니다. 이것이 삶의 대화지요. 학습 의욕을 기르는 용도로만 한정하지 말고 가족 간의 대화를 트는 소통 창구로도 이용할 수 있습니다. 간단한 명언으로 사춘기에 접어드는 아이와 소통하는 것도 좋은 방법입니다. 긴 잔소리보다는 임팩트 있는 명언 한 마디가 아이에게 더 크게 와닿습니다. 이때 매일 좋은 명언을 하나씩 아이에게 써주는 것도 좋은 선물이 될 수 있습니다.

아침장을 기록하고 대화를 나누는 이 시간이 잘 쌓이면, 아이는 자신의 삶을 의욕을 가지고 잘 꾸려갑니다. 제가 아이들에게 "남의 힘을 빌리면?"이라고 물으면 자연스럽게 "내 힘이 약해진다!"라고 나오는 것처럼, 가정에서도 자연스럽게 명언으로 소통할 수 있습니다. 공부해야 하는 이유를 구구절절 알려주지 않아도 아이는 삶을 열심히 살아야 하는 이유를 스스로 알게 됩니다. 명언이 괜히 긴 시간 살아남아 책이나 여러 사람의 입을 통해 전해 내려오는 것이 아닙니다. 그 좋은 말을 차분히 매일 기록함으로써 하루를 여는 좋은 습관도 기르고 삶의 의욕도 기르면서 아이와의 좋은 대화도 꾸준하게 이어나가길 바랍니다.

30일 도전으로 자기 삶을 기획하는 습관을 만들어주세요

"아이들이 배우는 궁극적인 목적은 무엇일까요?"

저는 그 궁극적인 목적을 '주체적인 삶'으로 봅니다. 다음 페이지에 있는 표의 내용은 제가 학부모 공개수업 때 작성한 지도안 내용 중 '수업 고민' 부분입니다. 주체적 삶의 디딤돌은 좋은 습관이라고 생각합니다. 그렇다면 좋은 습관은 무엇으로 어떻게 기를 수 있을까요? 어떻게 지속적으로 이어질 수 있을까요? 저는 '스스로 기획한 습관의 꾸준한 실천'에서 찾습니다. 이 습관은 중요하지만 하루아침에 길러지지 않습니다. 혼자서 이루기란 더욱 쉽지 않고요. 그래서 아이들 삶에 좋은 습관의 씨앗을 뿌리고자 '30일 도전'이라는 프로젝트를 준비했습니다. 일시적으로 끝나는 프로젝트가 아니라 교사와 부모님이 손을 잡고 이이 교사-부모가

수업 고민	
Why(왜 배우는가?)	주체적인 나로서의 삶
What(무엇이 필요할까?)	기획과 습관
How(삶에서 어떻게?)	본인 삶과 연결된 직접적이고 지속적인 경험
Who(누구와?)	아이들, 교사, 부모님과 함께

삼위일체가 되어서 하는 프로젝트입니다.

　실제로 저는 현장에서 많은 아이들과 이 30일 도전 프로젝트를 해왔습니다. 삶과 맞닿아 있는 수업을 하기 위해 항상 고민했고, 아이들의 삶에 좋은 습관의 씨앗을 뿌리고 싶었습니다. 처음부터 30일 도전 수업을 쉽게 기획할 수 있었던 것은 아닙니다. 수많은 시행착오가 있었습니다. 신규 시절에는 저 역시 칭찬과 벌점 스티커판을 운영했습니다. 잘못된 행동을 수정하고 바른 행동을 강화하면서 좋은 습관으로 나아가길 바라는 마음이었죠. 그런데 결과는 항상 처참했습니다. 칭찬이 없어도 잘할 아이의 칭찬판에는 언제나 칭찬 스티커가 한가득 붙었고, 좋은 습관을 가졌으면 하는 아이의 칭찬판에는 언제나 벌점 스티커로 가득 찼습니다. 매해 칭찬판의 빈익빈 부익부를 선명하게 보게 된 것이죠. 누군가가 정해놓은 규칙을 지키느라 아이들은 얼마나 고달팠을까요? 무엇보다도 물질적 보상을 비롯한 외적인 보상을 위해 아이들을 움직이는 데도 한계가 있었습니다. 결국 아이들 스스로 목표를 세우고 좋은 습관을 만드는 것이 중요하다고 생각했습니다. 외적인 보상이 아니라 스스로의 성취감이나 행동의 변화가 가져다주는 내적 쾌감이 바람직하다는 생각도 하게 되었습니다. 그 결과 칭찬판으로 쓰이던 종이가 30일 도전 종이로 어느덧 탈바꿈했습니다.

30일 도전 프로젝트 정하기

30일 도전은 간단합니다. 일단 기르고 싶은 습관을 스스로 결정합니다. '책 읽기', '휴대폰 사용 시간 줄이기', '일찍 잠자기', '운동하기', '문제집 풀기' 등 자신이 평상시 기르고 싶었던 습관을 잘 생각해보고 결정합니다. 그다음에 이 습관을 매일매일 확인할 수 있게 목표를 설정합니다.

책 읽기의 경우는 '하루에 30분 이상 책 읽기', '하루에 50쪽 이상 책 읽기' 등 목표를 수량화해야 실패와 성공 여부를 쉽게 확인할 수 있습니다. 일찍 잠자기도 '10시 전에 잠들기', 휴대폰 사용 줄이기도 '하루에 1시간 이하로 사용하기', 운동하는 것도 '줄넘기 100개 이상 하기', 문제집 풀기의 경우도 '하루에 수학 문제집 2장씩 풀기' 등 더 구체적으로 목표를 설정해서 도전 내용을 정합니다. 이때 너무 무리하게 설정하지 않도록 합니다. 좋은 습관은 기르기가 굉장히 힘듭니다. 항상 처음은 해볼 만한 수준에서 시작합니다. 처음부터 너무 과한 목표를 세우려고 하면 30일 도전이 첫 날부터 실패할 수도 있습니다.

습관	목표
책 읽기	하루 30분(또는 50쪽) 이상 책 읽기
일찍 잠자기	밤 10시 전에 잠들기
운동하기	줄넘기 100개 이상 하기
문제집 풀기	하루에 수학 문제집 2장씩 풀기
휴대폰 사용 줄이기	하루 1시간 이하로 사용하기

고학년 아이들은 쉽게 도전하려고 하지 않을 것입니다. 중·저학년은 부모의 말을 잘 따라오는 편이지만, 고학년은 스스로 필요성을 느끼지 못하면 쉽게 움직이지 않습니다. 30일 도전의 필요성에 대해 먼저 아이와 이야기를 나누는 것이 가장 중요합니다. 아이가 먼저 자신의 나쁜 습관을 고치고 싶어 해야 하고, 좋은 습관을 기르고 싶은 마음이 들어야 합니다. 아이가 원치 않으면 너무 밀어붙이지 마세요. 어떤 일이든 아이가 원하지 않으면 효과가 없습니다. 아이와 함께 습관에 관한 책이나 영상을 보고 이야기 나눠보는 것도 좋은 방법입니다. 아이에게 도전 의지가 생겼을 때 스스로 결정한 습관으로 꼭 도전하도록 합니다. 다만 주의할 점이 있습니다. 이때 도전 내용은 부모님이 아이에게 고치길 원하는 습관이

아닙니다. 아이 본인이 고치고 싶은 습관이나 시도하고 싶은 도전 내용으로 꼭 30일 도전을 시작해야 합니다.

30일 도전 프로젝트 붙이기

자신이 해볼 만한 목표를 설정했다면 이제 30일 도전 종이를 눈에 띄는 곳에 붙입니다. 학교에서 하는 경우에는 잘 보이는 교실 벽에 아이들의 도전 종이를 함께 붙입니다. 아이들이 서로의 도전을 응원하고 격려할 수 있도록 말입니다. 가정에서 할 경우에는 눈에 잘 보이는 곳에 붙이는 것이 좋습니다. 가족들의 응원과 격려를 받을 수 있어서 쉽게 포기하지 않을 확률이 큽니다. 대체적으로 온 가족이 가장 많이 이용하는 냉장고 문이 좋습니다. 가족의 시선이 부담스러운 아이의 경우에는 자기 방 책상 위에 붙여둬도 좋습니다. 아이의 성향에 맞게 붙이도록 하면 됩니다.

30일 도전 프로젝트를 붙였다면, 꼬박꼬박 30일 동안 아이 스스로 확인합니다. 혹시 도전 내용이 벅차거나 생각보다 쉽다면 중간에 조정해도 됩니다. 좋은 습관을 만들어가는 과정이 중요하므로 아이가 중간에 조절하는 것은 허용합니다. 물론 너무 자주 조절하는 것은 지양하도록 합니다. 한두 번 정도 시행착오를 겪는 것은 허용합니다. 그 과정에서 아이는 자신을 알아가며 또 하나 배웁니다.

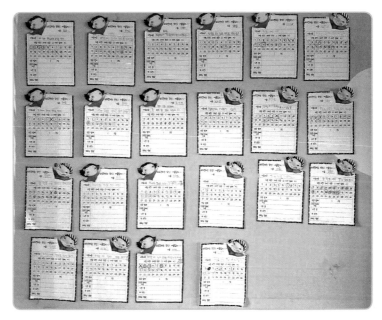

교실 벽에 붙인 아이들의 30일 도전 프로젝트

쉽게 포기하지 않는 태도

30일 도전에서 가장 중요한 것은 쉽게 포기하지 않는 태도입니다. 모두 다 성공하겠다는 마음보다는 실패했다고 해서 쉽게 포기하지 않는 마음이 훨씬 더 중요합니다. 좋은 습관은 결코 하루아침에 이루어지지 않습니다. 처음에 서툴고 실패하는 것은 당연한 일입니다. 습관을 만드는 길이 어렵다는 것을 스스로 받아들이고 인정하며 거기서부터 다시 또 시작하면 됩니다. 중요한 점은 조금씩 나아가고 있다는 것이죠. 그 부분을 아이와 부모님이 놓치지 않으면 됩니다. 그래야 지치지 않고 계속 도전합니다.

도전하는 동안 아이와 간단하게 이야기 나누는 것도 빼놓지 않아야 합니다. 부모님도 함께 도전하면 더욱 할 이야기가 많아집니다. 저 역시 아이들과 함께 도전합니다. 도전하는 것이 얼마나 어려운 일인지, 얼마나 가치 있는 일인지 함께 생생하게 이야기를 나눌 수 있기 때문입니다. 30일 도전이 다 끝난 후에도 몇 번의 성공을 이루었는지보다는 도전 전의 나와 도전 후의 내가 어떻게 달라졌는지, 어떤 점이 힘들었는지, 그다음은 어떤 도전을 해보고 싶은지 이야기를 나누며 다음 도전의 발판을 자연스럽게 마련해보세요. 자꾸자꾸 도전하다 보면 습관을 만드는 법을 알게 되고 자신의 부족한 점을 채워가게 됩니다. 어느 순간 도전 종이 없이도 자신의 삶을 기획하고 그에 맞게 하루하루 꾸준하게 실행하고 있는 자신을 발견하게 됩니다.

30일 도전이 끝난 후 나누면 좋은 이야기 주제
도전 전의 자신과 도전 후의 자신이 어떻게 달라졌는가?
도전을 하며 어떤 점이 가장 힘들었는가?
앞으로 어떤 도전을 하고 싶은가?

30일 도전 프로젝트가 불러온 변화

아이들과 30일 도전을 해오면서 그동안 많은 변화를 지켜봤습니다. 제대로 30일 도전 근력이 붙으면 도전 내용이 계속 풍성해집니다. 그 전의 도전에 더하고 더하고 더하는 아이들을 많이 봤습니다. 아이들에게는 이미 성장의 욕구가 갖춰져 있거든요. 스스로 휴대폰 사용 시간을 조절하면서 중학교에 진학해서 휴대폰을 아예 없애는 도전을 하는 아이도 있었고, 하루에 1장씩 풀던 문제집의 양을 점점 늘리면서 공부의 즐거움을 느끼는 아이들도 여러 명 있었습니다. 자신의 건강을 위해서 편식하는 습관도 서서히 개선하고, 운동량도 꾸준히 늘려 건강한 몸을 가꾸는 아이들도 있었습니다. 꾸준히 하다 보면 스스로 뭔가를 할 수 있다는 것을 알게 되는 것이죠. 아이들은 생각보다 강하고 가능성이 큽니다. 저는 아이들이 도전을 즐기고 자신들의 삶을 기획하는 모습을 지켜보면서 참 많은 보람을 느꼈습니다. 이제 부모님도 가정에서 한번 느껴 보셨으면 좋겠습니다. 아이와 30일 도전을 함께 시작하면 어떨까요?

습관만들기 프로젝트

30일 도전

이름:

다짐 내용	
표시 방법	실천 성공 ○ 중간 △ 실패 X

/	/	/	/	/	/	/	/	/	넌 할수 있어!
/	/	/	/	/	/	/	/	/	☺
/	/	/	/	/	/	/	/	/	👍

성공 합계	
성공 / 실패 이유	
느낀 점	
달라진 점	
부모님 말씀	

(사람in 웹사이트(www.saramin.com)에서 다운 받을 수 있습니다.)

성장 목표장으로 자신의 성장을
스스로 관리하게 해주세요

"이거 왜 해야 해요?"

아이들이 투덜거리는 뉘앙스로 질문하는 때가 있습니다. 이런 질문에 대답해주기도 귀찮을 때가 있고 대답하기 쉽지 않은 때도 많습니다. 이런 경우가 잦아지면 커가는 아이에게 말꼬리 잡히는 날도 많아집니다. "아, 그냥 좀 해!"라고 말하자니, 아이를 설득시키기는커녕 서로 갈등만 생기기도 합니다. 저도 교실에서 참 많이 들었던 질문입니다. 그때마다 저 역시 모든 것을 설명하는 것은 힘에 부쳤습니다. 진짜 궁금해서 하는 질문일 때는 성심성의껏 설명해주면 되지만(실제로 어떤 활동을 할 때 간단하게라도 그 활동의 의미를 꼭 설명합니다), 하기 싫어서 투덜거리면서 툭 내뱉듯 하는 질문엔 어떤 대답을 해야 할지 고민하던 시절이 있었습니다.

이 질문의 답은 제가 아이들을 처음 만나는 날 저를 소개하는 말로 대신하겠습니다.

"선생님은 여기 왜 서 있을까요? 여러분을 혼내려고요? 괴롭히려고요? 음, 아니지요. 여러분의 성장과 발전을 위해서지요. 여러분의 아름다운 노력을 성장으로 돕는 사람, 바로 여기 앞에 서 있는 선생님이지요. 자, 인사합시다. 앞으로 1년 동안 여러분의 성장과 발전을 함께할 담임 선생님입니다. 만나서 반가워요."

공부하는 이유, 자신의 성장과 발전

제가 아이들에게 1년 동안 밥 먹듯이 숨 쉬듯이 들려주는 말은 바로 성장과 발전입니다. 성장과 발전은 아이들에게 공부하는 이유를 알려주는 아주 간단하고 확실한 설명입니다. 교실에서 하는 모든 교육적 활동은 아이들의 성장과 발전을 목표로 합니다. 아이들도 이제 많이 듣다 보니 제가 물으면 자동으로 이야기할 정도입니다. "이 활동을 왜 하지요?" "저희들의 성장과 발전을 위해서요!" "그런데 왜 이렇게 열심히 하지 않지요? 이렇게 해서는 성장과 발전은 어려울 것 같은데"라고 이야기하면 다시 집중하는 분위기가 조성됩니다. 이렇게 분위기를 환기시킬 때도 사용합니다.

여기서 끝나면 뭔가 부족합니다. 아이들이 정말 꾸준히 성장하고 있는지 구체적으로 확인하는 것도 필요합니다. 그래서 자신의 성장을 스스로 점검할 수 있는 간단한 기록장을 만들어 꾸준히 살피고 관리합니다. 저는 공책을 많이 활용하는 편입니다. 아무리 스마트 기기가 발전한 세상이라지만, 아이들이 직접 쓰는 경험의 중요성은 결코 간과할 수 없습니다. 손은 제2의 뇌라고 합니다. 글을 쓰는 신체 활동이나 움직임 자체가 아이의 글 읽기에 도움이 될 뿐만 아니라 좀 더 오래 기억하는 데 도움이 된다고 합니다.

'성장 목표장'은 자신이 하루하루 공부한 내용과 양을 간단히 게 기록하는 공책입니다. 기록을 통해 스스로 시간과 학습량을 관리하는 것입니다. '30일 도전'의 좀 업그레이드 버전이라고 할 수 있습니다. '30일 도전'이 도전 과제의 성공 여부를 매일매일 ○(성공), ×(실패)로 표시해서 30일 동안 자신의 행동을 돌아보며 좋은 습관을 조금씩 만들어가는 활동이라면, '성장 목표장'은 자신의 학습 내용과 양을 매일 기록하면서 구체적으로 점검하며 앞으로의 성장을 예측하고 기획하는 활동입니다. 이 성장 목표장을 기록하는 것은 자기주도학습 능력을 기르는 과정입니다. 자신의 학습을 기록을 통해 구체적으로 돌아보고 앞으로의 학습을 자신에게 맞게 스스로 계획하는 것을 돕는 공책입니다.

중·저학년 성장 목표장은 단순하게

중·저학년의 경우는 알림장 공책을 사용해서 기록하면 좋습니다.

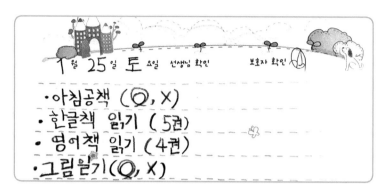

알림장을 이용한 중·저학년 성장 목표장 사례

알림장 공책 양식이 성장 목표장을 쓰기 딱 좋은 양식입니다. 알림장 양식을 보면 날짜가 있고 보호자 확인란이 있고 아래에 내용을 쓰는 칸이 있습니다. 이것이 성장 목표장을 쓰기 위한 기본 세팅입니다. 날짜 쓰기가 중요한데, 날짜를 제대로 적는 아이들이 생각보다 많지 않습니다. 날짜를 적는 것은 내 학습의 역사를 기록하는 일입니다. 그러니 날짜를 꼭 쓰고 아래에 자신이 오늘 한 내용을 차근차근 기록합니다. 예를 들어 아침 공책을 했다면 아침 공책(O, X)이라고 쓰고 O에 동그라미를 치는 식입니다. 한글책을 읽었다면 어떤 책을 읽었는지 모조리 기록하는 것이 아니라 '한글책 읽기(3권)'라고 간단하게 기록하면 됩니다.

기록하는 방법은 언제나 처음에는 단순해야 합니다. 아이가 해볼 만한 수준으로 시작합니다. 쓰는 방법이 복잡하고 어려우면 아이들은 절대 오래 쓰지 못합니다. 특히 중·저학년의 경우에는 스스로 필요해서라기보다 어른의 권유에 따라 쓰는 경우가 많으므로 단순하게 쓰는 것이 오래 유지할 수 있는 비법입니다. 이 공책에서 중요한 것은 글씨체와 맞춤법이 아니므로 크게 지적하지 마시길 바랍니다. 매일 꾸준히 자신이 공부한 내용과 양을 적고, 그 기록을 보며 하루하루 자신의 노력과 성장을 눈으로 살피는 것이 핵심입니다.

처음 성장 목표장을 시작할 때는 매일 꾸준히 쓰는 것에 가장 중점을 두세요. 쓰다 보면 아이가 스스로 바꾸기도 합니다. 어떤 책을 읽었는지 기록하고 싶다면 추가하는 식으로요. 다만 부모님이 강요하지는 마세요. 아이가 자신의 성장 목표장을 스스로 관리하도록 해주세요. 부모님은 확인만 하면 됩니다. 가끔 코멘트를 하는 것은 괜찮지만, 부모님도 부담되지 않는 범위 내에서 해주시길 바랍니다. 그래야 오래 진행할 수 있습니다.

고학년 성장 목표장

고학년의 경우는 여기서 좀 더 확장해야 합니다. 물론 처음부터 복잡한 구성을 제안하면 고학년 아이들이 아주 심하게 반발하기 때문에 고학년 때 처음 쓴다면 중·저학년과 같은 단순한 방법으로 시작해주세요. 이 아이들은 흡수하는 정도가 더 빠르므로 단

고학년 성장 목표장 사례

( )년 ( )월 ( )일	기록 ( )일차
오늘 공부한 내용 및 분량	**스스로 주는 피드백**
☑ 아침 공책(7시 30분)	내일부터는 내가 직접 명언을 만들어볼 예정!
☑ 수학 개념 공책(2단원 정리)	방학 중으로 개념 공책 정리를 마치기 위해서는 일주일에 두 번(화, 목) 1단원씩 정리할 것!
☑ 한글책 읽기(1권)	너무 급하게 읽음. 이번 주말에 다시 읽어볼 것!
· · ·	· · ·

순하게 자신의 하루 학습량과 내용을 정리하는 선에서 멈추지 않습니다. 어느 정도 습관이 되면, 스스로 학습량과 내용에 피드백을 하는 활동도 추가합니다. 예를 들어 오늘 학습에서 잘된 점이나 힘들었던 점을 간단하게 기록하는 식입니다.

이 간단한 피드백 활동은 나중에 더 나은 성장을 위한 계획과 실행으로 이어집니다. 성장 목표장의 가장 중요한 역할은 하루하루 아이의 노력과 성장을 구체적인 기록으로 보여준다는 점과, 나아가 자신의 성장을 위해 해야 할 일을 구체적으로 계획하도록 돕는다는 점입니다. 매일의 학습 기록을 들여다보면서 자신의 부족한 점을 살피고 정확한 대책을 세우게 되는 것입니다. 내가 오늘 얼마만큼 했더니 어느 날짜에 목표를 완성할 수 있었다는 것을 정확히 계산할 수 있게 됩니다. 자신에게 필요한 정확한 목표를 세우고 구체적인 실천 내용을 짜야 한 걸음씩 나아갈 수 있습니다.

자신의 학습 수준을 잘 파악하지 못하는 아이는 목표부터 설정하기 어렵습니다. 그래서 처음부터 실패할 목표를 짜게 됩니다. 많은 아이들이 목표 설정을 어려워하는 모습을 보면서 성장 목표장을 써보는 경험이 중요하다고 생각했습니다. 스스로 학습 계획을 세워야 제대로 실천할 수 있습니다. 이것이 바로 자기주도학습 능력이지요. 나중에 이 공책은 중·고등학생 때 아이만의 학습 다이어리나 학습 플래너로 이름을 바꾸며 발전해갑니다.

성장 목표장을 1년 내내 기록할 필요는 없습니다. 어떤 목표를 정하고 기간 안에 달성하기 위해서 기록할 수 있고 그동안 해온 학습을 들여다보기 위해 잠시 작성할 수도 있습니다. 성장 목표장은 자신의 학습을 돌아보고 앞으로 어떻게 학습을 진행할 것인지 계획하기 위해 쓰는 공책입니다. 그 목적을 잊은 채 기록에만 중점을 두면 안 됩니다. 그러면 아이에게 또 다른 부담이 됩니다. 중요한 것은 기록 자체가 아니라 그 기록을 통해 아이의 자기주도학습 능력을 기르는 것입니다. 그냥 공부를 하다 보면 공부 내용과 학습량이 막연하고 추상적으로만 여겨집니다. 성장 목표장을 통해서 공부 내용과 학습량을 구체적으로 기록하다 보면 쉽게 지치지 않을 뿐만 아니라 자신감도 얻게 됩니다.

관계를 스스로 세우는 아이가
공부도 스스로 세웁니다

"살면서 나를 힘들게 하는 주요 원인은 무엇일까요?"

대부분의 사람들이 인간관계를 꼽을 것입니다. 그런데 아이들의 스트레스 원인에도 학업보다는 인간관계가 더 크다는 사실을 아시나요? 아이들이 커갈수록 인간관계의 고민은 점점 깊어집니다. 혼자 풀기에는 사실 벅찬 문제지요. 공부는 혼자 할 수 있지만 관계는 함께 풀어야 하는 문제니까요.

저는 고학년을 가르친 경험이 많습니다. 그 기간 동안 아이들이 겪는 관계 문제를 지켜보며 많은 생각을 했습니다. 친구들 간의 갈등으로 마음이 불안해지면 결국 학습에 집중하지 못하는 결과로 이어집니다. '관계에 서툰 아이가 자신의 문제를 스스로 잘 풀어갈 수 있도록 어떻게 도울 수 있을까?' 아이가 마음을 안

정시켜서 학습에 집중할 수 있도록 끊임없이 노력했습니다. 결국 아이의 정서와 학습은 서로 연결되어 있으니까요. 스스로 관계를 잘 세우는 아이가 자신의 공부 계획도 스스로 세울 수 있는 법이니까요.

아이들에게 권하는 인간관계 법칙

제가 아이들을 만나서 꾸준히 들려주는 이야기입니다.

첫째, 모두를 사랑할 필요는 없다! 그러나 존중은 필요하다.

내가 모두에게 사랑받을 수 없듯이, 나 또한 모든 사람을 사랑할 수는 없다. 그렇지만 우리는 더불어 살기에 서로에 대한 존중은 반드시 필요하다. 존중이란, 그 사람을 있는 그대로 받아들이는 것이다.

둘째, 혼자가 꼭 불행하고 외로울까?

친구가 많다고 꼭 행복할까? 혼자라고 꼭 외로울까? 이 질문에 대한 답은 없다. 상황과 사람에 따라 다를 것이다. 친구가 많은 사람도 그만큼 맞춰주고 신경 쓸 것이 많아서 힘들 수 있다. 때로는 혼자일 때 마음이 편안하고 삶이 잔잔해지기도 한다.

셋째, 무리 짓는 것은 언제나 신중해야 한다.

'나'와 '너'의 관계에서 받는 상처는 작을 수 있다. 하지만 '나'와 '너희들'의 관계에서 받는 상처는 깊어진다. 한 명의 힘과 여러 명의 힘의 크기는 분명 다르다. 이것은 되돌릴 수 없는 상처를 남겨 결국 폭력이 될 수 있으므로 집단으로 어울리는 일은 언제나 신중해야 한다.

넷째, 홀수보다는 짝수로 어울리는 것이 더 좋겠다.

짝이 맞을 경우, 관계가 더 안정적이다. 셋이 아무리 친해도 그 속에서 분명 누군가는 소외되는 경험을 할 가능성이 많다. 함께 어울리되, 짝수로 그 수가 4명을 넘지 않으면 더 좋을 것 같다.

단, 짝수로 맞춰서 놀아야 한다는 이유로 다가오는 친구에게 상처를 주는 어리석은 일은 하지 않도록 하자. 짝수보다는 사람이 더 중요하기 때문이다.

다섯째, 단짝은 위험하다.

한 명에게 의지할 경우, 그 친구와 다퉈서 화해하지 못하면 세상이 무너지는 경험을 하게 될 수 있다. 그만큼 의지했기 때문이다. 한 친구에게 매달리지 말기를 바란다. 다른 친구들을 사귈 기회도 그만큼 적어지므로 단짝으로만 어울리는 것도 되도록 피하는 것이 좋겠다.

여섯 째, 나의 감정을 다른 사람에게 강요하지 말기를 바란다.

내가 싫어졌거나 마음에 들지 않는 친구를 다른 사람에게까지 놀지 말라고 강요하지 마라. 그것은 명백한 폭력이다. 그 친구를 사랑할 필요는 없지만 존중은 해야 한다. 그 친구가 다른 친구들과 사귈 수 있는 기회를 절대로 빼앗지 마라.

일곱째, 때로는 멀어지는 것이 행복이다.

최선을 다했음에도 그 친구와의 사이가 자꾸 삐걱댄다면, 내 마음이 자꾸 그 친구와 어긋난다면 천천히 멀어지는 것도 하나의 방법이다. 세상에 친구는 많다. 내가 불행해지면서까지 그 친구를 옆에 둘 필요는 없다.

친구에게 그 마음을 이야기하고 멀어지면 더욱 좋겠지만 그렇게 하기 힘들 경우에는 서서히 멀어지는 것도 괜찮다. 단지, 다른 친구들에게도 멀어질 것을 절대로 강요해서는 안 된다.

여덟째, 언제나 가장 중요한 것은 '나' 자신이다.

관계는 물과 같다. 흐르는 것이다. '고인 물은 썩는다'는 말이 있다. '시절 인연'이라는 말처럼 그 시기에 만나게 되는 사람들이 있다. 인연이 다하면 멀어지는 것이 세상의 이치고 관계의 흐름이다. 연연하지 말기를 바란다. 네가 좋은 사람이면 언제고 네 곁에 좋은 사람이 온다. 소리쳐 벌들을 부르는 일보다는 내 안에 꿀을 만드는 일에 집중하자. 그럼 소리쳐 부르지 않아도 벌들이 내게 자연스레 온다.

"꽃이 꿀을 품고 있으면 소리쳐 부르지 않아도 벌들은 저절로 찾아온다. 어디에 힘쓸 것인가, 내 속에 꿀을 만들 것인가, 아니면 소리쳐 부르는 것에 힘쓸 것인가?"

—법정 스님의 「홀로 사는 즐거움」 중에서

아이들은 모두 눈을 반짝거리며 이 이야기를 진지하게 듣습니다. 그리고 비로소 안심합니다. '나만 이런 문제를 겪는 것이 아니구나, 인간관계는 원래 어렵구나, 차근차근 하나하나씩 풀어가면 되겠구나'라고 용기를 얻어갑니다. 제가 아이들의 관계를 해결해줄 수는 없습니다. 부모님도 마찬가지입니다. 언제나 아이들 문제의 해결책은 아이들 스스로 쥐고 있습니다. 문제 해결의 힘을 기르는 과정은 아이들이 스스로 서는 힘을 기르는 과정이기도 합니다. 서로 다른 성향의 아이들이 모여 있는 교실이라는 낯선 공간에서 아이들은 관계의 갈등을 통해 정말 많은 것을 배웁니다.

관계 문제를 피하지 않고 하나하나 해결해가면서 아이들의 삶은 점점 깊어집니다. 고학년을 많이 하면서 제가 몸소 경험한 사실입니다. 그동안 꼬여 있던 실타래를 하나하나 풀어가는 아이들의 모습을 지켜보면서 뭉클해지는 순간이 많았습니다. 아이들은 생각보다 강하고 유연합니다. 단지 방법을 몰랐고 서툴렀을 뿐이었습니다. 아이들이 관계의 갈등을 잘 풀어갈 수 있도록 이 이야기를 잘 들려주시길 바랍니다. 아이들은 안심하고 한 발자국 용기를 내게 될 것입니다.

꿈꾸는 부모가
아이를 꿈꾸게 합니다

"가난한 사람은 돈이 없는 사람이 아니라,
꿈이 없는 사람이다."

돈이 중요하다는 것을 우리 모두 알고 있지만 또 인생에서 돈이 전부가 아니라는 사실 역시 알고 있습니다. 무엇보다 아이들이 돈이 아닌 꿈을 좇아 행복한 삶을 살기를 바라는 부모 마음은 다 비슷할 것이라 생각합니다. 그런데 이 꿈은 아이들만 꾸는 것일까요? 부모님인 우리 역시 꿈꾸는 것을 잊지 말아야 하는 아이들의 삶의 동반자입니다. 저는 학교에서는 아이들을 가르치는 교사로서, 가정에서는 아이의 엄마로서, 그리고 오롯이 나로서 꿈꾸는 것을 잊지 않으려 노력합니다. 꿈꾸는 교사가, 부모가 아이를 꿈꾸게 할 수 있다고 생각하기 때문입니다. 비단 아이를 꿈꾸게 하기 위해서 꿈을 꾸는 것은 아닙니다. 우리가 이 세상에 온 이유를 사는 동안 풀어야 할 가장 소중한 과제라고 생각하며 살아가고 있습니다. 내가 내 부모의 자식으로 태어난 것을 비롯하여 교사가 되어 아이들 앞에 서게 된 것, 내 아이의 부모가 되어 한 생명을 책임지게 된 것에는 그만한 이유가 있다고 생각하게 되었습니다. 그것은 내가 이 세상에 온 이유와도 맞물려 있겠지요. 이왕이면 이 중요한 과제를 잘 풀어보고 싶습니다.

짧지 않은 시간 동안 교사로 일하면서 저는 가르친다는 것에 대한 큰 깨달음을 하나 얻었습니다. 바로 삶으로만 가르칠 수 있다는 것입니다. 우리는 어쩌면 아이들에게 무엇을 가르칠 것인가만 고민하고 있었는지 모르겠습니다. 사실은 그 이상으로 내 삶을 어떻게 살아야 할 것인가를 치열하게 고민해야 하는데 말이죠. 잘 살고 못 살고를 떠나 열심히 주어진 인생을 살아나가는 모습에서 아이들은 더 많은 것을 배울 것입니다. 부모인 우리도 부모 역할은 처음이어서 아이들처럼 서툴기는 마찬가지입니다. 잘하고 싶었는데 어긋나는 일도 참 많았고 앞으로도 그럴 것입니다. 그렇지만 포기하지 않고 묵묵히 앞으로 나아가는 부모의 모습에서 아이들은 더 많은 것을 배우지 않을까요? 꿈이라고 해서 너무 거창하게 생각하지는 않으셨으면 좋겠습니다. 거창할수록 부담스럽고 부담스러워하다 보면 결국 내 삶에 맞지 않아 포기하게 되니까요.

꿈 역시 각자의 색깔과 상황에 맞게 꾸면 됩니다. '누구'보다 크고 '누구'보다 나은 꿈이 되어야 한다고 비교를 하며 꾸는 꿈이 아니라, 어제의 '나'보다 조금씩 나아가는 '나'의 모습을 꿈꾸면 되는 것이죠. 내가 아닌 남을 기준으로 꿈조차 앞서 나가려 하면, 속도전이 되고 양적인 성장으로 흐르게 될 가능성이 크니까요. 아이들의 공부처럼 말이죠. 그러면 꿈 역시 가짜 꿈이 되고 맙니다. 꿈은 오롯이 나의 것입니다. 내가 꾸는 꿈이죠. 그 중심에는 언제나 내가 있어야 하고 질적인 성장이 이루어지는 꿈을 꿔야 합니다. 나의 삶은 나의 것이고 한 번뿐인 소중한 삶이기 때문입니다. 같은 이유로 아이의 꿈 역시도 아이의 것이고 아이가 꿔야 합니다. 그래서 부모는 부모의 꿈을 꾸며 살아가고 아이는 아이의 꿈을 꾸며 살아가야 서로 행복합니다. 아이의 꿈이 내 꿈이 되고 내 꿈이 아이의 꿈이 되는 것을 피해야 하는 이유이기도 하지요.

이 글을 읽는 부모님은 지금 어떤 꿈을 꾸고 계신가요? 아이의 꿈을 이루게 해주고 싶어 혹시 이 책을 집어드셨나요, 아니면 부모로서 더 나은 삶을 살기 위해 이 책을 집어드셨나요. 문득 궁금해집니다. 만약 전자의 이유로 이 책을 읽고 계시더라도 이제는 그 방향을 과감히 바꾸셨으면 합니다. 부모는 아이의 꿈을 이루어줄 수 없습니다. 대신 꿈을 꿔줄 수도 없지요. 다만 부모님은 부모님의 꿈을 꿀 수 있습니다. 그 꿈꾸는 모습과 과정에서 아이는 자신의 꿈을 자연스럽게 떠올리고 고민하고 이루기 위해 노력할 것입니다. 서로의 꿈을 각자 꾸고 그 꿈을 이루어나가는 과정을 함께 나누는 삶, 상상만 해도 흐뭇해지는 모습입니다. 당신이 어떤 꿈을 꾸든 당신이 행복하고 아이가 행복했으면 좋겠습니다. 더불어 당신 주변의 다른 사람들까지도 행복하다면 더할 나위 없겠지요. 당신이 어떤 꿈을 꾸든 응원하겠습니다. 행복하시길 바랍니다. 그리고 언제나 꿈꾸는 것을 잊지 않으시길 바랍니다.

참고 문헌

- 『그러니 그대 사라지지 말아라』 박노해, 느린걸음
- 『21세기를 위한 21가지 제언』 유발 하라리, 김영사
- 『야누스 코르착의 아이들』 야누스 코르착, 양철북
- 『잠수네 아이들의 소문난 수학공부법』 이신애, 알에이치코리아
- 『홀로 사는 즐거움』 법정, 샘터사
- 『고마워, 내 아이가 되어줘서』 권복기/이승욱/조선미/정윤경/김영훈/방승호/하태욱/ 이정희, 북하우스
- 『나쁜 교육』 조너선 하이트/그레그 루키아노프, 프시케의숲

저자 **김은주**

(현) 초등학교 교사
경인교대 교육대학원 초등학교 상담학과 석사
참사랑 스승상 수상
우리선생님 자랑대회 자랑스러운 스승 대상
경기교육 5대 혁신과제 및 학교문화 혁신 작은 성공 사례 나눔 우수자 교육감 표창
교실혁신 컨설팅 연수 강사, 컨설팅장학 컨설턴트, 신규교사 연수기획단 위원 활동
네이버 블로그: https://blog.naver.com/furiss

아이 공부에
부모가 잘못하고 있는 것들

초판 1쇄 인쇄 2021년 12월 28일
초판 1쇄 발행 2022년 1월 10일

지은이 김은주
발행인 박효상
편집장 김현
기획·편집 김설아, 하나래
본문·표지 디자인 페이지트리
마케팅 이태호, 이전희
관리 김태옥

종이 월드페이퍼 | **인쇄·제본** 예림인쇄·바인딩 | **출판등록** 제10-1835호
펴낸 곳 사람in | **주소** 04034 서울시 마포구 양화로11길 14-10(서교동) 3F
전화 02) 338-3555(代) | **팩스** 02) 338-3545 | **E-mail** saramin@netsgo.com
Website www.saramin.com

ISBN 978-89-6049-931-7 13370